Retornos Solares y Lunares Dirigidos

*Para André Barbault,
mi gran maestro*

Ciro Discepolo

RETORNOS SOLARES Y LUNARES DIRIGIDOS
Qué puedes hacer cuando no puedes viajar

Editorial Ricerca '90

Traducciónion y edición: Emiliano Ricci, Susana Azpiroz y Eugenio Ricci
Diseño de gráficas: Pino Valente
Foto de portada: Courtesia de la NASA/JPL-Caltech.

Copyright © 2014 Edizioni Ricerca '90

Viale Gramsci, 16
80122 Napoli - ITALY
info@cirodiscepolo.it
www.solarreturns.com
www.cirodiscepolo.it

En el momento mismo de nuestro nacimiento nuestro destino entero se escribe en nuestra carta astral hasta el último detalle – pero podemos cambiar el guión.
Ciro Discepolo

Los astros no disparan nunca salvas.
Ciro Discepolo

Los datos de nacimiento de la gente mencionada en este libro proceden principalmente de la base de datos de Lois M. Rodden y de los archivos de Ciro Discepolo. Otros datos de nacimiento fueron tomados de bases de datos en internet.

Los mapas y cálculos astrales son producidos por los softwares astrológicos extraordinariamente precisos **Astral** y **Aladino** (También nombrado Módulo para la Investigación automatizada de los Retornos Solares Dirigidos 'RSMA').

Prefacio de la edición española

La Astrología Activa es muy conocida a lo largo y ancho del planeta, gracias principalmente a mis libros anteriores en inglés (http://www.cirodiscepolo.it/english_corner/English_corner.htm), junto con otros variados trabajos publicados en italiano, inglés, francés, alemán, español, húngaro, eslovenio, y ruso.

Muchos de mis lectores me han instado a traducir esta obra al Español. A diferencia de otros trabajos míos, este volumen no les explica cómo dirigir la reubicación de un mapa del retorno solar: más bien les dice qué deben hacer ustedes si no pueden irse de viaje para un cumpleaños dirigido y desean hacer uso de la técnica que yo llamo "exorcismo del símbolo".

Confío en que podrán encontrar buenos (y prácticos, y útiles) consejos en estas páginas.

Este tomo contiene también ciertos capítulos similares (pero no iguales) a un libro mío previo titulado *Astrologia Attiva*.

En este, que tiene frente a sus ojos, añadí varios capítulos y revisé y expandí otras secciones.

Como apoyo a la teoría explicada, también añadí algunos retratos astrológicos de personajes históricos universalmente notos como Giacomo Casanova, Luigi Pirandello, y Ernest Hemingway.

Antes de empezar a navegar por estee libro, quisiera recordarles que siempre pueden unirse a mi blog (http://cirodiscepolo.blogspot.com/) con preguntas o comentarios en Inglés o en la lengua Italiana.

Ahí ustedes de hecho encontrarán una especie de 'familia extendida' hecha de mis apasionados seguidores, colegas, pupilos o gente que simplemente está enamorada de la Astrología Activa – ellos serán capaces de ayudarles para profundizar sus estudios de Astrología Activa.

Les deseo a todos ustedes una fructífera carrera en la profundización de su entendimiento de este tema maravilloso llamado Astrología Activa, el cual no es *LA* Verdad, pero es ciertamente verdadero.

Ciro Discepolo
Naples, the 6th of February 2009

Prefacio

Este libro está dirigido principalmente a aquellos que no pueden salir de viaje para la reubicación de su cumpleaños, o que creen que no pueden. Ya que yo creo que es hasta cierto punto un prejuicio. La razón del prejuicio que lleva a la gente a no viajar es principalmente el miedo a volar en un avión, o la creencia de que es demasiado caro. Hablando de Retornos Solares Dirigidos, mucha gente me ataca ferozmente con un amplio rango de razones; mientras que solamente son incapaces de admitir para consigo mismos que simplemente le tienen miedo a volar. Yo les recomendaría hacer un esfuerzo para superar dicho tabú: considerando que estamos en el amanecer del tercer milenio, eso parece ser algo totalmente anacrónico.

Durante mis ventyocho años de implementar aproximadamente oncemil RSDs le he ayudado incluso a personas de edad, montañeses (del valle de Aosta) a volar por la primera vez, y sin acompañantes, ¡en la ruta Roma-Nueva York! Algunas veces unas pocas gotas de Valium, o un whisky doble antes del despegue son suficientes para superar cualquier miedo... Así que, ¿por qué habría que renunciar a la posibilidad de vivir diez veces mejor por un pequeño y simple tabú insignificante? Me atrevería a decir que cada día hago mi mejor esfuerzo para convencer a nuevas personas renuentes de reubicar su Retorno Solar.

Algunos de mis oponentes solían hablar mal de mi, declarando que las agencias de viajes me pagaban regalías... Y puesto que este año mi hija Luna empezó a trabajar en una agencia de viajes, el chisme ha entrado ciertamente en sus mentes... Más allá de la picardía, la realidad es que estando perfectamente convencido de la validez de mi método, día a día hago mi mejor esfuerzo para ofrecerle una fuente extra de luz a aquellos que quieren ver. Para aquellos que dicen que no pueden permitirse un viaje al extranjero, les subrayo que en nuestros días se puede ir de Europa a América con un millón de Liras Italianas [Correspondientes a más o menos 516 Euros]. Después de todo, ¿cuántas pizzas deberían dejar de ordenar en dos meses, para poder hacer cambiar su año radicalmente?

Con todo no deseo discutir más esta noción. Les repito que este breve volumen está dirigido principalmente a quienes – por una u otra razón – no pueden o no quieren salir de viaje para reubicar su cumpleaños. Déjenme subrayar otro par de cosas por el bien de la claridad. Tal y como ya expliqué en otras ocasiones, mi escuela, llamada Astrología Activa, consiste en esa forma particular de usar la astrología de modo totalmente opuesto de aquellos que se dejan caer en un sillón echando las manos al cielo y exclamando a las estrellas: "¡Me someto a mi destino!" La astrología Activa, por el contrario, estimula a la gente a levantar el puño hacia el cielo, diciendo: "¡no me dejaré derrotar!" Con ese propósito en mente, según mi opinión, tienen ustedes dos opciones: cambiar su ubicación el día de su cumpleaños astrológico, o aderirse a la noción del 'exorcismo de los símbolos'. En mis trabajos previos *Trattato pratico di Rivoluzioni solari, Esercizi sulle Rivoluzioni solari mirate, Transiti e Rivoluzioni solari, Nuovo Trattato di Astrologia*, y *Rivoluzioni Lunari e Rivoluzioni Terrestri* (esos son sólo los principales, dos de ellos también están disponibles en inglés: *Transits and Solar Returns* and *Lunar Returns and Earth Returns*) he desarrollado a su nivel más alto solamente las implicaciones de la primera de esas dos opciones. En este libro explico ampliamente cómo exorcizar los símbolos en la Astrología, mientras sigo señalando el hecho de que esa práctica no garantiza los mismos resultados que un cumpleaños dirigido. Lo que quiero decir es que si están dispuestos a partir y reubicar su Retorno Solar, pueden conseguir resultados satisfactorios; mientras que si no salen de viaje y en lugar de eso intentan suavizar los efectos negativos de un mal Retorno Solar por medio del 'exorcismo de los símbolos', lograrán tan sólo resultados parciales, y podrían no estar del todo satisfechos con ellos.

Déjenme añadir que deberían leer las siguientes páginas sólo después de haber leído los trabajos arriba mencionados, ya que juntos representan entre todos la escencia real de la Astrología Activa. Sobre todo, en conexión con *Transiti e Rivoluzioni Solari* creo que es crucial hacer una aclaración más con referencia a la noción de pesimismo y optimismo. Tras leerlo, la mayoría de la gente me ha acusado de ser un profeta de la perdición, un pesimista incorregible dominado por desoladas visiones apocalípticas.

Bueno, pues si ese era un libro de alarma y admoniciones, este es el libro de la esperanza. Después de todo, para poder proponer un remedio tenía que describir los peligrosos abismos que la gente puede encontrar en sus vidas. Ahora bien, yo de verdad no creo ser un pesimista. Al menos, no creo ser más pesimista de lo que uno debería de ser. Al contrario: descubro que soy un pragmático – lo que es bastante diferente. Y dejando de lado tales consideraciones filosóficas: ¿realmente creen que un pesimista sería capaz de 'mandar' a cientas de personas a lo largo y ancho del mundo cada año, apuntando a un mejor año? ¡Pues yo no lo diría! *Au contraire!*

Es más, me gustaría dejar claro el hecho de que yo nunca he afirmado que deberían esperarse tragedias tremendas ¡cada vez que las casas 12, 1ra y 6ta juegan un papel en la carta del retorno solar! ¡Porque si así fuera, eso sería igual a creer que cada dos o tres años te atropellaría el tren y perderías un brazo! De hecho lo que yo pretendía era una noción bastante distitnta. Yo afirmo que cada vez que ustedes sufren una desgracia – menor o mayor – encontrarán a la doceava, la primera y/o a la sexta casas involucradas en el Retorno Solar de ese año. Porfavor no me digan que no hay una gran diferencia entre esas dos afirmaciones. Ahora bien, alguien podría objetar lo siguiente: Si una desgracia no es absolutamente certera, entonces ¿por qué deberíamos cambiar nuestro lugar de Retorno Solar? Esta es mi respuesta: Ya que no podemos conocer por adelantado la verdadera extensión de la devastación que nos va a traer un mal retorno solar, ¿por qué no reubicarlo de todos modos para evitar cualquier posible problema? Con frecuencia hay gente que no se reubica y creen que las cosas les salieron hermosas, mientras que han sufrido serios daños sin siquiera darse cuenta.

In En este prefacio me gustaría enfocarme en otro asunto: el lenguaje que uso. Incluso en la versión en español, habrán notado que mi modo de hablar es directo, abierto; déjenme decirlo: franco. Un famoso poeta italiano, tal vez Giuseppe Ungaretti o Salvatore Quasimodo, una vez declaró: "¡Empecé a escribir por odio a Gabriele d'Annunzio!" Pues bien yo podría decir lo mismo de mis últimos trabajos, en conexión con ciertos astrólogos seguidores de una "escuela psicológica".

Aproximadamente hace dos o tres años tuve la oportunidad de dar una charla sobre Astrología en un club astrológico, adonde había sido invitado por dos de mis ex-alumnos. Ahí por azar pude echar un vistazo a un tablero de anuncios con una lista de los libros recomendados para los miembros de ese club. Vi muchos libros de tipo teórico-filosófico, y ningun título de mis trabajos. "¿Es acaso posible – me pregunté – que de entre cincuenta libros que he publicado hasta ahora (bueno, de hecho eran un poquito menos en ese entonces) no haya escrito nada digno de esta gente?" Esa fue la razón por la que indagué con mis ex-alumnos del siguiente modo: "¿Es o no cierto que cuando leen un libro sobre tránsitos escrito por algún famoso autor 'filosófico' ustedes pueden leer un poco de buena literatura; pueden disfrutar de un lenguaje noble y rimbombante; y lo más importante – pueden aprender verbosidades? Puesto que la interpretación estándar hecha sobre cualquier tránsito, ya sea Mercurio en conjunción con el Sol o Neptuno en oposición con la Luna, siempre es igual y se ve así: *Estás en un momento totalmente único en tu vida en el cual necesitas presentar el presupuesto de tu existencia para poder entender que bla bla bla...* Yo no sé si las personas que consultan tales libros o a sus autores son seres humanos del mismo tipo que quienes me consultan a mí; pero a no ser que le estén haciendo horóscopos a marcianos, ¡la gente común y corriente no quiere escuchar esas lecturas extravagantes! En cambio prefieren saber si su tienda será exitosa; si van a ser capaces de pagar las mensualidades de sus deudas o si su hijo va a dejar de consumir drogas; etcétera. Y si aquellos que los consultan a ustedes son similares a quienes me consultan a mí, ¿qué les van a decir si ustedes estudiaron sobre los tránsitos en libros como estos?" Esa es la razón por la que he escrito muchas páginas usando un estilo que es exactamente opuesto al usado por esas biblias astrológicas: lo que yo quiero es hacer observaciones prácticas, orientadas hacia hechos. Eso es lo que intento hacer con este libro también, el que están a punto de hojear, o leer, o estudiar.

Este libro también intenta dar otros pequeños consejos que no están estrictamente conectados con la noción del 'exorcismo de los símbolos': sobre ciertos problemas técnicos que todos encuentran cuando lidian con la Astrología Activa (por ejemplo, el problema de 'la brecha').

Déjenme añadir aún otro asunto antes de cerrar el prefacio. Aquellos que deseén tratar con la Astrología Activa no deberían estar buscando evidencias de su validez en los eventos de mi vida privada. De hecho, mi carta natal es bastante dura en lo que concierne a mi salud, y creo que si sigo vivo, es gracias a la aplicación constante de mis propias reglas sobre mi mismo. Probablemente no vaya a vivir una larga vida, pero eso no debería engañarlos con respecto a la validez de la Astrología Activa: simplemente pruebenla en ustedes mismos y en sus seres queridos, y se convencerán de que realmente funciona.

Este libro fue parcialmente inspirado por un antiguo trabajo mío titulado Il sale dell'astrologia [NT: La sal de la astrología]. Aún así, sólo uno de los capítulos de ese libro fue incluido en este que usted lee.

En la sección de tránsitos no van a encontrar aquellos de Júpiter. Para los tránsitos de ese planeta, sólo recuerden que implican una caída dramática en el sentido crítico del nativo y para evitar efectos peores, ustedes deben recomendar simplemente a aquellos que los consulten (o inducirlo en ustedes mismos) un nivel mayor de desconfianza.

Permítanme dedicar estas líneas finales a expresar mi gratitud hacia mi amigo Lorenzo Vancheri: él corrigió este volumen con la precisión de Virgo dando también consejos preciosos con respecto a sus contenidos.

Ciro Discepolo
www.solarreturns.com
www.cirodiscepolo.it

Napoles, the 4 de Febrero de 2009

1.
Elogio de la fuga

De vez en cuando, escucho a alguien objetar con respecto a la noción de los Retornos Solares Dirigidos, diciendo que él/ella prefiere no darle la espalda al problema, porque él/ella en cambio prefiere enfrentarlo. Esta es de hecho una actitud pseudo-heroica. Creo que fue inspirada por cierto psicoanálisis de salón que algunos principiantes han re-interpretado a su modo. De acuerdo con ellos, la persona siempre debería demostrar una actitud permanentemente activa, responsable, vigilante, asertiva y luchadora frente a los miles de problemas de su vida diaria. Continuando con esta forma de razonar de estilo semi-Freudiano, los problemas de la gente son prácticamente siempre de tipo endógeno: esto quiere decir que son interiores, e.g. producidos solamente por las visiones distorsionadas de la propia mente. Lo cual equivale a declarar que los tumores, las partidas de los seres queridos, las pérdidas de la libertad personal, o incluso los lutos no pueden existir por sí solos a menos que los consideremos necesariamente como materializaciones obligadas de nuestros propios fantasmas internos.

Eso me recuerda el filme de ciencia ficción de 1995 titulado Doce Monos protagonizado por Bruce Willis. La heroína es una psiquiatra que discute con su profesor y maestro, objetando a su escepticismo a priori, y negando que el psicoanálisis pueda jugar el papel del evangelio, e.g. que es capaz de establecer lo que es real y lo que es producto de la imaginación en un evento humano particular. Si quisiéramos encontrar las huellas de una inspiración histórica de orientación heroica, tendríamos que llegar a la raíz misma del mito y recorrerlo nuevamente paso a paso hasta nuestros días, mencionando héroes clásicos tales como Lancelot e Ivanhoe, hasta íconos que son más cercanos a nuestros días como Superman o Mickey Mouse.

En toda la historia – laica o religiosa – del mundo es posible seguirle los pasos a este tipo de enseñanza básica hacia una actitud desafiante frente a la mala suerte: el hombre debe luchar en contra de sus miedos, así como en contra de los productos de sus miedos. Por supuesto, considerando el título mismo de este libro, yo estoy básicamente de acuerdo con ese enfoque; y aún así me mantengo a distancia de él en lo que concierne a los métodos operativos. De hecho no está dicho que el mejor modo, el modo más eficiente de estar activo sea sosteniendo un rifle o sacando la espada: ¡pues frecuentemente la huida es realmente la mejor arma! El médico, escritor y filósofo francés Henri Laborit expone este punto de vista en su ensayo *L'Éloge de la fuite*, que yo leí en su edición italiana *Elogio della fuga* de Oscar Mondadori. Esto es lo que Laborit escribe: "Cuando ya no puede seguir luchando contra el viento y la mar para mantener su ruta, a la nave le quedan sólo dos alternativas: puede seguir navegando en la tormenta (e.g. la pluma sujeta y la proa partiendo las olas) lo que eventualmente hará que naufrague; o escaparse de la tormenta navegando con el mar de frente y con un mínimo de vela. Con frecuencia, la huida es la única manera de salvar al barco y a la tripulación cuando se está lejos de la costa. Es más, eso permite descubrir costas desconocidas que se asoman en el horizonte cuando las aguas vuelven a calmarse."

Entonces, huyan. Sí, huyan – porque a pesar de los alabados héroes de cientos de filmes del Oeste y de acción, contra las estrellas, el ser humano puede hacer mucho más escapándose que blandiendo un hacha. Pues su poder salvador consiste en evitar el viento de radiación que está cayéndole literalmente encima. Frente a una nube de partículas radioactivas, debería siempre ser más sabio correr y alejarse que enseñar el pecho y los músculos. Yo he estado afirmando esto por años. Una amiga alguna vez me preguntó, "¿Entonces tenemos que huir siempre?" Y yo le respondí, "Bueno, si al huir tu vida mejora – entonces ¿por qué no huir?"

Consideremos al Sr. Laborit nuevamente, e intentemos entender mejor su pensamiento. Incluso si en sus implicaciones prácticas su punto de vista está lejos del nuestro, aún así compartimos la misma noción básica – huir. Como científico, él considera la vida humana principalmente como el producto del proceso de su sistema nervioso. Él explica el comportamiento humano principalmente en relación con lo que él llama el *impulso de dominación* o el llamado *instinto de propiedad*. En su versión moderna, laica y científica del viejo lema *homo homini lupus* (el hombre es el lobo del hombre), él cree que el origen de los mecanismos en los que se basan nuestras enfermedades y nuestra auto-destrucción, se encuentra en el instinto humano de dominación de otros seres, y él propone su propio rumbo de fuga. Veámoslo a detalle. "... Ahora bien, el espacio en que esta acción se desarrolla también es ocupado por los otros. Así que se hace necesario evitar la confrontación, porque de las confrontaciones se origina necesariamente un orden jerárquico de dominio que presenta muy pocas oportunidades de lograrse, puesto que aparta el propio deseo del deseo de los otros. Por otro lado, someterse significa aceptar, con sumisión, la patología psicosomática que se origina necesariamente de la imposibilidad de actuar según las propias pulsiones. Rebelarse es ser la causa de la propia ruina, porque la rebelión – cuando es llevada a cabo por un grupo – reconstituye inmediatamente el orden jerárquico de sumisión dentro del grupo. Y la rebelión del individuo lleva rápidamente a la generalidad anormal – que se considera a sí misma como la dueña de la normalidad – a la supresión del rebelde. Así pues no hay otro camino que la fuga.

Uno puede huir de variados modos sin embargo. Algunas personas hacen uso de las llamadas drogas psicógenas; algunos otros usan la psicosis; otros se suicidan; otros, la navegación individual. Tal vez exista otra vía más: huir a un mundo que no pertenece a este mundo – el mundo de la imaginación. El riesgo de ser perseguido ahí es lo de menos. Ahí uno puede poseer una tierra vasta de gratificaciones, que algunos lo llamarán narcisista. Lo cual no importa, porque si se escapa uno al mundo de la imaginación, la sumisión y la rebelión, la dominación y conservación pierden su carácter inductor de miedo para el fugitivo, y podrían incluso considerarse como un juego en el cual tomar parte sin miedo, para que los otros lo acepten a uno como 'normal'. En este mundo de la realidad es posible jugar hasta el límite de romper con el grupo dominante, fugarse y establecer relaciones con otros grupos si es necesario, y mantener intacta la propia gratificación imaginaria: la única esencial, a parte de los grupos sociales.

Sólo la actitud del fugitivo te permitiría permanecer normal hacia ti mismo, hasta que la mayoría de los hombres que se consideran normales intenten sin éxito volverse normales tratando de establecer su dominio – el dominio de un individuo, un grupo, una clase, una nación, un bloque de naciones, etcétera. De hecho, la experimentación demuestra que el estado de alerta de la glándula pituitaria y de la corteza adrenal (la cual – si persiste – es causa de las patologías viscerales llamadas enfermedades psicosomáticas) es típico de los dominados, o de aquellos que intentan sin éxito afirmar su propio dominio. Entonces todos deberían ser considerados anormales. De hecho no parece muy normal el estar sufriendo de úlceras estomacales, impotencia sexual, hipertensión, o cualquier otro de los cientos de síndromes depresivos que son tan frecuentes hoy en día.

Y puesto que un dominio estable y sin cuestionar es muy raro – ¡gracias a dios! – pueden ustedes ver que si desean ser normales, no pueden sino huir de las competencias jerárquicas. Así que espérenme: ¡yo también me fugo con ustedes!"

Según el Sr. Laborit entonces, el ser humano debe defenderse principalmente de otros seres humanos, y debe evitar confinarse a sí mismo en un mundo imaginario. Mientras que es mi opinión que las personas deben defenderse primordialmente de las estrellas; y lo pueden hacer de un modo muy productivo, por medio del cumpleaños dirigido. También podría servir para esto la técnica que hemos llamado 'exorcismo del símbolo', pero debe ser usada principalmente cuando no les sea posible reubicar su Retorno Solar.

Supongo que los lectores reaccionaran del modo más obvio, es decir, exclamando: "¡Pero eso significa tener una visión paranoica de la vida!" Me doy cuenta de que parece ser exactamente así, y me pregunto si vale aunque sea un poco la pena objetar esa afirmación. Así que mejor pregunto lo siguiente: "¿Podrían ustedes mantener otra visión de la vida diferente, pero igualmente creíble?" En otras palabras, ¿de verdad creen ustedes que nuestro sendero terrestre en este universo se parece o les recuerda vagamente a la historia de una vida representada en un filme de Frank Capra? Es decir, ¿la vida como un dispensador de alegría? ¿La vida como un vehículo de placer y delicias? ¿O la vida como una entidad neutral, testigo de una existencia principalmente plana, sin ningún trauma? ¿Qué modelo creen ustedes que se apega más a la realidad? Personalmente, con mis ojos puedo ver que cuando te levantas cada mañana, no sólo debes defenderte de tus hermanos, sino también debes poner barreras contra la contaminación, contra las catástrofes naturales, contra los ataques de los microbios, gérmenes, enfermedades y dolencias de todos los tipos... la lista es interminable.

¿Soy acaso paranoico por pensar así? Si aquellos que piensan así son paranoicos, entonces lo soy. Pero si ver las cosas de este modo significa simplemente enfrentar la realidad sin demagogia y sin el falso positivismo de ciertas corrientes políticas – tanto izquierdistas como derechistas –, entonces déjenos prepararnos para la supervivencia y buscar métodos para nuestra vida diaria; déjenos eliminar de nosotros la hipocresía que nos hace creer que un tumor maligno puede ser un raro evento en la vida de un ser humano. Porque la verdad es que los tumores así como los errores judiciales o perder el trabajo no son eventos raros en la vida de los hombres y las mujeres. De hecho son simplemente el 'terreno de juego' dentro del cual nos movemos por ese puñado de segundos que nos es dado vivir durante nuestro camino terrestre. ¡El confiar en el exorcismo de los símbolos o los cumpleaños dirigidos no significa que aspiremos a volvernos inmortales! Simplemente quiere decir defendernos mejor, exactamente lo que hacemos cuando nos ponemos una bufanda en invierno. Nada más ni nada menos.

Ustedes sabrán que yo soy un aficionado del cine. Un filme en particular podría representar lo que estoy diciendo: *Mediterraneo*, el filme de Gabriele Salvatore que ganó el premio de la Academia por Mejor película en lengua extranjera en 1991. El filme empieza con una cita del libro de Henri Laborit, dedicado a "Todos aquellos que huyen".

La metáfora expuesta en el filme es la de un pequeño grupo de marineros italianos. Durante la segunda guerra mundial se les ordena ocupar una pequeña y remota isla de Grecia. La ocupación militar se convertirá pronto en un hermoso extravío en el que los héroes olvidan a todos y a todo, sintiendo el placer de abandonarse a una realidad hecha de sueños, fantasía, partidos de futbol, cielo y mar sin contaminar.

La 'fuga' que propongo en estas páginas es mucho menos poética y original, aún así creo que podría ser extremadamente útil para sus destinos.

2.
Las razones para tener una vocación

Yo descubrí la astrología a la edad de 22 años, durante mi servicio militar en el aeropuerto de Latina en 1970. Me sumergí en ella de inmediato y con gran pasión. Entendí que el único modo de aprender astrología no era estudiando docenas de libros (lo cual hice por muchas horas diarias, sin embargo).

OnEn cambio, se debe practicar en el campo; se deben conocer a cientos de personas y trazar sus cartas natales; haciendo por lo tanto errores y aprendiendo de esos errores. No creo que exista ningún modo mejor de aprender astrología. Antes de entrevistarme con alguien yo estudiaba su carta por horas, haciendo notas y preguntándome cómo él o ella se vería en persona; cuales serían su carácter y sus intereses culturales, etcétera.

Eventualmente me encontraba con el/la consultante, a quien en la gran mayoría de los casos no conocía, y mi estudio real empezaba después de que él o ella se había ido. Entonces reconsideraba todo el asunto intentando entender en qué me había equivocado, y por qué. Ese curso de aprendizaje me estaba dando buenos resultados y lo noté, incluso si el sendero por el que estaba caminando no tenía límites, cada día iba avanzando un poquito más.

La astrología se había vuelto mi gran pasión; para mí tenía un encanto mucho mayor incluso que la informática – el otro alimento de mi alma. Pero había una cosa que no estaba dispuesto a aceptar y no podía soportar en lo más mínimo: con frecuencia me venía a ver gente que iba a enfrentar tránsitos muy difíciles y evidentemente situaciones dramáticas – ¡y no podía hacer nada por ellos! ¿Esconderles la verdad? Eso era contrario a mis principios: yo no quería engañarlos. ¿Decirles la verdad – bueno, tenía que hacerlo, pero cómo? ¿Cómo podía enfrentar su descepción, sus miedos? Ese era el nudoso problema más urgente que tenía que resolver si quería seguir siendo un astrólogo.

Durante esos años también inicié mi primer psicoanálisis Jungiano y solía leer montones de libros de psicología. Muy pronto me dejé fascinar por el concepto de "constelar un símbolo" o, como lo nombré más adelante: "exorcizar un símbolo".

En psicología "constelar" significa activar, e.g. traer algo a la vida. En una ocasión me pasó que leí con un interés extraordinario el prefacio de Gianfranco Tedeschi, un psicoanalista Jungiano y fundador de una escuela en Italia, que escribió en la edición italiana de pasta dura del estudio de Jung sobre la esquizofrenia (Psicología della schizofrenia, Newton Compton Italiana).

Ustedes leeran más al respecto dentro de algunas páginas en este libro; entonces entenderán cómo este ejemplo puede considerarse el origen de una buena parte de mi práctica astrológica, la cual consecuentemente lleva el nombre de "exorcismo del símbolo".

Mientras yo estaba absorbiendo glotonamente esas lecturas también estudiaba Retornos Solares. Desde el principio descubrí que era posible cambiarlos, incluso por completo, simplemente estando en otro lugar el día de tu cumpleaños.

Esos dos descubrimientos simultáneos prendieron una llama en mí – el deseo de dar inicio a un viaje, de intentar dar un poco de luz, de revisar algunas posibilidades. Había encontrado un camino semi-oculto y estaba intentando alumbrarlo con una tenue antorcha. Esa sería mi vía futura. Nunca me apartaría ya de ella. Sigo intentando mejorarla cada día desde entonces.

El Exorcismo de los Símbolos y los Retornos Solares Dirigidos son la base de mi Astrología Activa.

En mis últimas líneas para este capítulo, me gustaría enfatizar que las técnicas que he explicado son para controlar una circunstancia, no para resolver posibles problemas de fondo. Estos últimos deben tener solución en un ambiente distinto: por ejemplo, en el psicoanálisis.

3.
Antagonizar y potenciar

Estoy seguro de que los lectores y estudiosos más observadores de la Astrología no pueden ignorar esta situación actual. Nosotros, los autores, estamos alineados escencialmente en tres posiciones prácticamente incompatibles que determinan eventualmente el modo personal de cada uno de entender y llevar a cabo la Astrología. La primera, aunque no sea la escuela más importante afirma que la astrología es un instrumento de conocimiento de la psique humana y no permite la más mínima posibilidad de predicción. Aquellos que creen eso afirman que Saturno y Urano no tienen nada que ver con Juan Pérez incluso si a Juan Perez le están robando todos sus bienes en el mismo instante en que esos dos planetas cruzan el umbral de su 2da casa natal. Eso es lo mismo que decir que los tránsitos, los Retornos Solares y las direcciones primarias no sirven para nada.

El segundo tipo de 'escuela' de astrología admite por completo el poder de los tránsitos, a tal grado que se considera inútil 'esforzarse' porque todo está ya escrito en tu carta natal; y nadie puede hacer nada en contra de su destino. Finalmente, y aquí llega la tercer escuela: aquellos que piensan como yo: a saber, que los tránsitos, los retornos solares y lunares, y las direcciones primarias funcionan sin fallas, pero que tenemos la oportunidad de antagonizar contra esas fuerzas: e.g. luchar contra ellas. Por supuesto, todo lo que he escrito en mis libros anteriores – y sobre todo en este – fue tomado prestado en parte de la tradición, y en parte de las enseñanzas de mi maestro André Barbault. También deriva en parte de los resultados de las investigaciones astrológicas, en parte de mi experiencia personal de casi treinta años de actividad; y en parte del modo personal en que he puesto esos trozos de información juntos, amalgamándolos con algunos aspectos del conocimiento Jungiano, el cual me ha guiado desde el principio de mis estudios. Estoy convencido de que podemos y debemos debilitar los tránsitos negativos y fortalecer los positivos con todos los medios a nuestra disposición. Lo podemos hacer principalmente con nuestro propio conocimiento; con la iluminación, que es el modo de emancipación más elevado del que disponemos. En segundo término, podemos usar las técnicas que ya describí en otro lado y que estoy a punto de completar aquí, en este trabajo de síntesis.

La operación principal que voy a describir a continuación es lo que llamo el *Exorcismo del Símbolo*, o si prefieren, la *Ritualización del Símbolo*.

"Un milagro", fue el grito de gran parte de mis alumnos después de leer la traducción italiana de *Schicksal als chance* [Destino como elección] de Thorwald Dethlefsen, publicao en Italia por la Ed. Mediterranee. Sin embargo, mucho de lo que mi colega alemán escribió ya había sido escrito previamente en mis libros durante las pasadas dos décadas, exceptuando la parte de la reencarnación – algo en lo que no creo en lo absoluto.

Empecemos desde el principio, por recordar el ejemplo que ya reporté en uno de mis escritos, descrito por primera vez por el psicólogo analítico Gianfranco Tedeschi en su prefacio a la edición italiana del estudio de Jung sobre la esquizofrenia (*Psicologia della schizofrenia*, Ed. Newton Compton Italiana). En su prefacio, el Dr. Tedeschi habla sobre un estudiante judío de medicina en Roma, quien había empezado a manifestar síntomas de disociación mental años atrás: había empezado a comportarse como un sacerdote de la antigua Jerusalén.

El Dr. Tedeschi le platicó que él mismo también era judío, por lo que podrían celebrar los ritos sagrados juntos con la condición de que siguieran estrictamente las reglas: ayunar antes de cualquier cosa; purificarse; vestir los hábitos adecuados; quemar incienso; leer las escrituras originales, etc. Y lo hicieron así por muchos meses hasta que el joven le dijo un día abruptamente: "Todo esto es muy interesante, pero – ¿qué hacen los judíos de hoy en día?" Desde ese momento, habiendo recuperado el interés por la actualidad, el joven fue dado de alta del hospital para empezar su psicoanálisis con el Dr. Tedeschi – quien comenta a sus lectores que su paciente se recuperó por completo y eventualmente se graduó de la facultad de medicina. El doctor había *constelado* el simbolismo que estaba presionando desde adentro del paciente: de ese modo el problema había sido '*exorcizado*'. Consideremos ahora dos ejemplos más cuyos personajes centrales son dos clientas y buenas amigas mías. La primera es una profesora de universidad con una cultura general muy vasta y buen conocimiento de psico-astrología.

Durante el tránsito de Saturno sobre su Venus natal fue abandonada por el hombre que amaba. Sintió un dolor tan devastador que para enfrentarlo, para lograr detenerlo de algún modo, se puso de luto y se vistió de negro por todo un año. A quienes le preguntaban la razón de dicha elección solía responderles: "Perdí a mi amor". Así siguió por un año, exactamente el tiempo que necesitaba para que Saturno pasara por su Venus natal; y entonces salió del luto – de regreso a la vida normal. El segundo caso es el de otra profesora, tan culta e inteligente como la primera. Mientras que el tránsito de Saturno sobre su Venus natal se acercaba, me preguntó que qué podía hacer para evitar perder a su amor. Su pareja vivía en un pueblo lejano; se veían periódicamente de modo regular, digamos que una vez cada quincena. Yo le sugerí que lo viera tan poco como fuera posible, incluso peor; no verlo para nada durante todo el año siguiente. Eso hicieron. Así a Saturno 'le fue dado' lo que requería: una modificación sentimental, la resta de entusiasmo amoroso, muerte temporal del sentimiento y del sexo. Entonces Saturno pasó y todo volvió al modo en que solía ser.

En ambos casos podemos decir que el procedimiento dado fue hacer al 'fantasma' actuar; lo que en psicoanálisi se define como al 'técnica de restricción del campo'. En el caso descrito por el Dr. Tedeschi también se empleó el principio de identificación – judío el estudiante, y judío el doctor. Este procedimiento no fue inventado por mí ni por el Dr. Tedeschi o por Jung: pertenece a los ritos de cualquier religión, puede aplicarse y con mucha frecuencia con excelentes resultados; y puede compararse al principio de la medicina homeopática *similia similibus curantur* (lo similar cura lo similar).

¿Podemos entonces afirmar que todos los casos deben tratarse del mismo modo? "No". El arriba mencionado Thorwald Dethlefsen aconseja vestir de negro, visitar cementerios, encontrarse con gente apesadumbrada, etcétera, para enfrentar un tránsito de Saturno, digamos, en su Sol natal. Pero mi experiencia personal e incluso las enseñanzas del psicoanálisis no concuerdan con él. De hecho, en muchas ocasiones uno debe emplear una técnica protésica: e.g. una técnica de compensación. Déjenme explicarles. Digamos aquel que se enfrenta con el ya mencionado tránsito de Saturno es un Piscis nativo cuyo Sol o cuya Luna están mal aspectados o afligidos por algún aspecto con Neptuno. Es ese caso estamos lidiando con un individuo inestáble psíquicamente; una persona extremadamente frágil; una esponja emocional que absorbe por completo la atmósfera alrededor suyo. No es sabio aconsejarle a dicha persona leer *Les Misérables* de Victor Hugo y/o asociarlo con gente triste. Al contrario: le pediríamos que se junte con gente feliz y saludable y con personas muy equilibradas; para ir con ellas a ver películas divertidas como las comedias americanas; para leer en conjunto con ellos los trabajos de Wodehouse todo el tiempo.

Porque nunca debemos creer que todo debe ser leído, interpretado y desarrollado solamente en una dirección. Algunas personas reaccionan mejor con la medicina alópata que con la homeopática; del mismo modo deberíamos usar el exorcismo del símbolo con los individuos más fuertes y la técnica de compensación con los más débiles. Algunas veces dos principios pueden combinarse. En el caso de la mujer frágil y vulnerable nacida bajo del signo de Piscis, le aconsejaríamos obtener ciertas medicinas usadas en psiquiatría y al mismo tiempo pasar algunos meses en profunda soledad. El principio básico del exorcismo del símbolo es la noción de sacrificio: exactamente el mismo concepto que hace miles de años, hacía que los pastores griegos eligieran y sacrificaran al mejor cordero de su rebaño para contener la furia de Zeus. El meollo es que debes pagar tu deuda en dirección idéntica y análoga con la del símbolo y en la extensión esperada adecuada para saldar el tránsito. Así pues, si eres mujer y Urano transita tu marte natal en la 5ta casa, no va a ser suficiente que un dentista te rellene una cavidad – pero sería de esperarse que sí fuera suficiente el someterse a una operación para que te saquen tu fibroma uterino de años. El consejo principal que prefiero dar es 'anticipar' los tránsitos; y 'ofrecer el sacrificio' cuando el tránsito está por llegar.

Otro instrumento extraordinario de auto-defensa en periodos críticos – o al menos un buen modo de fortalecer los periodos muy prometedores – es usar los Retornos Solares de un modo 'Dirigido', o uno también podría decir, de una manera 'apuntada'. Esto es, elegir la situación astral más conveniente para pasar tu cumpleaños: e.g. el mejor cielo anual derivado de tu horóscopo del siguiente año . Por muchos años yo he estado aconsejando a mis clientes el usar esta técnica y la he usado yo mismo muchas veces – siempre obteniendo resultados excelentes.

Sugiero considerar la situación general del cliente consultante cerca de un mes antes de su cumpleaños, e.g. cuando el año previo está llegando a su final y el astrólogo ha sido adecuadamente informado sobre los hechos que caracterizaron el mapa astral del Retorno Solar previo del consultante. Por otro lado, un mes antes del cumpleaños uno tiene suficiente tiempo para organizar incluso un viaje sumamente exótico. Mi técnica personal es trazar una docena de Retornos Solares que van desde Los Angeles hasta Tokyo escudriñando al redodor de toda Europa. Si ninguno de ellos es conveniente exploro algunos territorios 'extremos' como Siberia, Nueva Guinea o la isla de Pascua. Más adelante en este libro, encontrarán sugerencias con respecto al modo correcto de proceder, con base en casos prácticos.

En las últimas líneas de este capítulo, me gustaría subrayar que las técnicas que he descrito son para controlar una circunstancia, no para resolver posibles problemas de fondo. Estos últimos deben tener solución en otro ambiente diferente: por ejemplo, en el psicoanálisis.

Comentario:
Permítanme expresar mi gratitud hacia el Dr. Antonio Speranza, de la escuela Jungiana, por discutir conmigo los eventos descriros en este capítulo, y por darme recomendaciones extremadamente útiles.

4.
El problema de las expectativas

Si deciden poner en práctica la Astrología Activa, el problema de las expectativas es seguramente el problema más importante que enfrentarán. Es un hecho que cuando intenten convencer a cualquiera de reubicar su Retorno Solar, van a sentirse obligados a describir aunque sea un poquito los posibles resultados que pueden obtenerse con un Retorno Solar Dirigido. Y lo que digan seguramente será traducido por quienes los escuchen como escenarios precisos: algunas personas podrían ver un montón de dinero; otras imaginarán amantes extremadamente sexys, otras aún verán a sus enemigos morir, etcétera. Un año después será imposible no enfrentar los efectos de las expectativas frustradas de sus consultantes. Y sin importar lo que les digan, sus clentes siempre estarán renuentes a aceptar las explicaciones que ustedes pudieran dar, mientras que podrían aceptar más fácilmente que les hablen de los resultados logrados. Como ejemplo de esto, cito un intercambio de epistolar entre un cliente descepcionado y yo, publicado previamente en la edición #28 (Octubre de 1996) de mi boletín cuatrimestral de astrología Ricerca'90. Los lectores, siendo las personas agudas y cultas que son, hicieron sus reflexiones al respecto.

Querido Señor Discepolo,

Como usted sabe, he estado siguiendo sus estudios con respecto a los Retornos Solares por algunos años. Siempre he apreciado su espíritu por ser un investigador atento y concienzudo, que busca llevar sus propias teorías hacia una verificación experimental.

Por lo tanto si le escribo, simplemente como un lector de sus obras, es con el espíritu de colaboración y no es mi intención ponerme a discutir. Tome mis palabras como una 'crítica desde adentro', con las siguientes observaciones preliminares:

1) Yo no me considero un astrólogo, ni siquiera un principiante. Así que por favor disculpe los contenidos técnicamente modestos de mis comentarios.

2)el final del año del último Retorno Solar ya llegó, sí señor. Pero tal y como diría Spurinna la Arúspice: aún no termina (aunque terminará muy pronto, es decir el 5 de agosto)

Tal vez usted ya adivinó la razón por la que le estoy escribiendo. Mi Retorno Solar "Dirigido", el cual reubiqué el año pasado en Londres para poner a mi Ascendente del Retorno Solar en mi 5ta casa natal para evitar que estuviera en la 6 natal (como hubiera sucedido si yo hubiera permanecido en *XY*), no funcionó para nada.

Yo sé que usted confía 'en las estrellas más que en los seres humanos' y no deseo objetar al respecto. Sólo espero que usted confíe en mí cuando le digo que durante este último año ningún episodio 'determinante' sucedió – sus famosos 'encabezados de periódico', ni en mi vida sentimental ni en el campo de la diversión y el juego. La única excepción podría ser un breve episodio – que duró solamente una semana del año nuevo a la epifanía – que consistió de un *rendez-vous* fugaz y furtivo con mi ex-novia. Y de cualquier modo, ese episodio fue precisamente anunciado por los tránsitos de los planetas más veloces sobre mi 5ta casa natal.

Pero casi lo mismo había sucedido ya – con la misma chica y de cualquier modo, por un lapso mayor de tiempo – también el año anterior por mediados de junio, y también en esa ocasión todo terminó sin consecuencias. Lo cual me autoriza a llegar a la conclusión de que ¡nada relevante de hecho me sucedió a lo largo de este año!

Es extremadamente difícil para mí el encontrar cualquier otro evento relacionado con el simbolismo de la 5ta casa, es más: ¡con el simbolismo del Retorno Solar Dirigido en su totalidad! Quizá la única excepción – pero es un episodio que menciono por escrupulosa meticulosidad – es que al principio de diciembre me compré una Computadora Personal y un paquete de software de astrología profesional. Esta es la diversión más típica para un individuo Uraniano, y tal vez podría estar relacionado con el hecho de que mi 5ta casa natal está casi por completo en el signo de Acuario. De hecho, exactamente durante esos días ¡Urano estaba entrando significativamente en esa casa!

A pesar de tal evento que podría tener implicaciones en mi futuro más o menos remoto – obviamente vinculado con el tránsito de Urano y con su duración – es un hecho que ese episodio en realidad no tuvo ante mis ojos, en la escala de eventos del año entero (que es la escala más importante de evaluación, puesto que estamos rastreando el balance de un Retorno Solar), la menor importancia. De hecho, ya antes había yo escrito mi disertación doctoral con una computadora en 1989, y había comprado y usado otras computadoras en el pasado.

El stellium en la 7ma casa del Retorno Solar, por el contrario, se ha expresado de manera más bien consistente en la dirección de una belicosidad cada vez mayor en mi campo profesional. Por otro lado, al menos hasta ahora, no se ha cumplido la promesa del trino en conjunción con Júpiter y la Luna en Sagitario en la décima casa. Así pues, todo ha estado confinado a un ligero incremento en el conflicto permanente normal que siempre hay en mi actividad profesional. Pero eso podría deberse razonablemente al arribo de Saturno a mi 7ma casa natal. Es más, desde hace algún tiempo dicho planeta ha estado creando un gran trino con mi extremadamente débil Sol natal en la onceava casa – y también podría deberse al tránsito contemporáneo de los astros más rápidos sobre mi 6ta y 7ma casas en algún punto entre Febrero y Marzo.

No sería capaz en realidad de encontrar nada más de relevancia, con respecto al 'tono' del año; excepto una secuela de micro-episodios que no tienen nada que ver con el Ascendente en la 5ta casa natal o el stellium en la 7ma casa, ya que pueden ser mejor – y más fácilmente – explicados en términos del tránsito de los astros más veloces por las casas de mi carta natal.

En cierto punto hasta consideré la hipótesis de que, por error, el Ascendente del Retorno Solar podría haber caído en la 4ta casa en lugar de la quinta. Con dicha suposición fui capaz de recordar varios episodios que apuntaban hacia la posibilidad de que esto último fuera verdad: por ejemplo, una serie de pequeñas mejoras de mi habitat doméstico. De todos modos, era mucho más razonable explicarlos con el tránsito contemporaneo de Júpiter en mi 4ta casa natal.

Sin embargo me dije a mí mismo, una vez dirigí un Retorno Solar a Bangkok en 1991, y resultó ser todo un éxito. Así pues ¿cómo puede ser que una teoría sustentada por evidencias teóricas y – puedo atestiguarlo yo mismo – prácticas, puede funcionar algunas veces y fracasar otras?

Ese año (1991) fue realmente importante para mí. Empezó por ahí de mediados de septiembre con un episodio marcado por un conflicto crucial en mi trabajo, que me llevó al final de ese mismo año del Retorno Solar a abrirle las puertas a un cambio de trabajo hacia uno que de verdad me gustara. Y al rededor de mediados de Diciembre, siguió cuando compré un pequeño departamento; y unos días después me comprometí en un noviazgo 'prestigioso' – obviamente prometido por mi Venus natal en la décima casa, en una amplia conjunción con el Medio Cielo. Entonces, por mediados de enero, se me presentó la oportunidad de cambiar a un departamento nuevo: ¡una emancipación realmente decisiva!

Eventualmente, ese año cerró brillantemente al yo ganar una competencia para un cargo de profesor – con mi renuncia a mi anterior trabajo.

Si lo vemos nuevamente, tal vez no sea imposible leer esos eventos – o al menos algunos de esos eventos – 'a la luz' de meras expresiones de los tránsitos:

1) El ganar la competencia para un puesto de enseñanza: Júpiter en el Ascendente exactamente durante los días de mi registro para el puesto (por mediados de octubre de 1992). Tome nota por favor que Júpiter en mi carta natal está en la 9na casa y en trino con el Ascendente – y como todos saben, la 9na casa está conectada con la enseñanza universitaria. Y durante los días de los exámenes, Júpiter estuvo en conjunción con la triple conjunción de Urano-Mercurio-Plutón de mi 12va casa, anunciando por lo tanto – obviamente – un fuerte compromiso con el estudio.

2) My Mi adquisición de bienes raíces y el episodio sentimental simultáneo (correspondientes al 20 de diciembre y al 13 de diciembre de 1991 respectivamente). Urano y Neptuno en la 4ta casa en gran oposición con la Luna en Cáncer en la décima casa (por favor tome nota que la Luna está en amplia conjunción con Venus en Géminis en mi carta natal).

3) On El día (17 de septiembre de 1991) de mi pelea decisiva con mi jefa (una mujer muy conocida por su poder y agresividad, como lo confima mi Luna natal en Cáncer, en conjunción con Marte, en el campo de la profesión): el sol estaba sobre el Ascendente, la luna estaba en conjunción con Urano en la 4ta casa y durante esas horas también estaba en oposicion consigo misma. Mercurio estaba en conjunción con su posición en la carta natal, con Urano y con Plutón en la 12va casa Júpiter acababa de entrar a la 12va (una desventura 'afortunada').

Mi siguiente cumpleaños anuncia un año importante, ya que el Ascendente del Retorno Solar va a caer en la décima casa natal. ¡Aún así, el Retorno Solar sólo parece enfatizar eventos que otros eventos astrológicos bien podrían subrayar! De hecho, enfoquémonos en lo que sucederá después de Marzo, cuando:

1) La conjunción de Urano-Júpiter en mi 5ta casa natal se oponga a mi Sol natal en la 11va casa y cree un sextil con saturno en la 7ma casa (exactamente en esos días Saturno también está en un trino exacto con mi Sol), así como otro sextil con Plutón en Sagitario, el cual para entonces debería poder también crear otro trino con mi Sol natal: por la primera vez en mi vida, y por muy pocos días.

2) Neptuno entra definitivamente en la 5ta casa creando una amplia conunción de apoyo – sólo en caso de que se necesitara apoyo – con la

conjunción de Júpiter-Urano.

Como puede usted ver, la 5ta y la 7ma casas están fuertemente involucradas, mismas que se han mantenido 'calladas' durante este Retorno Solar. También la 11va casa está involucrada, la casa en la que está mi Sol. Como ya subrayé, no soy un astrólogo. Sin embargo creo que puedo predecir que algo importante va a suceder en mi vida sentimental o en el campo de la diversión y el juego. Si no sucede, me temo que empezaré a dudar de la validez no sólo de los Retornos Solares Dirigidos, sino de la astrología misma como herramienta de predicción.

Y si así no fuera – es decir, si lo que pongo como hipótesis más arriba de verdad sucediera – ¿podríamos acaso afirmar (y esta es la conclusión de la pregunta que le hago a usted) que si – digamos – pusiéramos el Ascendente del Retorno Solar en la 9na casa en lugar de en la 10ma de nacimiento, por la importancia de los eventos del año que se avecina el valor simbólico de estos últimos superaría lo que ya están desarrollando los peones más lentos y más implacables en el silencioso tablero de ajedrez celestial?

Sinceramente suyo,

Firma

Querido Doctor ...

Intentaré responder a su carta en su totalidad, y espero que mis razones lo satisfagan, aunque me temo que no será fácil. No será fácil, porque en primer lugar no entiendo si su 'crítica constructiva' se refiere a los Retornos Solares Dirigidos o a los Retornos Solares en general. Pues al principio de su carta usted hace referencia específicamente a los primeros, mientras que conforme prosigue usted parece objetar con respecto a todos los Retornos Solares: incluso aquellos que ciertos – ligeramente confundidos – colegas míos trazan para el lugar de nacimiento del nativo, en vez de para el lugar en el que el nativo de hecho se encuentra al momento del cumpleaños astrológico.

Así pues prosigamos y aclaremos algunos de los temas en cuestión. Entiendo el primer problema, quiero decir que aquel más importante que un astrólogo de mi escuela debe enfrentar a diario, es el problema de las *expectativas*.

Quizá el grado total de satisfacción o insatisfacción del cliente, un año después de la consulta previa con el astrólogo, dependa de ese tema. En los años recientes me ha sucedido en varias ocasiones – también he escrito al respecto – que yo había 'prometido' años importantes a gente que más adelante se quejó porque no habían visto *ningún dinero* durante esos doce meses. Pero – ¿quién les mencionó a ellos alguna vez algo que tuviera que ver con el dinero? Cuando yo les describí los potenciales de un año importante y constructivo, estoy seguro de que no lo hice, porque yo me refería a cosas muy distintas. Algunas veces me ha sucedido exactamente lo opuesto: Anuncio un año negro y el cliente, un año después, alegremente declara que no fue así. Recuerdo que una vez le predije un mal año a un joven homosexual que solía tener varias parejas sexuales al año. Le hice la advertencia de cualquier modo, pero tal vez él estaba pensando en el SIDA.

Tal vez esa fuera la razón por la que, aunque de hecho había tenido un año muy perjudicial y con muchos problemas, aún así sus ojos estaban chispeando de alegría cuando afirmó que no había sido un mal año – porque no se había contagiado del terrible virus. Así que usted podrá entender que más allá de cualquier hecho objetivo, si quiere establecer si un Retorno Solar funcionó o no, es importante entender lo que uno espera de verdad. También quiero dejar claro lo que quise decir con respecto a 'los encabezados de primera plana'.

Cuando le explico a un cliente los efectos de irse de viaje o de poner el Ascendente del Retorno Solar en cierta casa, hago uso de ese tipo de lenguaje con la esperanza de que él/ella me entienda mejor. "Al poner el Ascendente de tu Retorno Solar en tu 4ta casa natal, lo que haremos es que los encabezados de tu 'bitácora de navegación', aquella que describe los eventos de los doce meses entre un cumpleaños y el siguiente, contengan el concepto de: 'Habitat'." Ahora bien, lo que con frecuencia sucede es que mi interlocutor mal entiende, y en su mente su propia y personal bitácora de navegación se vuelve tan importante como un periódico o diario de circulación nacional.

Intentaré explicarlo de otro modo. Si yo predigo 'papeles membretados oficiales, problemas con la burocracia o con la ley'; él o ella piensan en eso como en la noticia principal de la portada de un periódico y eventualmente se imaginarán que serán mencionados por la TV porque, digamos, el Primer Ministro los acusará de algo. En realidad, lo que sucederá es que se pelearán muy feo con su cuñado. Una simple y banal, fea pelea con su cuñado. Entonces él o ella objetarán, "¿Es esto a lo que llamas un encabezado de portada?" Sí, por supuesto que es eso a lo que yo llamo un encabezado de portada, si ese fue el evento más importante en el año del nativo.

¿Quién dijo que cada año sufrirías de duelos o subirías a nuevos empleos o tendrías nuevas aventuras amorosas? Podría haber años muy planos en los cuales el evento más importante para cada uno de nosotros podría ser tomado como lo más 'absolutamente trivial' por el menos inteligente de los reporteros del periódico de tu vecindario. Lo que quiero decir es que los Retornos Solares no dicen mentiras.

Cuando un Retorno Solar predice el tema predominante del año, el más significativo, lo hace sin considerar que ese tema podría o no ser bien recibido por el interesado. Ahora consideremos su caso específico. Lo que noto es que cuando estábamos discutiendo al respecto – usted y yo juntos, le dimos lecturas muy distintas a su siguiente Retorno Solar. Mi objetivo era evitarle un Ascendente del Retorno Solar en la 6ta casa, mientras que usted probablemente – y tal vez no sin razón – estaba soñando con eventos sumamente satisfactorios conectados con la noción del amor por el ascendente en la 5ta casa natal. Ahora bien, después de que todo sucedió, ¿podemos decir de verdad que el Retorno Solar dijo mentiras? Es mi opinión que no las dijo. En su misiva (al igual que en la tarjeta anexa) usted afirma haberse dedicado este año a la computadora más que en años anteriores, gracias a un software de astrología; también se dedicó usted al estudio de las leyes – como pasatiempos. Ahora bien, cualquier actividad usada como pasatiempos, por gusto, ¿no es acaso específica de la 5ta casa? Usted también menciona que en el pasado ya había usado una computadora para escribir su doctorado.

Muy bien, pero no era lo mismo: en ese entonces era una asignatura, ahora la usó por gusto. No es la culpa del Retorno Solar si usted fantaseó que el Ascendente en la 5ta casa se materializaría, digamos, en una colega sumamente graciosa por la que usted siente una atracción particular. No hubo ninguna chica agraciada, pero ha habido la práctica de pasatiempos durante el año. Usted dirá: 'Nada digno de encabezados' ¿Y quién lo dice? ¿Puede usted mencionar otros eventos importantes que marcaron los doce meses de los que estamos hablando? Es usted quien escribe, en su misiva, 'Nada más que notificar'. Entonces, si no tiene nada más que notificar, ¿porqué no quiere admitir que esos fueron los eventos prevalentes de su Retorno Solar? Aún así hay otro detalle que olvidó mencionar, a pesar de tener gran importancia. Usted vive en Bari, por lo tanto no ha notado que el ascendente del Retorno en la 6ta casa habría jugado un rol importante en su Retorno Solar en Bari, implicando una serie de distintos problemas, mientras que habiéndo reubicado su cumpleaños a Londres no sufrió usted ninguno de esos problemas. Así que vea usted, fue como le dije: mientras que yo proyectaba ese RSD mi objetivo era evitar todos los problemas que usted habría enfrentado si hubiera pasado el Retorno Solar en su casa en Bari; mientras que usted probablemente estaba fantaseando con un año de aventuras sentimentales voluptuosas. Usted también afirma que los sucesos extremadamente placenteros que sucedieron durante su Retorno Solar en Bangkok se habrían dado de todos modos, incluso si se hubiera quedado en casa, ya que fueron provocados por los tránsitos.

Bueno, lo invito a hacer un experimento muy sencillo. Quédese en casa, quiero decir, en su pueblo, la próxima vez que se aproximen tránsitos positivos y al mismo tiempo tenga a su Ascendente del Retorno en la 12va o 1ra casa natal, y cuénteme los resultados. Por favor créame cuando le digo que tampoco es mi intención ser confrontativo.

Si me enciendo con ciertos temas es sólo porque creo que miles y miles de retroalimentaciones positivas no pueden borrarse por la declaración pesimista de una persona – aunque sea una persona tan confiable como usted – que se siente descepcionada porque sus propias expectativas no se hicieron realidad. Por último, si me lo permite, me gustaría hacer respetuosamente una observación irónica con respecto a su última oración: "…Creo que puedo predecir que algo importante va a suceder en mi vida sentimental o en el campo de la diversión y el juego. Si no sucede, me temo que empezaré a dudar de la validez no sólo de los Retornos Solares Dirigidos, sino de la astrología misma como herramienta de predicción." Tal vez un psicoanalista lo invitaría a preguntarse a sí mismo qué incertidumbres se esconden detrás de esa amenaza suya. Con frecuencia recibo ese tipo de amenazas por parte de la gente que me consulta.

A ellos y a usted, querido Dr. …, me gustaría responderles como sigue: "¿A quién creen ustedes que están lastimando? ¿Quieren seguir estando sin luz? ¡Síganle así entonces!" pero no lo digo, porque sé que usted es un hombre serio, y sobre todo es un hombre de estudios. Así pues estoy seguro de que usted reconsiderará las cosas según el punto de vista que le propuse. Tal vez se encontrará con que el Retorno Solar no falló en hacer su tarea.

De cualquier modo, al escribir al respecto no quiero decir que este sistema sea un sistema perfecto y no significa que no necesite ningún ajuste. Tal y como Terzio diría en ese maravilloso filme de Federico Fellini "La voz de la luna": una ligera enmienda tendría que hacérsele a nuestro satélite, después de todo.

Sinceramente,
Ciro Discepolo

5.
El teorema de Jeoffrey

¿Qué tiene que ver Joffrey con nuestro asunto? Lo verán pronto. La Astrología Activa no sólo es acerca de escoger lugares y momentos en el momento justo: es acerca de sinérgias – en el más amplio sentido del término. Debes elegir si deseas aprovechar las oportunidades – este podría ser el eslogan de la Astrología Activa. En otras palabras, no se trata de intentar derrotar molinos de viento, sino de tomar decisiones – con el objetivo de lograr buenos resultados siempre, y moverse con la corriente.

Así pues consideremos un caso ejemplar. Ella es una jóven mujer con un *stellium* bastante perjudicial de astros incluyendo a Venus en la 12va casa: su vida es una serie de fiascos sentimentales. Ella tiene tendencia a establecer lazos con hombres mental o físicamente enfermos. Eso me recuerda un evento particular. Una pareja me consultó desesperada porque su única hija, una enfermera de un hospital, había tenido una aventura con un discapacitado. Después de años de esa relación, ella dejó a ese jóven, pero para incomodidad de sus padres, empezó una relación nueva con otro minusválido algunos meses más tarde. Muchas mujeres con valores astrológicos similares a los de la mujer arriba mencionada tienen tendencia a elegir a sus parejas entre hombres débiles, dolientes, por lo común enfermos y algunas veces hasta extremadamente neuróticos. Suelen elegirlos casi involuntariamente.

No suelen estar satisfechas con eso, y de hecho sus relaciones suelen romperse en poco tiempo. Y eso es lo que Joffrey tiene que ver con esta historia. ¿Recuerdan a *Angélique**? Es una serie francesa de libros de aventuras históricas. La protagonista es una joven y hermosa mujer que debe casarse con un cojo con pata de palo y enormes cicatrices que le desfiguran el rostro. Ahora bien, ustedes quizá recuerden que la espléndida dama, tras superar el primer trauma visual, fue conociendo la ternura de este hombre, su pasión y virilidad, con lo que acaba enamorándose de él por el resto de su vida. Lo que quiero decir es que la Astrología Activa debería enseñarle a las chicas con un fuerte stellium en la 12va casa a elegir a su propio Joffrey como pareja. Porque si apuntaran al clásico Príncipe Azul Encantado, parecido a Leonardo DiCaprio o a Brad Pitt, seguramente se condenarían ellas mismas a miserias de sufrimiento y humillación. Mientras que si estuvieran buscando a su 'Joffrey' – e.g. uno semi-discapacitado, un hombre con una lijera desventaja mental o física – podrían incluso alcanzar una vida feliz, al menos desde el punto de vista del amor. Después de todo, ¿es acaso tan malo vivir con una pareja coja, o con alguien ciego de un ojo, o un diabético a quien le debes aplicar tres inyecciones al día? ¿Es un impedimento tan significativo si todo lo demás está bien y de verdad se aman entre sí? Porque en la pàactica uno debe vivir con sus elementos astrológicos en lo tocante a la 12va casa– y como ya dije antes, uno no puede derrotar molinos de viento.

Now Ahora déjenme enseñarles cómo puede aplicarse esta regla en otro caso. Un día una mujer vino a verme cuya carta natal tenía una conjunción muy mala (exacta en el mismo grado) de Saturno y arte en Cáncer, en su 4ta casa natal. Le pregunté que cuales habían sido las cosas terribles que le habían sucedido en conexión con sus padres y su hogar. Me respondió que había perdido a ambos progenitores en los primeros 5 años de su vida. También se había mudad más de 20 veces en su vida, tomando en cuenta los orfanatos de los que el gobierno la había obligado a cambiarse. "Pero", me dijo entonces, "ahora ya resolví mi problema. Ya no van a poder notificarme que desaloje nunca más – Estoy por comprarme una casa y eso resolverá mis problemas". Yo le aconsejé con mucha insistencia que no hiciera eso.

Le expliqué que su terrible conjunción natal podía expresarse incluso peor si ella compraba una casa. Tal vez podía comprar la casa y descubrir que había asbesto en las paredes; podía perder cientos de millones en la compra; podía incluso correr el riesgo de perder su casa por algún procedimiento legal mal efectuado. "Entonces", me preguntó la mujer desesperada, "¿qué debo hacer?" "Tú debes", dije yo, "pagar renta en una casa o departamento con un problema básico conocido: Un impedimento que te permita descargar tu conjunción Marte-Saturno día a día, cada día. Por ejemplo, podrías vivir en un departamento en el sexto piso de un edificio viejo sin elevador. De este modo sufrirás día a día, pero nadie te echaría de esa casa, y no correrías el riesgo de tirar a la basura cientos de millones". Le di este mismo consejo a un bailarín italiano famoso que solía vivir en París.

Su Saturno natal estaba en la 9na casa de su carta: las estrellas le habrían sugerido no dejar su lugar de nacimiento nunca. Vivía en París, pero en una buhardilla en el último piso de un edificio antiguo – sin elevador. "Necesito encontrar un departamento en planta baja", me dijo, y yo le respondí, "No, no debes cambiarte. Si de verdad quieres quedarte en París, quédate donde estás – no tientes al diablo: está constantemente emboscado al asecho".

* Angélique, la Marquesa de los Ángeles (Francés: *Angélique, Marquise des Anges*) es una novela de 1956 escrita por Anne Golon & Serge Golon, la primera novela de la serie de Angélique. Fue inspirada por la vida de Suzanne de Rougé du Plessis-Bellière, conocida como la Marquesa de Plessis-Bellière. Se cree que el matrimonio de Angélique con Joffrey de Peyrac es paralelo con el de la hija de Madame de Sévigné, Françoise-Marguerite de Sévigné con el Conde de Grignan. (wikipedia: http://en.wikipedia.org/wiki/Ang%C3%A9lique,_the_Marquise_of_the_Angels)

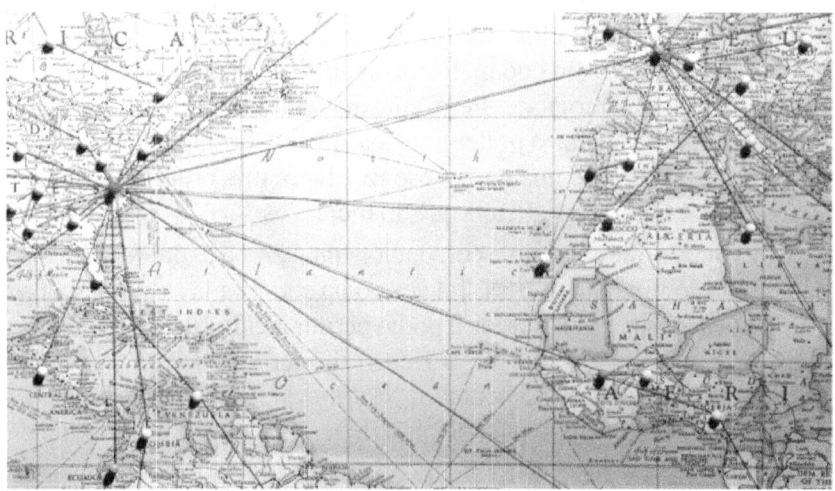

6.
El valor agregado

Por lo que a la Astrología Activa respecta, no puedo quedarme callado sobre una realidad importante (o al menos, es importante según mi opinión) que nunca he mencionado hasta hoy. Es la noción de 'valor agregado' – esto es, algo a lo que le damos un sentido adicional además de su valor básico específico. Carl Gustav Jung solía decir que la realidad subjetiva es equivalente a la realidad objetiva. Por lo tanto, si eres un optimista tienes mejores oportunidades de encontrar una cartera en la calle; mientras que si eres pesimista tienes mayores riesgos de caerte por las escaleras. Yo estoy convencido de que cada persona tiene sus propios ritmos en la vida: ustedes deben dar lo mejor de sí para descubrir cuales son sus ritmos.

Por ejemplo: después de varios años de observaciones, me he convencido personalmente de que los Martes son días muy pesados para mí; pero al contrario, los Martes corresponden con días en que me va mejor. Ustedes argumentarán que esas solo son fantasías y productos de mi imaginación, pero puedo asegurarles que he recolectado muchas evidencias. Por ejemplo, cuando era soldado fui castigado tres veces: todas las veces fue en martes. En Martes he tenido serios accidentes automovilísticos. Mi primera hija también tuvo un accidente en Martes, y mi esposa tuvo un parto por cesarea también en martes. Más allá de esos significados 'objetivos' probablemente le he añadido también un sentido de 'valor agregado' a la realidad específica de mi vida. En otras palabras, admito que podría haber 'cargado' a los Martes de contenido, de modo que ahora los Martes se acoplan perfectamente a ese patrón. En este punto ya no importa realmente si los Martes son de verdad días perjudiciales para mí, o si han coincidido simplemente con mi propia proyección interior.

El resultado es el mismo y yo sé que mis semanas están de algún modo divididas en dos mitades. Ya que por lo común parecen seguir una especie de patrón diabólico: las cosas empiezan a enredarse los Lunes por la tarde, literalmente fracasan en Mártes, y dejan una secuela de pequeños desastres los Miércoles. Entonces los Jueves suele salir mi rayito de sol y mi semana muestra una tendencia neutral los siguientes días. Cada individuo tendría que encontrar su propio ritmo, que no necesariamente está basado en los días de la semana. Suelo conocer a gente que jura que para ellos todo se vuelve un fiasco, digamos, cada año en Abril o Diciembre; mientras que otros afirman que si vida se hace peor cada tercer año; otros dicen tener problemas cada año bisiesto. Cada uno de ellos me demuestra la validez de su punto de vista con base en fechas precisas de eventos dramáticos en sus vidas: y yo les creo, por las razones que acabo de explicar.

Nunca he sido capaz de echar luz sobre las implicaciones astrológicas de esos ritmos. Pero yo creo que eso no es en realidad tan importante, porque es la vida misma la que te enseña a cuidarte de cierto día, o de cierto mes, o cierto año. Con seguridad no se debe a la simple ecuación Domingo-Sol, Lunes-Luna, etcétera: ya que conozco a muchas personas para las cuales el Martes es un día hermoso, mientras que el Jueves es un día dañino. Cuando nos ponemos a averiguar la razón de dichos lapsos de tiempo, deberíamos seguir la lógica de la Astrología Activa y comportarnos acorde. Por ejemplo durante sus 'malos días' no deberían someterse a exámenes médicos importantes, o ir a una entrevista de trabajo que pudiera influir en su vida laboral futura, o intentar reconciliarse con su media naranja.

Por supuesto que no deseo sostener la teoría de que dicha convicción debería bloquearlos y llevarlos a la parálisis de manera regular, ¡impidiéndoles siquiera moverse!Simplemente creo que es razonable no ignorar ese alternarse de tiempos 'buenos' y 'malos', y el comportarse más prudentemente en los 'malos'.Si consiguen entender los valores intrínsecos de los días, seguramente vivirán mejor.

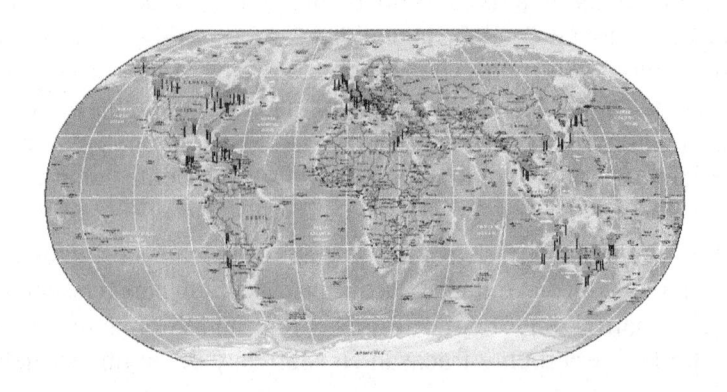

7.
Un fracaso total

Si la aplican bien, la Astrología Activa ciertamente es capaz de mejorar su calidad de vida. Obviamente, dentro de un marco de límites precisos. Lo que estoy a punto de decirles podría comprobar que en ciertas ocasiones, ni siquiera un milagro puede realmente salvarlos. Este es el caso de Sandro, un jóven del Véneto. Viene de una excelente familia y se graduó con honomres. La fig. 1. les muestra su carta natal. La primera vez que nos vimos me aseguró que había nacido exactamente a las 11:05 pm.

Definitivamente estaba confiado al respecto, y – me dijo – estaba particularmente seguro de esos 'cinco minutos'. Desde entonces lo vi varias veces. Solía llamarme por teléfono casi a diario, y algunas veces me llamaba varias veces el mismo día.

Acostumbraba decirme cómo se desarrollaba su vida a pesar de los obstáculos – decía – ocasionados por un hermano con el que Sandro se entendía muy mal. La fea conjunción de Sandro de Marte y Saturno (uno de los aspectos más perjudiciales en una carta natal, me temo) parecía confirmar la hora de nacimiento dada durante todos esos años. También tenía una relación muy mala con su cuñada. Cada año, Sandro reubicaba su Retorno Solar apuntándole siempre al lugar que yo le sugería.

Las cosas parecieron desarrollarse bastante bien, aun cuando él declaraba con frecuencia su insatisfacción, hasta que algo terrible sucedió durante los años en que Plutón estaba transitando sobre la arriba mencionada mala conjunción natal, mientras que al mismo tiempo Neptuno estaba pasando sobre su Mercurio natal.

Un fuerte grupo de astros el día mismo de su cumpleaños evitó que yo fuera capaz de determinar un lugar conveniente para su Retorno Solar Dirigido, y así salvarlo de los enormes riesgos que preví para su salud desde mi puesto de observación astrológico. Así que decidí poner ese feo stellium en la 2da casa del Retorno Solar.

Por supuesto que le advertí a Sandro que durante los siguientes doce meses debía 'cerrarle a la llave' drásticamente a sus gastos, no transferir ningún dinero por ninguna razón. Como ya les dije también, durante ese año Sandro solía telefonearme casi a diario. Yo acostumbraba contestarle como amigo, puesto que si hubiera sumado todos los minutos que le dediqué en el teléfono, podría decir con buenas razones que le regalé una buena parte de mi trabajo. Durante esas conversaciones, Sandro nunca me mencionó que algo especial le hubiera sucedido.

Desafortunadamente, eventualmente me habló al respecto pero solamente años después de que la desgracia hubiera sucedido. Con base en su último reporte, las cosas sucedieron más o menos como narro a continuación. Su padre tenía una enorme cantidad de dinero (billones de Liras italianas) y le dio 50% a Sandro y 50% a su hermano.

Fue entonces cuando un 'amigo' de Sandro se enteró y le aconsejó más o menos lo siguiente: "¿Qué vas a hacer con todo ese dinero? ¡No seas tonto! ¡Si lo dejas en un banco te generará tan sólo una miseria! ¡Dámelo a mí, yo te haré ganar una buena suma!" Sandro no le dijo ni una palabra a nadie: ni una palabra a sus padres, ni una palabra a mí y ni siquiera una palabra a su confesor, supongo. Simplemente escribió un cheque y dejó todo su capital en las manos de ese sinvergüenza. Ya se imaginarán lo que sucedió después. Unos años más tarde Sandro abordó al buitre, quien declaró haber perdido todo en malas especulaciones.

Sandro entendió que estaba totalmente arruinado y que no podía tomar ninguna medida legal en contra de su 'amigo' porque su firma del cheque no había sido forzada de ningún modo. Más adelante, cuando Sandro me platicó del suceso terrible que le había pasado, intenté remediarlo con una serie de buenos Retornos Solares Dirigidos uno después del otro; pero el daño había sido tan grande que no logré ningún resultado positivo. No sé nada más. Al final del 1997 Sandro me hizo saber, en una mezquina llamada telefónica, cuanta ingratitud puede sentir un ser humano por aquellos que sólo han intentado hacerles el bien. En otras palabras, me insultó violentamente, terminando así nuestras relaciones.

Como conclusión de esta dramática historia, he intentado leer los eventos con desapego. Después de todo, me dije, mi deber era por encima de todo salvar a Sandro de los enormes riesgos para su salud.

Al poner ese terrible stellium en la 2da casa del Retorno Solar por supuesto que sabía que correría serios riesgos financieros, pero no podía adivinar que:

- no haría caso de mi advertencia de no transferir dinero, especialmente de no hacer ningún gasto;

- se embarcaría en una loca aventura sin decirle una palabra a su padre o a mí;

- escribiría un cheque de una suma increíble sin preguntarse siquiera lo que estaba haciendo;

- que su hora de nacimiento estaba mal. De hecho, ya después de que la tragedia hubiera sucedido, pidió su certificado de nacimiento oficial, y tras recalcular su carta natal con la hora de nacimiento registrada, nos dimos cuenta que la conjunción perjudicial de Marte y Saturno no había quedado en su 3ra casa, sino su 2da casa natal.

Esta triste historia debería enseñarnos algo a todos nosotros. Debería enseñarnos que antes de cualquier otra consideración, al tratar con Retornos Solares Dirigidos el astrólogo se hace responsable de eventos extremadamente importantes: por lo tanto no puede 'dejar a los niños jugar con el rifle'. En segundo lugar, nos debe enseñar que ningún Retorno Solar Dirigido podrá salvarnos de ciertos desastres. Sin importar cuan experimentado sea el astrólogo: enfrentando ciertos eventos, ni una peregrinación a Lourdes ni siquiera la intervención del Padre Pio van a poder ayudar. La historia de Sandro es muy amarga.

Creo sinceramente que incluso más que ese Neptuno enturbiador, fue el diablo mismo el que le sugirió que firmara ese cheque. No puedo decir nada más, porque estaría fuera de la competencia de este libro. También porque no estoy realmente tan preparado en ese campo: pero creo firmemente que el Mal existe y que está constantemente poniéndonos trampas. De otro modo ¿cómo puede explicarse un caso como el de Sandro? Por favor consideren que ¡se graduó con honores en economía!

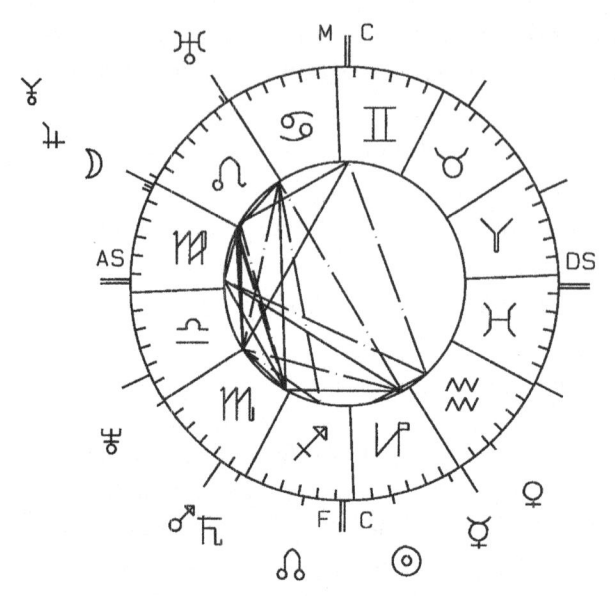

Fig. 1 - Carta natal de Sandro, la que yo he trabajado duarnte años

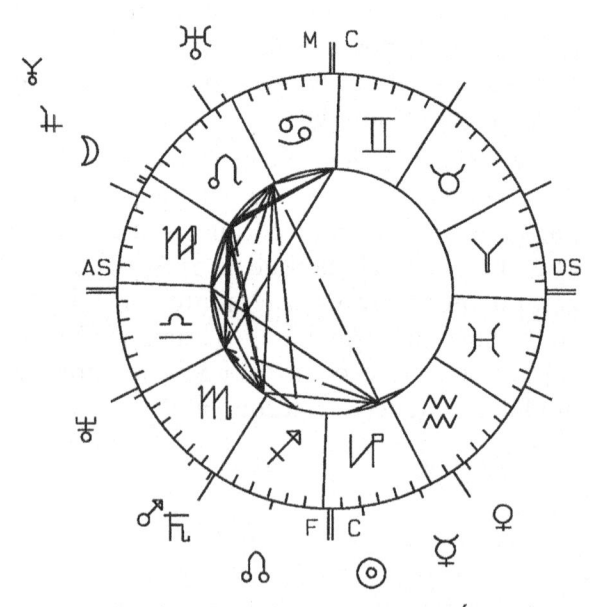

Fig. 2 - Carta Natal de Sandro, Ésta es la correcta con la hora de nacimiento registrada.

8.
Sobre la precisión de la hora de nacimiento

No siempre está claro para el lector cual es el rango de precisión dentro de cuyos límites uno debería operar cuando se estudia un Retorno Solar Dirigido. Por supuesto que me refiero a la precisión de la hora de nacimiento. Debemos entonces hacer una distinción entre, digamos, el Sol o Marte del Retorno Solar arriesgando quedar sobre la 12va casa del Retorno mismo, o del Ascendente del Retorno Solar arriesgando con quedar sobre la 12va casa de la carta natal. Quizá un ejemplo práctico me ayude a explicarlo mejor.

Consideren el sujeto cuya carta natal pueden ver en la fig-A1. La Fig-A2 muestra la misma carta natal del mismo individuo, pero considerando una anticipación de treinta minutos en su hora de nacimiento. Ahora consideremos dos Retornos Solares diferentes. El nativo pasa su Retorno Solar de 1978 en Savona, Italia; y el RS de 1979 en Atenas, Grecia. La tabla muestra todas las longitudes requeridas para el examen de este caso.

Empecemos con el Retorno Solar Dirigido de Atenas. La Fig-A3 muestra la carta del Retorno Solar mientras que la Fig-A4 muestra esa misma carta con base en la hora de nacimiento anticipada. Como ustedes pueden ver, es legítimo dudar acerca de una posible presencia del sol en la 12va casa del RS reubicado en Atenas. De hecho si el nativo hubiera nacido media hora antes que su hora de nacimiento oficial, en Atenas el Sol hubiera estado precisamente sobre la 12va casa del RS. De hecho el Sol está en el grado 19 de Escorpio, mientras que la cúspide que estamos considerando, en Atenas, está en el 17° de Escorpio – eso quiere decir que el sol está dos grados debajo de la cúspide. Ahora consideremos el Retorno Solar en Savona, en 1978. La Fig-A5 muestra que el Ascendente está en el 19° de Virgo mientras que su cúspide natal de la 12va casa está a 24° de Virgo.

Ahora bien, lo que el astrólogo se pregunta a sí mismo es, ¿qué tal si la hora de nacimiento del nativo está mal? ¿Qué tal si, digamos, nació antes? ¿qué pasaría entonces? ¿Podría ser que el Ascendente del Retorno

Solar estuviera en su 12va casa natal? Como pueden ver en la Fig-A6 esto no podría suceder. De hecho al trazar nuevamente su Retorno Solar para una hora más temprana de nacimiento, el Ascendente nuevo está a 14° de Virgo y la cúspide de la 12va casa en 17° de Virgo: tres grados enteros de seguridad.

De hecho en mi práctica siempre he notado que la relación Ascendente/cúspide de hasta un grado podría ser segura, mientras que en las relaciones Sol/cúspide o Marte/cúspide es mucho más seguro considerar un margen de tres o cuatro grados.

Los valores absolutos podrían cambiar si consideráramos un ascendente cayendo sobre un signo de ascención lenta, pero la lógica seguirá siendo la misma. Así que recuerden que los grados extremadamente peligrosos en los cuales el Sol o Marte del Retorno Solar nunca deberán estar, son los últimos grados de la 11va casa, los primeros grados de la 2da casa, y los últimos grados de la 5ta casa.

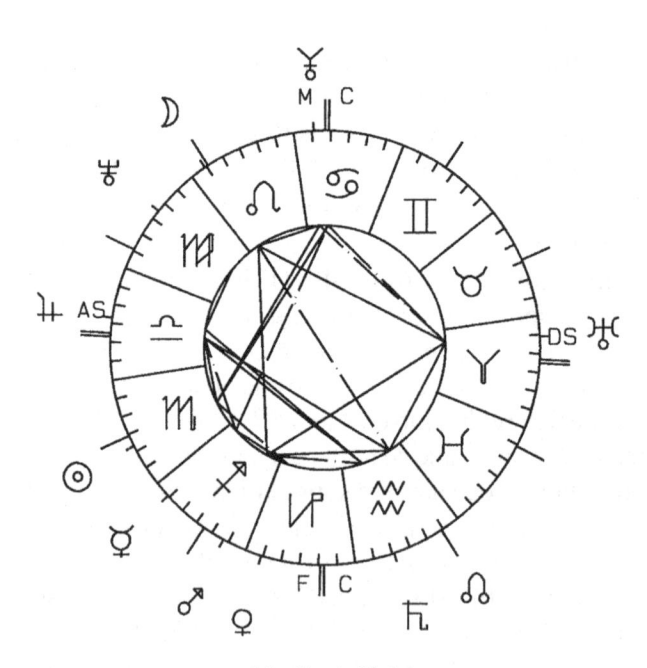

A1 - Carta Natal

RETORNOS SOLARES Y LUNARES DIRIGIDOS 45

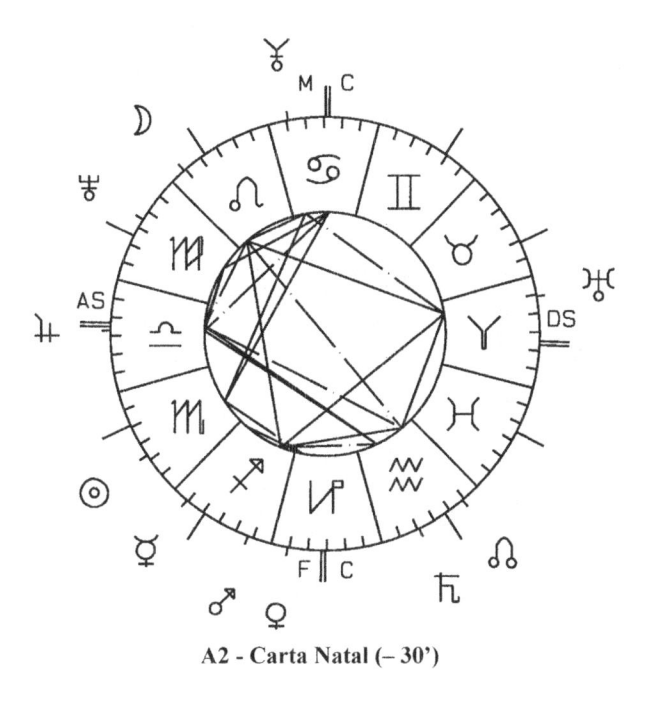

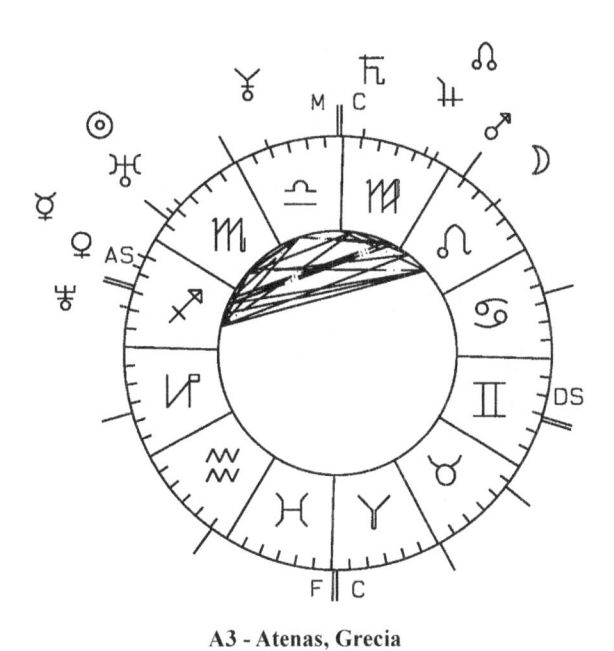

A2 - Carta Natal (– 30')

A3 - Atenas, Grecia

A4 - Atenas, Grecia (natal – 30')

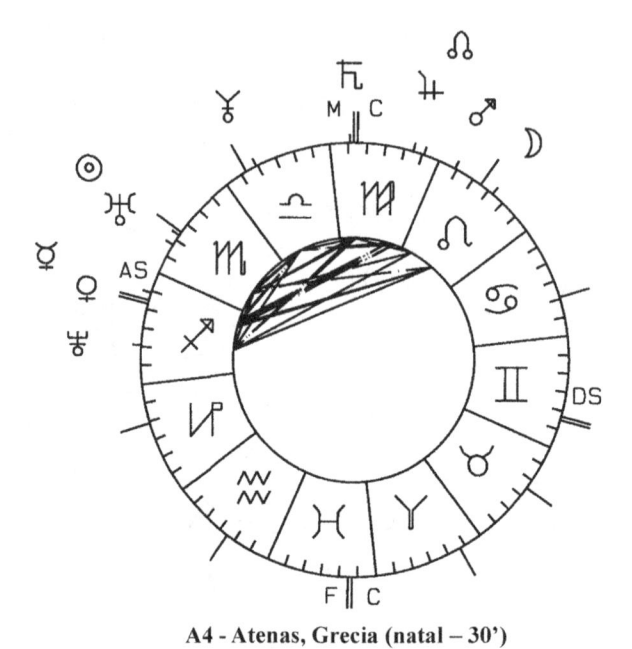

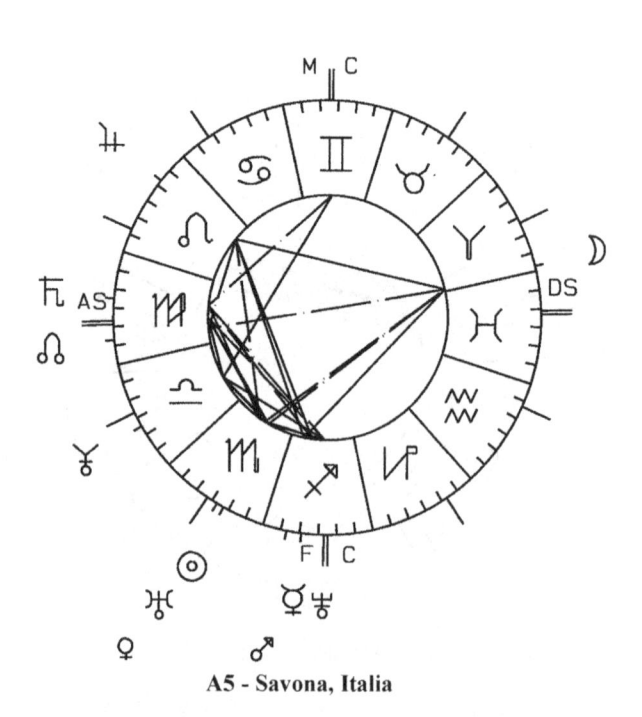

A5 - Savona, Italia

A6 - Savona, Italy (natal – 30')

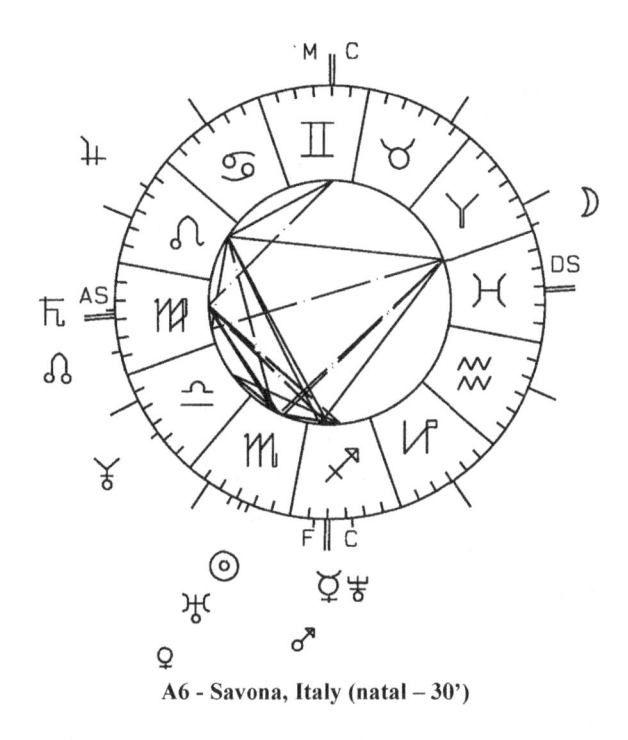

Fig. A1	Sol Natal	19° Scorpión
Fig. A1	Cúspide de la 12va Casa, natal	24° Virgo
Fig. A2	Cúspide de la 12va Casa, 30 minutos antes	17° Virgo
Fig. A3	Cúspide de la 12va Casa en Atenas (1979)	23° Scorpión
Fig. A4	Cúspide de la 12va Casae en Atenas, 30 minutos antes	17° Scorpión
Fig. A5	Ascendente en Savona (1978)	19° Virgo
Fig. A6	Ascendente en Savona, 30 minutes antes	14° Virgo

9.
La 'brecha'

En un mapa de Retorno Solar se tiene lo que yo llamo 'la brecha' cuando, por ejemplo, el Sol está casi en la cúspide entre la 5ta y la 6ta casa, y Marte está casi posicionado sobre el Descendente, o vice-versa. Por favor consideren la carta de la siguiente página.

Cuando sucede que el sujeto tiene un Retorno Solar de base como ese, (Quiero decir, el RS trazado para el lugar donde él o ella viven normalmente), no sirve para nada perder tiempo intentando corregirlo con una leve reubicación, porque la única oportunidad es cambiar por completo a otra parte del mundo; otra zona horaria.

Ya que si reubicas ligeramente al este terminas poniendo a Marte en lo profundo de la 6ta casa, mientras que si lo mueves ligeramente al oeste es el Sol al que metes hasta dentro de la 6ta casa. Ambas posiciones son bastante peligrosas.

Como pueden ustedes ver del siguiente ejemplo, el nativo tiene una situación similar si pasa su RS en Salerno, donde se ha establecido; pero las cosas se ponen mucho peor si se reubica a Otranto (hace el este) o Génova (al oeste). Cualquier astrólogo que le sugiriera no moverse para nada cometería un serio error: de hecho, incluso una diferencia de 10 minutos en la hora de nacimiento podría ser suficiente para poner ese Sol o ese Marte en la 6ta casa del Retorno Solar de base.

Consideremos a otro sujeto. Las cartas astrales en la página posterior a la siguiente pertenecen al sujeto #2, cuyo Retorno Solar en Nápoles muestra el Sol muy cerca de la cúspide de la 6ta casa, y a Marte bastante cerca de la 1ra casa. Como pueden ver, no es suficiente reubicarlo a Jerusalén, donde Marte estaría claramente en la 1ra casa.

Y tampoco Madrid es un lugar adecuado para la reubicación, porque ahí el sol quedaría en el área central de la 6ta casa. Una solución consiste en cambiar el Retorno Solar Dirigido muchas zonas horarias: en Flores, en Las Azores el Sol del Retorno Solar del sujeto se quitaría el riesgo quedando en la 7ma casa, mientras que Marte quedaría por suerte lejos de la 1ra casa.

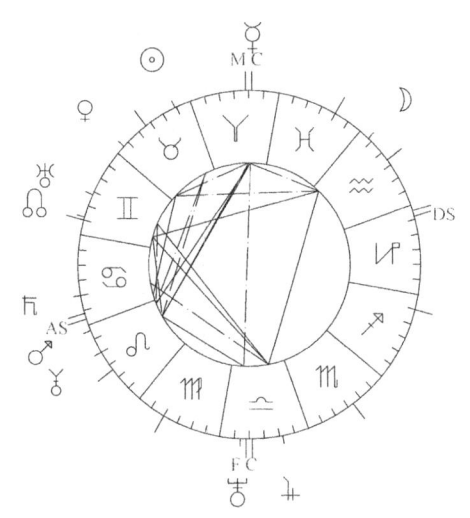

Carta natal del Sujeto A

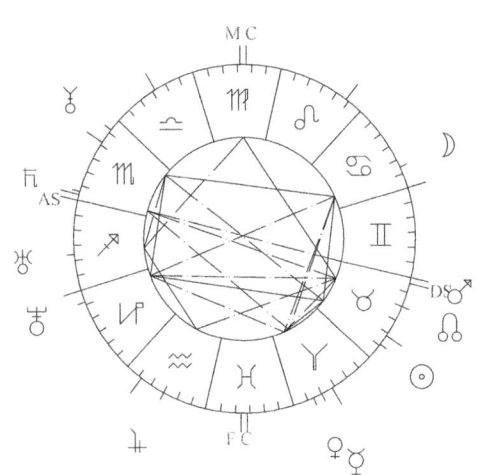

**Retorno Solar en Salerto,
Italia, para el sujeto A**

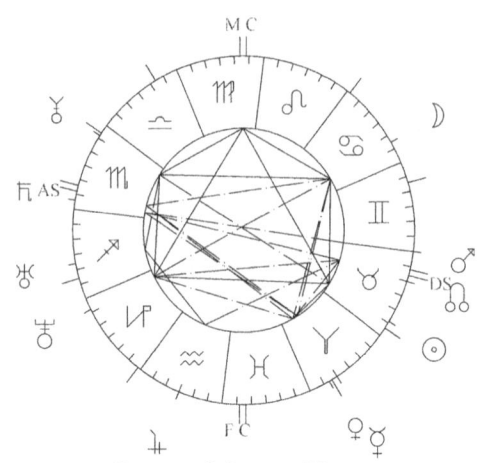

**Retorno Solar en Génova,
Italia, para el sujeto A**

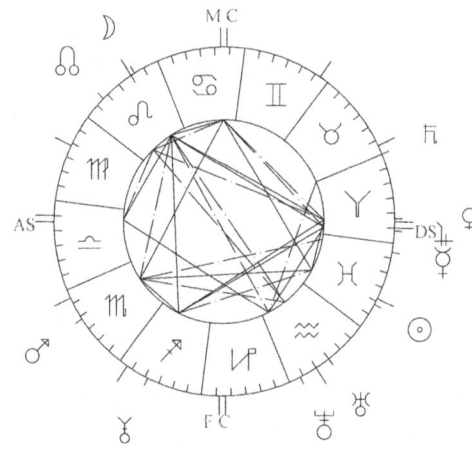

**Retorno Solar en Nápoles,
Italia, para el sujeto B**

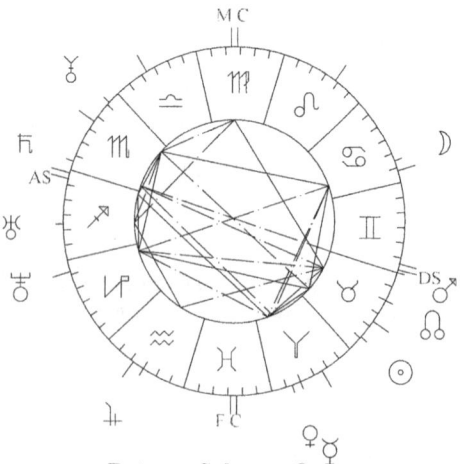

**Retorno Solar en Otranto,
Italia, para el sujeto A**

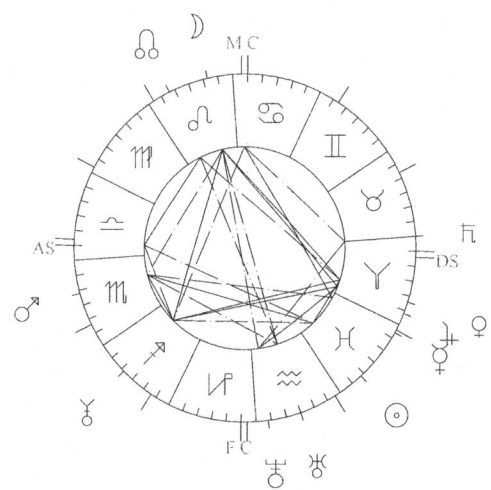

RETORNOS SOLARES Y LUNARES DIRIGIDOS 51

Retorno Solar en Jerusalén, Israel, para el sujeto B

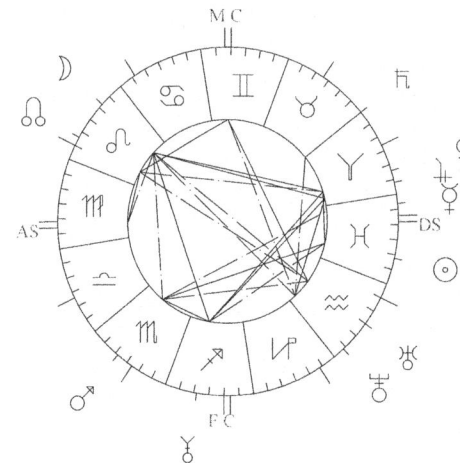

Retorno Solar en Madrid, España, para el sujeto B

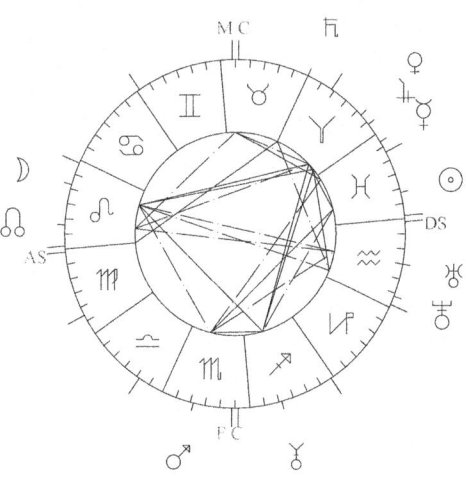

Retorno Solar en Flores, Las Azores, para el sujeto B

10.
Cuando el Sol natal está en la 10ma o en la 9ⁿᵃ casa

Aquellos cuyo Sol natal está en la 10ma o la 9na Casas viven con la frustración de no poder poner el Ascendente del Retorno Solar en su décima casa natal, ya que si lo hicieran su Sol del Retorno Solar quedaría en la 12va o la 1ra casas del RS. Esto se puede explicar por el hecho de que esas personas fueron de algún modo 'besadas por la fortuna' desde el mismo nacimiento, gracias a la posición bastante buena de su Sol natal.

Así pues no deberían de esperar más ayuda de la vida. Pero por supuesto, este modo de razonar es meramente académico: y no intenta enfrentar implicaciones tales como el karma o cosas similares. Así que en estos casos podrías aún querer reubicarlo al dirigir una combinación ligeramente menos poderosa que la del Ascendente del Retorno Solar en la 10ma casa natal: por ejemplo, poniendo al Sol o a Júpiter o a Venus en la 10ma casa del Retorno Solar. No es lo mismo, pero ayuda. Si ponen al Sol en la 10ma casa del Retorno Solar, tengan cuidado de no dejar al Ascendente del RS en la 12va o 1ra casas de la carta natal del nativo.

Pero si el sujeto nació con el Sol en la 9na casa, no muy lejos del Medio Cielo, no siempre es posible poner el Ascendente de su Retorno Solar en la 10ma casa natal. Ese es el caso del jóven de Emilia-Romagna cuyas cartas pueden ver en las siguientes páginas. En 1996 hubiera tenido un Retorno Solar muy malo si hubiera permanecido en su lugar de residencia: hubiera tenido al Sol, Marte, y Saturno en la 12va casa de su RS. Aparentemente era imposible evitar esas posiciones y poner su ascendente del RS en su 10ma casa natal. Por ejemplo, si reubicábamos en Atenas, Grecia, habría tenido el Ascendente en la 10ma casa, pero también habría tenido la conjunción de Sol-Marte en la cúspide de la 12va casa: ¡algo muy peligroso! De hecho, una diferencia de 10 minutos en su hora de nacimiento hubiera sido suficiente para que dicha conjunción se metiera en lo hondo de la 12va casa. Entonces, ¿qué podíamos hacer? Un gran desplazamiento de latitudes era necesario. Y así lo hicimos. Al reubicar su RS de 1996 en Johannesburgo, Sudáfrica, logramos un ascendente perfectamente en la 10ma casa y la conjunción Marte-Sol asegurada, de hecho bastante lejos de la 12va casa. Saturno por sí solo en la 12va casa no es paticularmente alarmante.

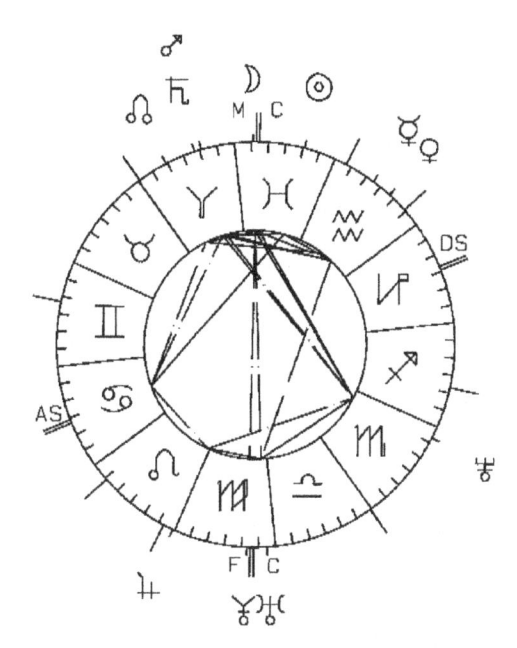

Carta Natal

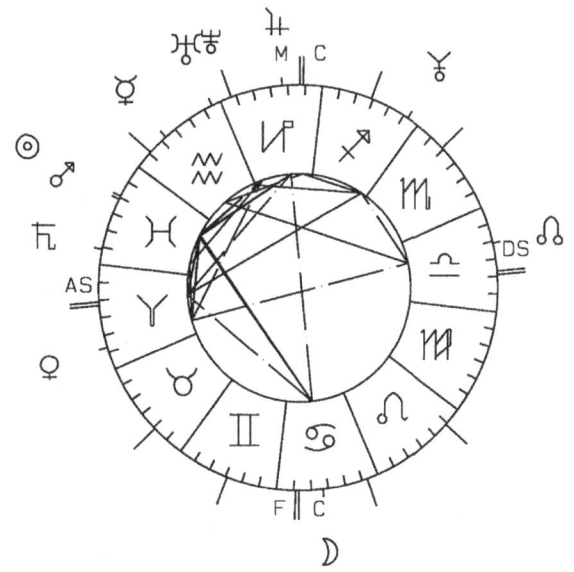

Retorno Solar 1996 en Italia

**Retorno Solar 1996 en
Atenas, Grecia**

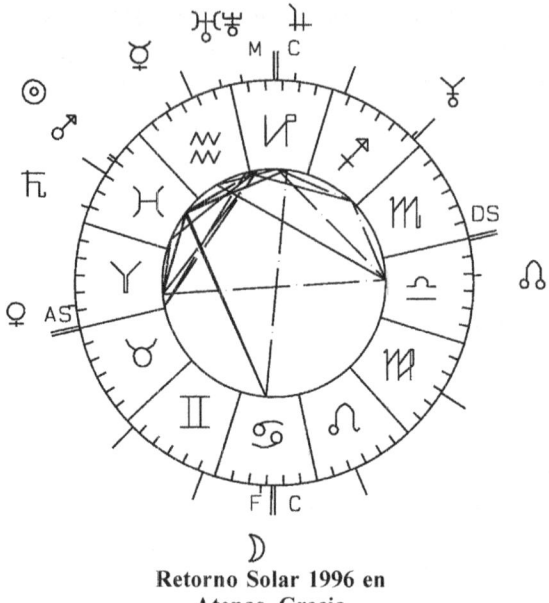

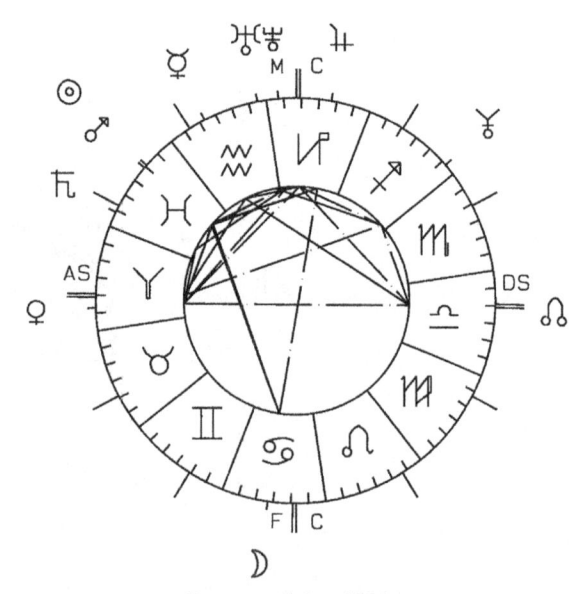

**Retorno Solar 1996 en
Johannesburgo, Sudáfrica**

11.
El caso de la Sra. Pérez

¿Qué puedes hacer cuando tu interlocutor es completamente sordo a todas tus sugerencias? Probablemente nada. Algunas personas nacidas con su Sol en Tauro son tan resistentes a cualquier influencia externa que uno se preguntaría por qué consultan a cualquier astrólogo en algún momento. Así que llamemos a esta persona María P'erez.

María es una peinadora y ha estado intentando sobrevivir entre una secuela de problemas: está en una profunda crisis con su esposo; está totalmente endeudada por una peluquería que quizá abrió demasiado pronto considerando sus verdaderas posibilidades; y sufre de depresión como consecuencia de lo anterior. Ya antes había yo tratado de convencerla de reubicar y tener un buen RSD, pero en vano: siempre se opuso y presentó una total, feroz e irrazonable renuencia hacia dirigir sus cumpleaños. Simplemente no quiso oir acerca de la reubicación. La fig. 1 muestra su carta natal.

Entre otros detalles, ustedes pueden notar que cuando ella me consultó nuevamente en la primavera de 1998, Saturno estaba entrando su 8va casa – un heraldo bastante certero de recrudecimiento de sus problemas financieros. La Fig. 2 muestra su terrible Retorno Solar de 1997-1998, con Marte en conjunción con el Ascendente del RS, y el Ascendente del RS sobre su 12va casa natal. El resultado fue un año realmente infernal. Ella entiende un poquito de astrología, sin embargo insiste: "¡Nunca reubicaré mi cumpleaños!" Su siguiente RS se muestra en la Fig. 3. Pueden ustedes ver esa conjunción perjudicial Sol-Marte en la 6ta casa, anunciando otra vez un mal año en todas las áreas de su vida – trabajo, dinero, salud, etcétera.

A pesar de todo, María es inflexible. Rechaza incluso desplazar la conjunción Sol-Marte para sacarla de la 6ta casa viajando, digamos, a Lisboa. En un caso como este, cualquier astrólogo que practica la Astrología Activa desistiría y la acompañaría a la puerta. Sin embargo a mí no se me olvida que ante ciertos aspectos, el astrólogo tiene una misión similar a la de un médico. Así que junto toda mi energía y hago un último esfuerzo para ayudarla de cualquier forma. Así que le sugiero que se concentre, que se enfoque, que apunte hacia el única área positiva anunciada por su siguiente RS: esto es, la cuarta casa con Venus y Júpiter en ella. Mi sugerencia para Mary es que intente vender su peluquería porque está en un área encantadora pero aislada de la ciudad.

Le sugiero que abra otra peluquería en una zona tal vez más pobre pero seguramente también más poblada. Puesto que veo que el año siguiente (e.g. los doce meses a partir de su siguiente cumpleaños) tendrá buena suerte en los bienes raices, y puesto que me adiero al principio de que es siempre necesrio apuntarle a algo, la dirijo hacia una transacción en el campo de los inmuebles que pueda resultar exitosa para ella..

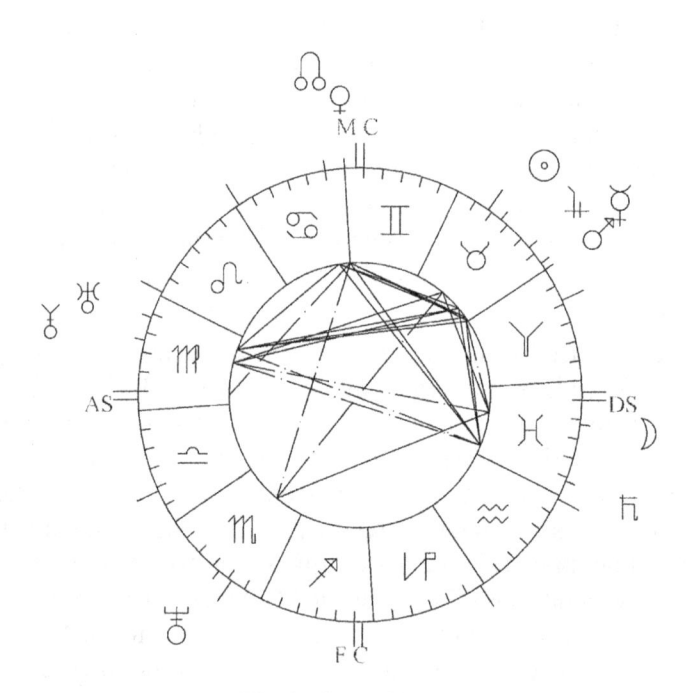

Fig. 1 - Carta Natal

RETORNOS SOLARES Y LUNARES DIRIGIDOS 57

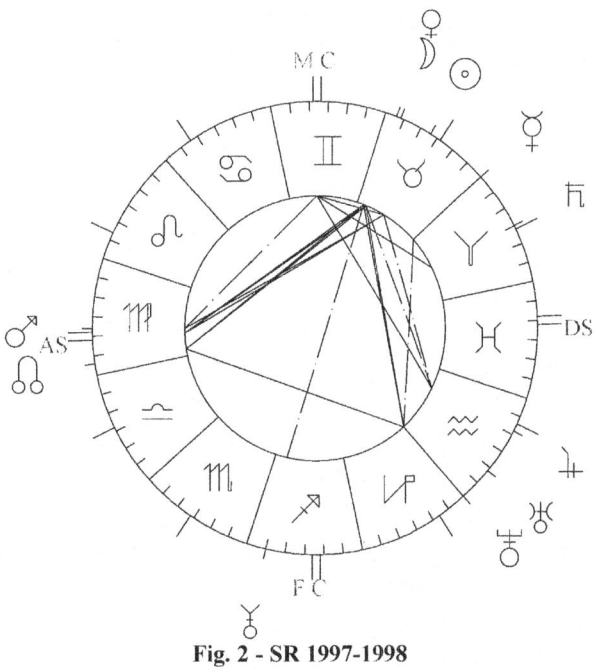

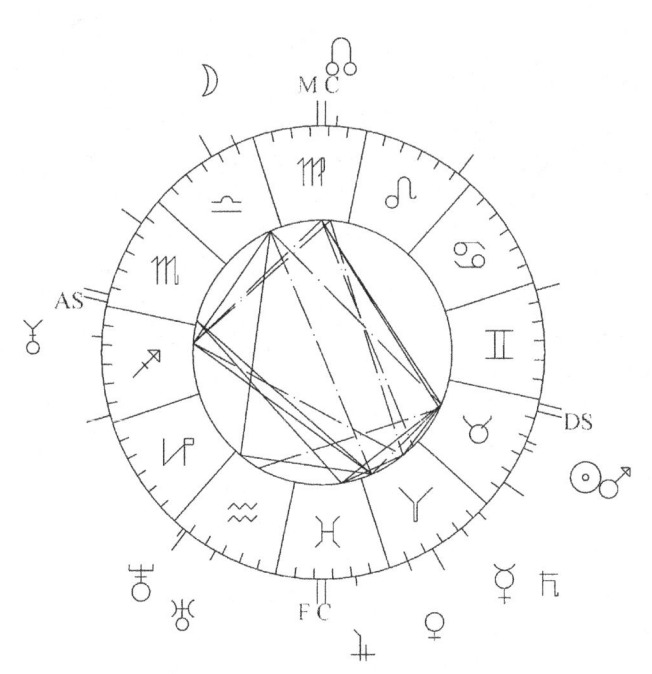

Fig. 2 - SR 1997-1998

Fig. 3 - SR 1998-1999

12.
Un caso fácil y un caso difícil

Lo que quiero presentarles ahora son dos casos: el primero, un caso bastante fácil de resolver; el segundo, uno de verdad difícil. Siguiendo la descripción de las soluciones que propuse en cada caso ustedes se harán una idea de cómo deben razonar cuando estén buscando un lugar apropiado para reubicar un Retorno Solar.

El sujeto A es un hombre de 28 años de edad dueño de un hotel. Se está preparando para llevar a cabo transacciones financieras importantes. Examiné su caso a finales de marzo de 1998, con el objetivo de sugerirle un cumpleaños dirigido para verano de 1998. Antes que cualquier otra cosa, noté que Saturno estaba entrando en su 8va casa, lo que podía corresponder a un gasto financiero importante de su parte. Más aún, también vi que en su Retorno Solar de 1998-1999 habría tenido a Júpiter en la 7ma casa, en trino con el Sol: esto último podía ayudarle mucho al hacer buenas transacciones comerciales.

Su retorno solar de Base – el que hubiera tenido si permanecía en Italia, el lugar en el que normalmente vive – era muy malo, debido a Marte en la 1ra Casa, en conjunción con el Ascendente. Es una pena sin embargo, porque el Ascendente en sí caía en su 10ma casa natal, lo cual habría favorecido mucho el trino Júpiter-Sol, por medio de una sinergia poderosa entre ellos. La solución en este caso fue fácil: Lisboa. Ahí dejamos al Ascendente en la 10ma casa y además, pusimos a Júpiter en la 10ma casa del RS, trino con Venus y Marte, estos últimos planetas abandonaron una extremadamente peligrosa 1ra casa y ocuparon la 2da.

A todo esto pueden añadirle lo que escribí sobre el 'valor agregado' y sobre la relación 'mágica' que tengo con Lisboa, siempre que le aconsejo a alguien que vaya a ese lugar para la reubicación de su Retorno Solar. La foto completa es definitivamente bastante buena.

La única duda que tuve fue con respecto a Marte. Podía caer en la primera casa si el nativo hubiera nacido un poquito más tarde con respecto a la hora de nacimiento dada por su madre. Pero era un riesgo que teníamos que correr: ya que para una persona joven podría ser importante corregir su propia hora de nacimiento, incluso si tuviera que costarle algunos problemas.

El segundo es el caso del sujeto B. Es un profesional bastante conocido de Emilia-Romagna que maneja operaciones financieras bastante amplias. Su carta natal muestra evidentemente que (al final de Marzo de 1998) Saturno estaba a punto de transitar sobre su Medio Cielo raiz: es un tránsito bastante duro para un hombre tan expuesto profesional y financieramente como él. Su Retorno Solar de base en Emilia-Romagna tenía un stellium con el Sol y Marte en la 8va Casa del RS: con seguridad debía ser movido si se quería evitar el fiasco financiero del sujeto.

Si ya leyeron mi libro sobre *Tránsitos y Retornos Solares* saben que en este caso nunca intentaría ni de broma poner el Ascendente de un Retorno Solar en la 10ma Casa natal, así que en cambio intenté poner a Júpiter en la 10ma casa del RS. Logré ese resultado al reubicar en Honolulu, pero me di cuenta de que ese lugar no era adecuado porque Marte quedaría en la 12va casa, y el Sol habría quedado en la 1ra casa del RS.

Entonces intenté encontrar un lugar apropiado un poco más al este y al oeste de ahí: digamos las islas Marquesas y las Fiji. Desafortunadamente la primera opción no podía ser porque ahí hubiera habido un Stellium en la 12va Casa; mientras que la segunda opción Marte hubiera estado demasiado cerca de la 1ra Casa; además, ahí Júpiter hubiera quedado fuera de la 10ma casa. Entonces intenté poner a Venus en la 10ma casa del RS. Intenté Los Angeles, California; pero renuncié a esa opción porque ahí hubiera tenido un Saturno muy malo en conjunción con el Medio Cielo.

Así que intenté un poquito al este, digamos El Paso: Venus habría seguido en la 10ma casa, pero ahí también habría tenido al Ascendente del RS sobre la 1ra casa natal. En este punto, no no tenía sentido seguir intentando ampliar la 10ma casa del RS.

Entonces procedí buscando un Retorno Solar neutral, o un RS tan neutral como fuera posible. Así que intenté reubicarlo en Flores, la isla más al oeste de las Azores. Para ser sinceros, ahí logré más que un mero Retorno Solar Dirigido neutral: Venus en la 8va Casa protege el dinero, y Júpiter en la 6ta Casa protege el trabajo.

Podía dejar mi búsqueda ahí. Pero es exactamente donde tenía que hacer mayores consideraciones. De hecho hay astrólogos, que le sugieren a la gente efectuar extrañas y dolorosas excursiones en medio de ningún lado, digamos que 500 kilómetros en Jeep en la jungla, con el único objetivo de lograr un trino o sextil perfecto. Por supuesto que hacen mal, según mi opinión. Ese modo de actuar está mal, por razones diferentes. En primer lugar, porque la hora de nacimiento del sujeto nunca se tiene con gran precisión: por lo tanto esos cuarenta días adicionales de marchas forzadas podrían demostrarse inútiles. Y también porque esos astrólogos se fijan en los dígitos decimales pero pasan por alto los números enteros: así pues logran un trino perfecto entre astros y dejan al Ascendente del RS yaciendo sobre la 1ra casa de la carta natal del sujeto.

Y finalmente, porque en un RS es mucho más importante en qué casas están los astros que los aspectos angulares entre ellos. Si ustedes desean tener evidencias de esto, consideren un hermoso Marte en la 6ta casa del RS y luego díganme si el sujeto con un RS como ese tendrá o no tremendos problemas.

Regresando a nuestro ejemplo, debe mencionarse que Flores es una isla bastante difícil de alcanzar: el único modo de llegar ahí es volando en una pequeña avioneta de 10 pasajeros, siempre llena, que con frecuencia ni siquiera despega en días de mucho viento.

Así que eventualmente le sugería pasar su RS en la isla de Horta, donde Marte está más cerca a la 8va casa pero donde es posible aterrizar en cualquier condición climática con un cómodo DC Super 80.

Sujeto A

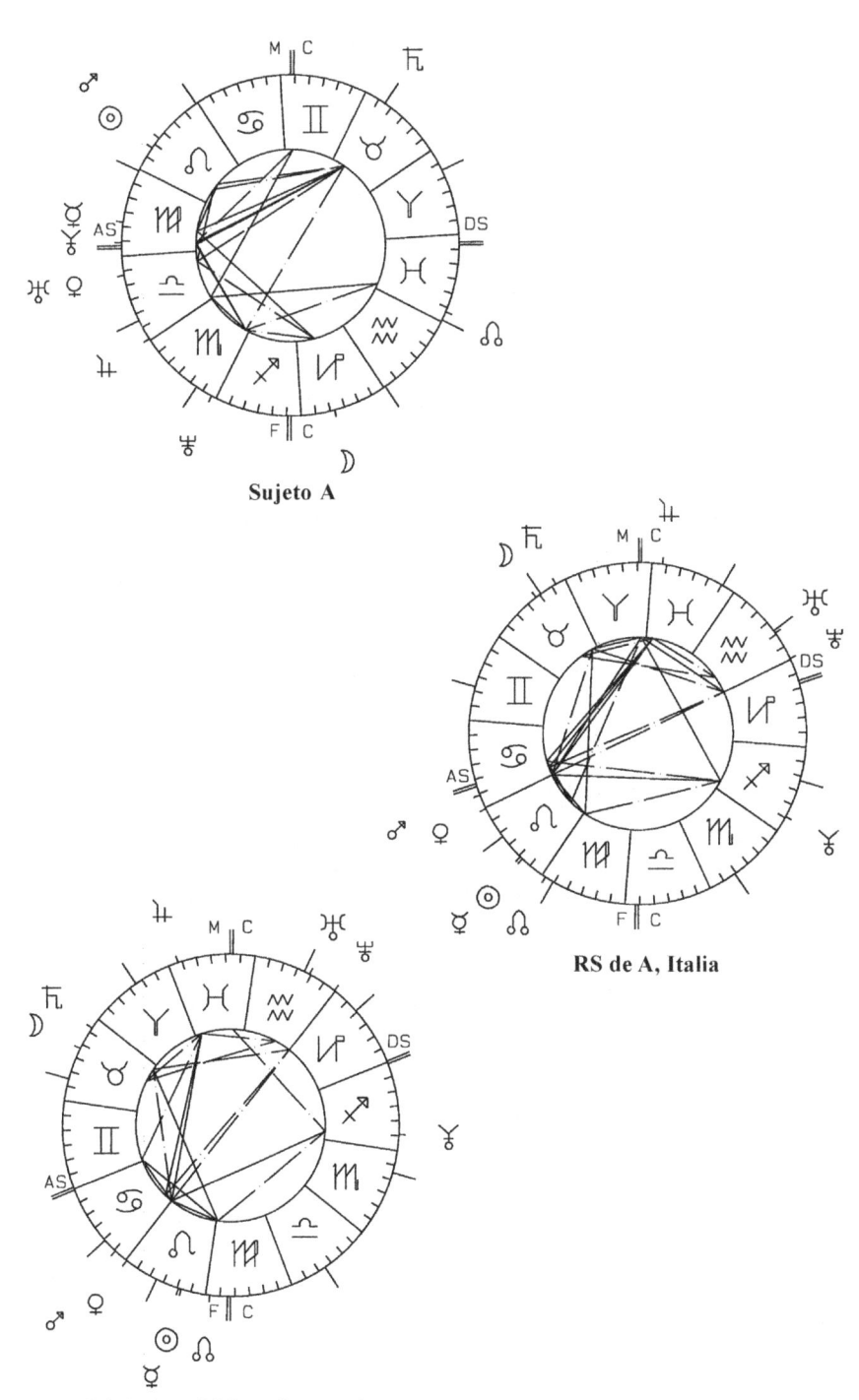

RS de A, Italia

RS de A en Lisboa, Portugal

Sujeto B

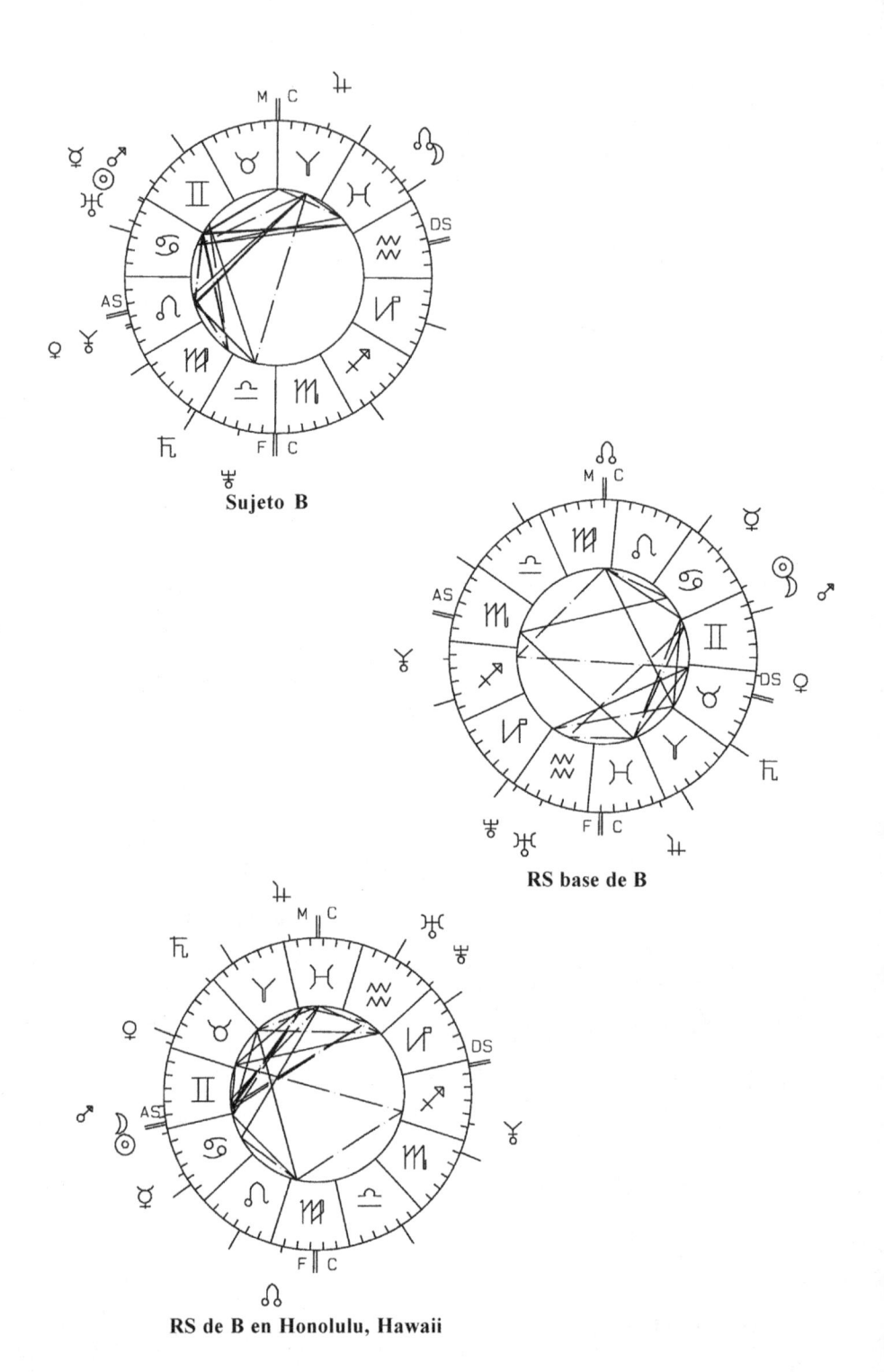

RS base de B

RS de B en Honolulu, Hawaii

RETORNOS SOLARES Y LUNARES DIRIGIDOS 63

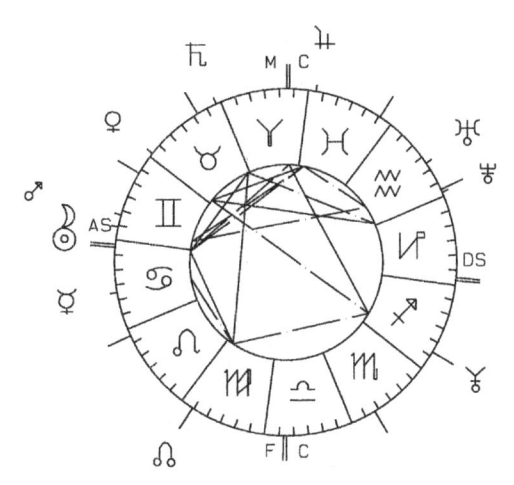

RS de B en las islas Marquesas

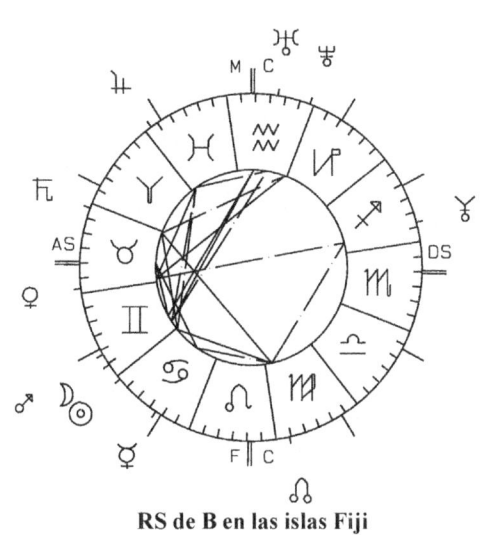

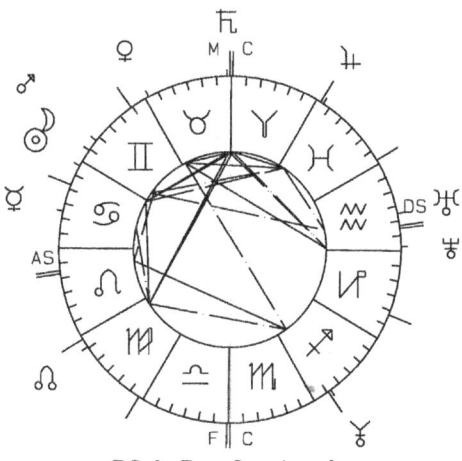

RS de B en las islas Fiji

RS de B en Los Angeles

RS de B en El Paso

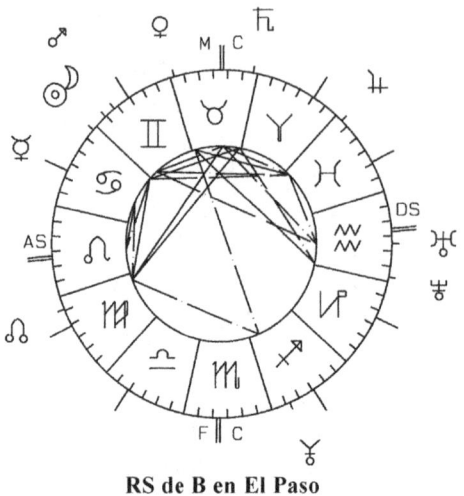

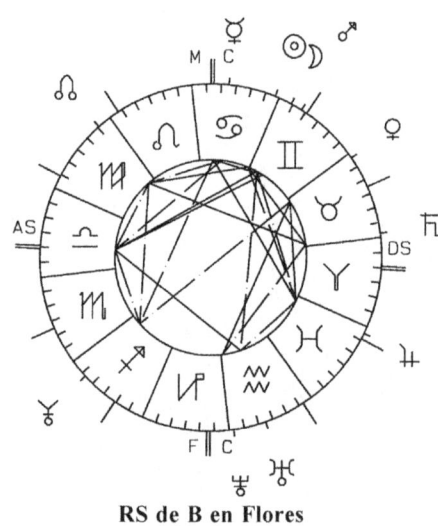

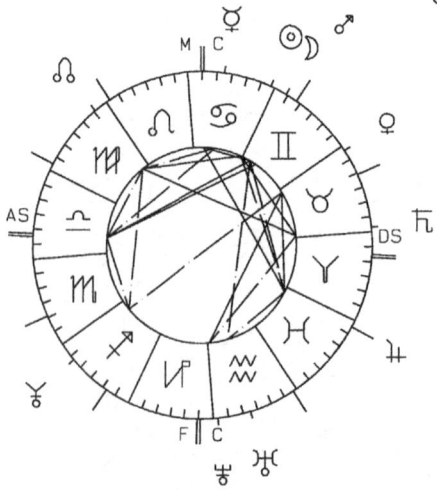

RS de B en Flores

RS de B en Horta

13.
Polvo de estrellas

¿Cómo pueden ustedes usar el principio de la sincronicidad al máximo?

En sus estudios, Carl Gustav Jung teorizó la existencia del llamado principio de sincronicidad, el cual debería explicar la realidad del mundo además – no en contra, ni en lugar de – a-de-más del principio de causa y efecto. Les doy algunos ejemplos. Digamos que le pego a una botella con una piedra. La botella se rompe en pedazos y este es el caso típico de causa (yo tirando la piedra) y efecto (la botella rompiéndose en pedazos). Ahora consideremos un ejemplo de sincronicidad como fue expuesto por Jung mismo.

Un hombre va y compra un vestido azul. El dueño de la tienda comete un error y le manda al comprador un vestido negro – exactamente el mismo día que muere el hermano del comprador. Así es como Jung explica el principio de sincronicidad: *Cuando dos o más eventos suceden casi simultáneamente, y están mutuamente conectados por el mismo sentido análogo precedente, sin embargo son independientes de las causas respectivas que han producido a cada suceso.*

La muerte y el color negro son parte de un conjunto analógico común que los precede. El hecho de que el dueño de la tienda le mande el vestido negro al comprador exactamente el mismo día en que este último sufre un serio luto, por supuesto, es una circunstancia que es independiente de las causas que produjeron los dos eventos: el error del vendedor, y el luto del comprador.

En nuestra vida diaria haríamos mejor en tomar en consideración este enorme fragmento de verdad descubierto por Carl Gustav Jung. Su aplicación más banal consiste en calibrar tus antenas: si al despertar descubres que todo está resultando mal en la mañana podrías estar constelando un mal momento, así que lo mejor que podrías hacer es quedarte en casa y leer un libro.

Una aplicación más precisa de este principio puede encontrarse en las crónicas de los medios. Por ejemplo, ustedes quizá recordarán que en verano de 1997, en un periodo de pocas semanas, docenas de apasionados de alpinismo murieron en los Alpes Italianos – tanto profesionales como no profesionales. En esas circunstancias, si ustedes hubieran deseado ir a practicar escalada en esos días, debían haber recordado el principio de sincronicidad y debían haberlo evitado absolutamente – por lo tanto habrían salvado sus propias vidas.

Al razonar así, no debemos sin embargo olvidar los números y las proporciones. Así que si durante la misma semana tres aeronaves distintas se caen o se estrellan en diferentes zonas del globo, es absolutamente ilógico el evitar volar: de hecho hay miles de vuelos diarios al rededor del mundo, y la teoría de la probabilidad sigue estando de su lado – ha sido comprobado que es más fácil morir en tu bañera que en un accidente aéreo.

Pequeña Acupuntura China

Hace muchos años llegó a mis manos un tomo bastante interesante, escrito por Pietro Orlandini y publicado en Italia por Rizzoli: Acupuntura cutanea. El autor, un capitán médico durante la 2GM, participó en muchas campañas y batallas, también en Etiopía. Ahí recolectó – debajo de una perspectiva especial – el punto de vista de la medicina de muchos shamanes y tribus nativas antiguas.

He Se enfocó principalmente en una noción que es bastante similar a aquellas expuestas en este libro. Practica la acupuntura cutánea, e.g. la 'pequeña acupuntura China'. Es decir, perforó con una serie de agujas (cerca de 20) el corcho de una botella. Entonces, si por decir algo un paciente sufría dolor de muelas: ponía el corcho en la mandíbula arriba del diente malo. Como explica en su libro, al hacer esto el Sr. Orlandini mandaba una serie de señales de un dolor leve (ocasionado por las agujas del corcho) al cerebro del paciente.

Lo cual de algún modo 'saturaba' el 'canal del dolor' y evitaba que el dolor principal alcanzara la 'unidad central' de sufrimiento del paciente. Esto es lo que él había visto hacer a muchos nativos, en sus aldeas donde no tenían pastillas analgésicas: ellos le aseguraban que este método de verdad funcionaba.

Así que resolvió estudiar dichas aplicaciones por años, y se convenció de que funcionan, de acuerdo con el dicho Latino *dolor dolorem trahit*, que puede traducirse como 'una preocupación expulsa a la otra'. Tengo confianza en que esta noción queda clara y no veo razones para detenerme más líneas en este tema.

Las cuatro variables implicadas

Al evaluar los eventos conectados con los pasos 'dirigidos' que ustedes den, no olviden considerar las variables implicadas. Nuestros oponentes históricos y viscerales no tienen la más mínima intención de incluir la influencia de los astros entre dichas variables.

En cambio, nuestros partidarios más fanáticos y ciegos olvidan que hay varias variables implicadas, además de la influencia de esos pedruscos revoloteando encima de nosotros. En 1997 la TV italiana trasmitió un show donde este tema se discutió parcialmente. El 30 de marzo (Pascua) a las 23:45 en el Canal 5 se trasmitió el programa titulado *Corto Circuito*, conducido por Daria Bignardi y Gian Arturo Ferrari. El tema de la discusión era la 'bioética'.

El Filósofo Giacomo Marramao, el Sacerdote católico Roberto Colombo, el Musulmán Gabriele Mandel, y el biólogo Mr. Boncinelli – con el cual yo solía trabajar en el CNR (Consejo Nacional de Investigación) en Nápoles en 1967 – y un escritor cuyo nombre no recuerdo estaban charlando sobre este tema intrigante. También discutieron sobre la clonación o el 'clonage', como prefería llamarlo el biólogo. Fue un debate interesante, desde distintos puntos de vista. Resultó que existe un temor (¿pero quién teme? ¿el Hombre?, ¿La iglesia?) respecto de crear 'dobles' de seres humanos, aun cuando – afortunadamente – todos estuvieron deacuerdo en que esas eran tonterías.

Sin embargo, los huespedes extremadamente educados del show de TV olvidaron subrayar un detalle importante: la relación entre el hombre y las estrellas. Olvidémonos del asunto del alma: No digo que ese no sea un problema. Simplemente quiero decir que nos llevaría a discusiones estériles, totalmente inútiles desde el punto de vista que aquí se toca y práctico.

Así que consideremos otros asuntos. Todos los huéspedes parecían estar más o menos convencidos de que hay dos variables que evitan, en un nivel práctico, la posibilidad de que dos individuos sean absolutamente idénticos. De hecho, afirmaron, dos seres humanos sólo pueden ser aparentemente similares: como los gemelos monocigóticos.

Las dos variables fundamentales de las que hablaron son: 1) el contexto genético, e.g. la información contenida en el ácido desoxirribonucleico, y 2) el contexto histórico, este último nos señala que un ser humano es influenciado por las condiciones geográficas, económicas, políticas, sociales, y culturales del tiempo y lugar en el que él (o ella) nació y creció. En ese punto un pequeño coup de théâtre sucedió. El biólogo, el Dr. Boncinelli trajo a la mesa una nueva variable, que según sé, nunca había sido mencionada en debates previos sobre este tema: la conexión entre las neuronas a un nivel intrauterino sucedería de modos absolutamente aleatorios. Esto determinaría por sí solo esa unicidad absoluta que caracteriza a cualquier ser humano.

No le concedieron suficiente tiempo para explicar su noción a profundidad; pero me parece que lo que quiso decir, desde su punto de vista absolutamente y legítimamente laico, era que la tercer variable es nada menos que el alma. Podemos llamarla alma o podemos intentar definirla de un modo biológico más específico; pero a final de cuentas lo que cuenta es que hay una tercera variable implicada. ¿Y qué hay de las estrellas? ¿Hemos olvidado que la astrológica es la cuarta variable, y quizá no sea la última?

Los dados no están cargados

Una de las críticas más frecuentes en contra de mi práctica de los Retornos Solares Dirigidos a lo largo de los años es la siguiente: "¿Cómo puedes saber si un RSD de verdad funcionó o no, si uno no puede saber como habrían salido las cosas si el nativo no hubiera reubicado su RS?" Este parece un argumento inatacable, pero de hecho es uno muy débil.

Después de que todo haya pasado, ustedes pueden darse cuenta de que en este 'juego' los dados no están cargados, porque todas las reglas quedan escritas por adelantado. En mis libros, que todo el mundo puede leer desde hace décadas, ustedes encontrarán todas las reglas que propongo para una lectura correcta de los Retornos Solares.

Con mucha frecuencia esas reglas luchan con las reglas de la tradición astrológica: por ejemplo, cuando digo que el Ascendente del RS en la 1ra casa de la carta natal es una de las peores tragedias que puedan sucederle a un ser humano.

Ahora bien, cuando alguien viene a consultarme y le explico lo que sucederá si no reubica el Retorno Solar, hago referencia a reglas escritas: y al estar escritas, tales reglas no pueden ser cambiadas según la necesidad del astrólogo. Doy un ejemplo. Digamos que Juan Pérez tiene a Marte en la 6ta casa de su siguiente RS. Yo le digo que debería esperar un año muy difícil o duro, infernal, con problemas en cada área de su vida. Pero también añado que si reubica el RS y pone a Marte en la 5ta casa del

RS, tendrá problemas sólo en el campo del amor o en relación con sus hijos. Así que digamos que Juan Pérez parte para reubicar. Doce meses después de su 'cumpleaños dirigido', si John sólo se queja de su hijo que está reprobando en la escuela, ¿creen ustedes que habría alguna duda acerca de cómo funcionó en realidad ese Marte? ¡Yo no lo creo! Por supuesto, alguien (quizá Werfel) afirmó que no hay suficiente evidencia para aquellos que no quieren creer, y cualquier fragmento de evidencia será superfluo para quienes quisieran tener confirmaciones a cualquier costo.

Por lo tanto, podría también ser que algunos de mis oponentes incluso lleguen a jurar que el negro es blanco, para seguir con su obstinación de oponerse al hecho de que los RSDs funcionan. Pero a mí en realidad eso no me interesa. Lo más importante es que algunas personas estén al nivel: y que con buena fe de verdad quieren ver si esta maravillosa herramienta de 'seguridad' funciona o no.

A ellos les digo, hagan un examen objetivo del año y serán capaces de ver por ustedes mismos si es que funcionó correctamente. Yo tengo muchísima confianza en que los resultados demostrarán que estoy en lo correcto.

Los pasaportes que han expirado

Con frecuencia nuestra resistencia interna a la renovación es mucho más fuerte que la aparente voluntad de llevar el timón de nuestras propias vidas para auto producirnos un giro decisivo. Así, frecuentemente sucede que aquellos que tendrían que partir para un Retorno Solar Dirigido mantengan una fuerte oposición frontal o interna dentro de su alma. Muchas de las cosas más increíbles me han sucedido en conexión con lo arriba mencionado. Muchas veces, personas a las que les sugerí una reubicación de su RS llegaron tarde a los mostradores del aeropuerto, con lo que al final se quedaron en casa.

Probablemente Sigmund Freud estaría revolcándose en su tumba, si tan sólo supiera cuan frecuentes y lo cristalinamente claros son los casos de aquellos que sufren de alta fiebre en el último momento. Otro truco para no partir, jugado por nuestro subconsciente, es cuando al último momento la gente se da cuenta de que su pasaporte había expirado o que están deseando viajar con sus niños, pero están legalmente separados y 'olvidaron' obtener la aprobación del otro progenitor para que sus hijos salgan del país.

Pero cuando el 'diablo' ha decidido que algo 'no debe' suceder, puede usar cualquier medio. El caso más reciente y desconcertante le sucedió a una amiga mía. Ella es una mujer más bien desafortunada, golpeada por un destino nublado que sólo en tiempos recientes ha empezado a mostrar reflejos esperanzadores. Ella tenía que salir de viaje para su primer reubicación o cumpleaños dirigido, pero estaba luchando con una gran cantidad de angustia: "No puedo permitírmelo, ¿de donde voy a sacar el dinero para el viaje? Tengo miedo de la idea de volar, ¿cómo puedo subirme así a un avión? Nunca me he alejado de casa, ¿cómo voy a lograrlo...?" Al final todos sus problemas se resolvieron por culpa de su bebé. Se suponía que iba a viajar con su madre, pero evidentemente estaba receptivo a la angustia de la misma y a la una de la madrugada del día del vuelo, le dio una fiebre de 41°C – dando así un giro a la situación de indecisión. Es por eso que yo les sugiero que salgan siempre cinco o seis días antes de su cumpleaños, para que ustedes puedan regresar inmediatamente después (porque el 'después' no tienen ninguna importancia).

El año anterior a la 10ma casa

Si ustedes tienen un Retorno Solar cuyo ascendente cae en su 10ma casa natal, el siguiente año será bastante traicionero. En primer lugar, será un año traicionero porque en la gran mayoría de los casos, el Ascendente del siguiente RS suele caer en la 12va o la 1ra casa de su carta natal – ambas combinaciones anuncian un año duro, problemático y pesado en cualquier área de sus vidas.

And Y si acaban de experimentar un RS con el Ascendente en su 10ma casa natal, el problema es incluso más agudo porque ustedes normalmente se sentirán tan satisfechos con un año de buenos eventos o – al menos – de pocos problemas que en la mayoría de los casos ya ni siquiera pensarán en pedir la asesoría de un astrólogo, y podrían acabar pasando su siguiente RS detrimental en casa. La vida es siempre una oscilación entre *yin* y *yang*, oscuridad y luz, negativo y positivo; así que es lógico que uno se relaje tras un año de vida positiva. Yo mismo tuve esa desafortunada experiencia, años atrás. Tuve un cumpleaños con el Ascendente de mi RSD en mi 10ma casa natal, en Lisboa, y estaba estudiando el siguiente Retorno Solar: el Sol habría estado en la 11va casa, aproximadamente 4-5 grados arriba de la cúspide de la 12va casa.

La hora de registro de mi nacimiento es a las 6 a.m. En punto – Yo pensé que si hubiera nacido 20 minutos antes mi Sol habría quedado en la 12va Casa. Por otro lado, reflexioné con exagerado optimismo, ¿por qué tendría mi hora de nacimiento que ser veinte o más minutos antes de las 6 en punto? Así, y también considerando el hecho de que las cosas me estaban yendo de maravilla, especialmente con respecto a mi salud que es de lo que más me preocupo, me mimé a mi mismo con un reloj de pulsera nuevo y renuncié a reubicar mi RS. Desafortunadamente, sólo meses después, al encontrarme con que estaba teniendo un año realmente horrible, así fue como me percaté que tenía buenas razones para dudar de mi verdadera hora de nacimiento.

Muchas otras personas han vivido también una situación similar: para todos ellos el hecho de haber tenido un año terrible fue debido – casi exclusivamente – a la sensación de bienestar causada por su previo, espléndido RSD.

Así que el Ascendente en la 10ma casa funciona de modo similar a Júpiter prodigando regalos pero al mismo tiempo bajando dramáticamente el propio sentido crítico: los hará comportarse sin desconfianza en cualquier circunstancia, incluso cuando la desconfianza sea requerida.

¡Cuidado!

Cuando yo era un niño, un virólogo observó mi labio superior cubierto por un feo herpes y me dijo "¡Cuidado!" Yo era tan pequeño que su comentario me agarró desprevenido. Si hubiera sucedido hoy en día le habría respondido: "¿Cuidado con qué?, ¿y cómo?" Cuantas veces han escuchado a la gente advertirles de ese modo, con un genérico y al mismo tiempo aterrorizador 'cuidado'? 'Cuidado con fumar', 'Cuida tu hígado', 'Cuida tu corazón'… Cuidado, cuida esto o aquello – ¿pero cómo? Desgraciadamente, en mi vida he lidiado con problemas de amigos que perdí tempranamente; amigos con un corazón enfermo que siguieron series de prescripciones médicas que iban desde una dieta estricta a una profilaxis farmacológica precisa, hasta un severo y detallado protocolo de comportamiento en el cual todas sus actividades físicas eran monitoreadas y disciplinadas: desde el sexo hasta el trabajo.

Todo en vano. Algunas personas están convencidas de que pueden evitar todos los problemas de esta tierra por medio de una alimentación correcta… cuando, también me ha sucedido el conocer a fanáticos de los macrobióticos que generaron un bebé con síndrome de Down.

Por supuesto nadie puede afirmar ser un maestro en esta categoría: quiero decir que nadie puede afirmar poseer la verdad, la llave a la inmoralidad o a la infalibilidad. Sin embargo, una escala de valores puede establecerse en este campo. Con los medios de prevención, yo creo que los Retornos Solares Dirigidos están en la cima de la escala. Tengo confianza – estoy de hecho convencido – de que en una escala de valores del 1 al 100, los RSDs anotan 100 puntos contra los 10 que pueden alcanzarse cuidando la alimentación; manejando su auto o moto cuidadosamente; respetando la ley; evitando el egoísmo para no perder a sus seres queridos; etcétera. Creo que nada puede compararse – ni siquiera remotamente – al poder salvador de un RSD. En el sentido estricto del término, un RSD no es un milagro. Simplemente califica mucho más alto que cualquier otro tipo de aseguramiento.

Por ejemplo, es mucho más seguro que un condón de doble capa en una relación sexual arriesgada. El atemorizante, vago e inútil "Ten cuidado..." de los doctores no vale nada comparado con los magníficos resultados que pueden alcanzarse reubicando el mapa de su Retorno Solar. Quitar a Marte de la 12va Casa de un RS y desplazarlo a la 11va Casa del RS es mil veces más valioso que tomar una píldora de digitalis cualquier día de sus vidas. Confiar en los RSDs implica también tener una mente ampliamente abierta.

Si ustedes sufren de cirrosis, un vaso de whisky mata cien veces más que un pescado frito. De modo similar, un RSD es mejor que cien peregrinaciones a Lourdes o 10 cirugías al corazón en Houston. Así que "Cuidado..." sí: ¡cuidado con donde pasas tu cumpleaños!

Una pregunta del grupo italiano de noticias de Astrología

La razón de este estudio nace del hecho de haber encontrado, en los sujetos que he examinado, Retornos Solares horribles (es decir, RSs cuyo Ascendente, Sol, Marte o un stellium, estaban ocupando la 12va, 1ra, o 6ta casas) sin haber tenido ninguna *consecuencia seria* al final de los doce meses posteriores al RS. En la mayoría de los casos ellos simplemente tuvieron un año razonablemente regular, un año tolerablemente bueno.

Al decir esto no afirmo que los Retornos Solares no funcionen – al contrario, soy un partidario de este maravilloso medio de predicción. Quiero decirlo con claridad: especialmente en los casos en que la 12va casa jugaba un rol en el RS, he registrado algunos problemas de salud en el sujeto; o el sujeto se involucró en algún voluntariado durante el año, o tuvo que visitar a sus parientes en un hospital, o tuvo que someterse a terapias.

En cuanto a lo que concierne a las casas 1ra y 6ta, algunos sujetos mostraron preocupación por su propio aspecto: por ejemplo cambiaron de corte de pelo; empezaron a usar lentes o cambiaron de modelo; algunos engordaron, algunos enflacaron (1ra casa); algunos encontraron trabajo, otros cambiaron de trabajo; algunos se inscribieron al gimnasio; algunos lidiaron con sus mascotas, etc. (6ta casa).

Así pues, ¿cómo puede ser que sólo yo haya visto docenas de casos sin consecuencias serias? Yo mismo tuve años con Marte, el Sol, o el Ascendente del RS ocupando la 1ra casa – sin registrar nada negativo. Y en su Trattato pratico di Rivoluzioni solari (ed. Ricerca '90), Ciro Discepolo mismo habla 'casi bien' de Marte en la 1ra casa del RS, afirmando que es 'como poner un tigre en el motor' aunque puedes correr el riesgo de salir lastimado – mientras que yo no sufrí ningún percance, ¡ni siquiera en un dedo del pie! En este grupo de noticias he leído la experiencia de Carmen sobre la peligrosidad de las casas a.m. Si fuera posible, me gustaría obtener más testimonios al respecto (sólo de estudiantes muy atentos a los Retornos Solares, por favor).

Aquellos que quieran testificar con respecto a años particularmente negativos – o positivos – pero que no sean capaces de trazar su propio RS., si así lo desean pueden enviarme su fecha de nacimiento (pueden mantener el anonimato si lo requieren) y yo mismo trazaré su carta gracias al maravilloso paquete de software llamado ASTRAL (déjenme felicitar aquí a Ciro Discepolo, Luigi Miele y los demás desarrolladores de la nueva versión de 32 bits para windows 95) y estudiaré su caso.

Recuerden, sin embargo, mandarme sus datos solo si están seguros acerca de su hora exacta de nacimiento, y por supuesto díganme el año que hay que considerar, y donde pasaron su cumpleaños con relación a ese año. Gracias a todos por su preciosa colaboración.

Alfio Strano

Respuesta:
Dear Alfio

Quisiera aprovechar la oportunidad de tu solicitud de aclaración y aclarar algo que evidentemente no quedó claro – tal vez porque no lo he explicado bien en mi volúmenes sobre Retornos Solares. Yo nunca afirmé que CADA VEZ que hay valores negativos de las 1ra, 6ta, y/o 12va casas ibas a perder un brazo o una pierna en una colisión con un tranvía.

Ya que si así fuera, considerando que las combinaciones arriba mencionadas son bastante frecuentes, todos deberíamos haber muerto antes de alcanzar los veinte años. Lo dije de manera ligeramente distinta, esto es que TODAS LAS VECES que se sufren desgracias terribles, se puede ver la ocupación de la 1ra, 6ta, y/o 12va Casas en el RS correspondiente.

Tendrías que hacer la siguiente prueba. Recolecta los datos de tus amigos y amigas que hayan sufrido, en un año dado, lutos detrimentales; enfrentamientos con la ley; reveses financieros; que hayan perdido su empleo; que lo hayan perdido todo; etcétera. Luego revisa cuantas veces, en esos años, para ellos, el Sol o el Ascendente o un stellium o Marte del RS ocuparon la 12va, la 1ra, o la 6ta Casas. Entonces mándame tus resultados. En este punto, tal vez estarás preguntándote, si esas combinaciones no siempre son letales, ¿porqué tendríamos que preocuparnos? Bueno, Yo creo que puesto que no podemos llegar a saber cuantas balas quedan en el cargador de un revolver, no es conveniente jugar a la ruleta rusa con los propios templos. Además deberías considerar lo siguiente: mucha gente tiende a minimizar los daños que recibe de la vida.

¿Sabías que aquí en Italia cerca de un millón de personas tienen hepatitis C y entre ellos, muchos ni siquiera sospechan que la padecen? De vez en cuando me sucede que tengo que lidiar con el RS de un esposo y una esposa y, por ejemplo, me entero que uno traiciona al otro sin que este último sepa nada al respecto.

Y si le preguntas al último, *¿Qué te pasó durante el último año?* Ella o él responderían, Nada, absolutamente nada. Y para acabar (pero no por ser el último punto es el menos importante), he explicado varias veces que los problemas de salud serios podrían ser problemas de una salud psicológica. Si un niño reprueba en la escuela y se deprime, es virtualmente seguro que en su RS tiene una ocupación de la 1ra, 6ta y/o 12va casas. Lo mismo que si un jóven – con Marte en la 12va casa del RS – pasa dos meses de angustias temiendo haber contraído SIDA en una relación arriesgada. Y tal vez esa sea también la situación actual de Umberto Bossi: No creo que haya pasado meses positivos sabiendo que podría ser sentenciado de por vida.

Espero haber sido claro. Hasta luego a todos

Ciro Discepolo

Un rompecabezas

Hacer el mejor uso de los Retornos Solares Dirigidos y del principio de "exorcisar los símbolos" corresponde con un rompecabezas con el que su cerebro debe trabajar duro. Es especialmente en este contexto que podemos hablar de la 'sal de la Astrología' y que podemos verificar que nuestra disciplina está mucho más cerca del arte que de las ciencias exactas. Doy un ejemplo. Digamos que ustedes desean reubicar el RS de alguien para que su Ascedente caiga en la 10ma casa natal. Pero para lograr hacerlo, se dan cuenta de que deben dejar a Saturno en la 10ma casa del sujeto del RS. Así que lo que pueden hacer es sugerirle al sujeto pasar la noche – empezando a partir del día de su cumpleaños – haciendo los mayores esfuerzos, sudando, estudiando, uniéndose a voluntariados o cursos de capacitación para mejorar su nivel profesional; sufriendo; padeciendo; en pocas palabras, activándose tanto como sea posible, e.g. exorcizando esa posición de Saturno en la 10ma casa.

El recuento personal del sujeto

Una de las cosas más difíciles dentro del marco de la Astrología Activa es decidir si en un año dado conviene o no poner el Ascendente del RS en la 10ma casa natal de un sujeto al mismo tiempo que, digamos, hay un Saturno transitando en oposición con su Sol natal. En otros libros míos expliqué ya que deben ustedes ser extremadamente cuidadosos en este tipo de evento. Para poder tomar una amplia decisión ustedes deben considerar dos factores fundamentales, que son: ¿cuál es la profesión o el trabajo del sujeto?; y dos, ¿existen también acaso tránsitos positivos: digamos por ejemplo Júpiter en conjunción con el Medio Cielo?.

Si el sujeto es un empleado del estado en una oficina de registro de la propiedad entonces él o ella correría relativamente poco riesgo de perder su empleo. Pero si el sujeto es un político, bueno entonces los riesgos son muy altos. Existe aún otro factor que debe ser tomado en cuenta para este propósito: los antecedentes personales del sujeto. Digamos que el Sr. Pérez con cuyo caso estamos lidiando ya hubiera tenido un colapso financiero-económico: sin siquiera interrogar los astros, escogeríamos definitivamente un Retorno Solar seguro evitando que el Ascendente cayera en la 10ma casa de la carta natal del sujeto.

Vamos a pagar esto en una vida futura

Una de las objeciones más frecuentes que tengo que enfrentar, especialmente durante mis conferencias sobre Astrología Activa, es la que se relaciona con el karma y las vidas futuras. "Si tú evitas que cualquiera expíe sus pecados en esta vida – objetan – en su próxima vida le ocasionas tener que pagar el doble, y con intereses." Para ser sinceros, encuentro este modo de razonar absurdo. Como ya afirmé en varias ocasiones, yo no creo en el karma. Aún así discutamos, por un momento, como si creyera en el karma y razonemos como esa gente lo hace.

Mi respuesta es una contra-pregunta: Estás caminando por la calle. Miras hacia arriba y ves un jarrón de 100 Kilos cayendo directamente hacia tu cabeza. ¿Qué haces? ¿Te quitas para evitarlo? ¿O crees tú que debes aceptarlo, de otro modo pagarás el doble y en tu vida siguiente y un jarrón incluso más pesado alcanzará tu cabeza? Tengo confianza en que te moverás: y eso es exactamente lo que yo hago y lo que todos los seguidores de la Astrología Activa hacen.

Acudir a un Retorno Solar Dirigido no es algo muy distinto de moverse a un lado para no aceptar el jarrón cayendo desde un balcón del edificio.

Refrigeradores en Alaska

Algunas veces me sucede que sugiero el mejor momento para la apertura de una empresa comercial. Esto no es algo frecuente, pero me pasa unas diez veces al año. Ya expliqué los criterios rectores en mi libro Astrologia Applicata; así que no los repetiré aquí.

Me gustaría subrayar el hecho de que de vez en cuando, algunas de esas empresas comerciales no despegan y aquellos que me consultaron se quejan. Por supuesto que tienen todo el derecho de hacerlo. Por otro lado, yo tengo todo el derecho de explicarles como deberían considerarse las cosas. Las variables involucradas no son sólo del tipo astrológico; existen muchas otras variables, incluyendo también factores de marqueting. Por ejemplo, digamos que Juan abre una tienda de delicatessen justo enfrente de otras tres tiendas del mismo tipo en esa misma calle: es extremadamente probable que su negocio no se desarrolle para nada debido a la competencia. Peor aún, si la apertura de su tienda se llevó a cabo durante un periodo de recesión económica como el que tuvimos entre 1993 – 1994, ningún horóscopo electivo o decisional va a ser capaz de salvar su negocio: estaría destinado al fracaso.

Para exagerar un poquito y ser claro: independientemente de los astros, no deberías de vender refrigeradores en Alaska. La siguiente es la carta natal de un hombre muy desafortunado cuya terrible conjunción Marte-Saturno en la 6ta casa le produjo muchos desastres financieros en su vida. Quería intentarlo nuevamente, así que en la fecha que le sugerí abrió una tienda en un lugarcito de Molise en la cual produjo croissants. Su producto era bueno, la gente lo apreciaba mucho. Sin embargo, los habitantes de ese lugar son gente bastante frugal, así que este desafortunado hombre enfrentó su enésimo fiasco causado por la falta absoluta de clientes. La moraleja: los mejores resultados pueden obtenerse cuando logras crear sinérgias ganadoras. Por ejemplo, durante el tránsito de Júpiter sobre el Sol natal de un sujeto cuyo Júpiter natal esté en conjunción con su Medio Cielo.

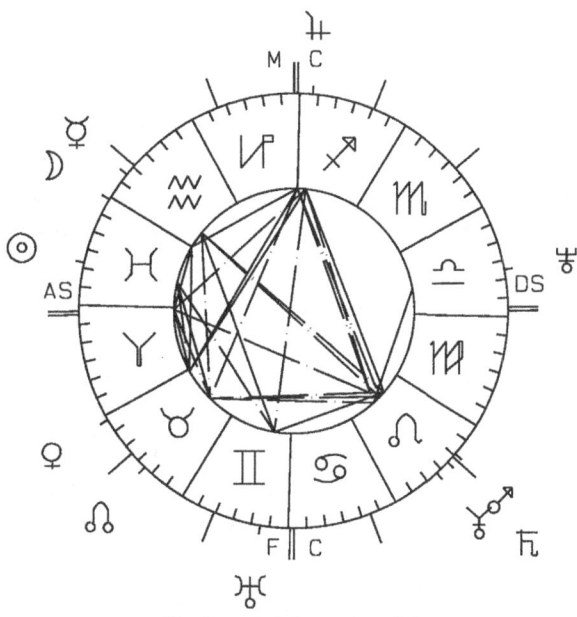

Carta natal de un hombre desafortunado

14.
Tránsitos de Marte

Nunca debes subestimarlos. Una de las razones es que pueden durar por semanas enteras o meses. Otra de las razones es que pueden ser responsables de verdaderas calamidades, si se suman a tránsitos más intensos. Su acción es en la mayoría de las veces maléfica.

De hecho, los antiguos – que no conocían el significado de la palabra demagogia – llamaban a este planeta *el pequeño maléfico*, en comparación con Saturno quien era considerado el gran maléfico. De modo similar a la fiebre, que está siempre presente en virtualmente todas las enfermedades del ser humano, Marte y Saturno sobresalen virtualmente en todas las tragedias del ser humano – según mi opinión eso dice mucho de la maleficencia de este planeta. Por lo tanto sería mejor que no te hicieras ilusiones al respecto: cuando Marte pase por encima de tu cabeza, en el mejor de los casos podrás exclamar: "¡Gracias a Dios, que no salí lastimado!" Pero se tratará de un evento bastante raro.

Haz la prueba. En la abrumadora mayoría de los casos la regla es: siempre debes darle algo a Marte, el regente de Aries y Escorpio. Normalmente, serán heridas, lágrimas, rasgaduras, laceraciones, sangre y demás. La naturaleza de Marte es claramente de tipo destructivo, y así es exactamente como se comporta. Sólo en casos extremadamente raros podría jugar un rol constructivo. Normalmente esto sucede en aquellas situaciones que requieren de una voluntad determinada, y con aquellos nativos que carecen de fuerza de voluntad.

Sólo en esas circunstancias, cuando Marte transita sobre el Sol, o el Ascendente o la Luna del nativo es posible – y solamente muy pocos y raros momentos – que el sujeto se vuelva el protagonista de un salto en el que él o ella tome una decisión valiente y se vuelva capaz de deshacerse de años de estancamiento y pereza.

De otro modo, Marte suele actuar provocando lágrimas, naufragios, destrucción, heridas y sangrado. No te queda más que probar lo que acabo de escribir.

Marte mal aspectado con el Sol

Cuando Marte se encuentra en un ángulo disonante con el Sol – incluyendo conjunciones – en un nivel teórico deberías recibir un excedente de energía que puedes gastar del modo que prefieras. Digamos que puedes contar con ese crédito de energía y que te sientes más fuertes que nunca, deseando emplear de algún modo este beneficio. Así que sales de casa y ves a un pobre hombre que yace en la calle debajo de su propia motocicleta. Es incapaz de pararse, así que podrías ayudarlo. Haciéndolo, no sólo harías tu buena obra del día, como lo haría un boy scout – sino que también harías buen uso de ese bonus con el cual puedes contar. Con un ejemplo menos imaginativo, digamos que puedes contar con ese sobrante para aguantar – mejor que de costumbre – los caprichos matutinos de tu jefe.

Podrías incluso atreverte a darle una respuesta seca, y luego prepararte para disfrutar de la calma normal durante el resto del día. Por otro lado, si este tránsito de Marte se suma a otras posiciones disonantes en tu carta natal y también forma parte de un mal Retorno Solar o un mal Retorno lunar, corres el riesgo de involucrarte en una situación explosiva con una 'deflagración' final. En el ejemplo dado, la explosión final podría ser una muy fea pelea con tu jefe, o con un colega o con cualquier otro colaborador en el trabajo; o tal vez con el policía que te multe, etcétera. En otras palabras, en un día como hoy hay una temperatura especial flotando en el aire al rededor de ti. Podrías meterte en serios problemas con la ley, o con cualquier otra cosa conectada con lo que yo llamo el 'papel de impresión oficial', incluyendo el estar en malos términos con tu pareja, socio, o suegra.

E inclusive podrías lastimarte tú mismo. Esto puede ser en el sentido real y físico de la palabra, e.g. podrías cortarte al rasurarte; podrías herirte al desmontar una llanta ponchada; podrías ser atropellado en un cruce peatonal; o al intentar abrir una caja de cartón con herramientas cortantes inadecuadas. Es el momento menos apto para solicitar un aumento de sueldo. No es el momento para intentar ganarse al superior, intentando portarse amistosos con él o ella. Al contrario, deberías intentar exorcizar este tránsito efectuando tareas pesadas pero no peligrosas.

Por ejemplo podría ser muy buena idea cortar leña; mover muebles de un piso a otro; vaciar repisas y ordenar los libros en cajas de cartón; ordenar las cosas en el ático o el sótano; ordenar los folders en la oficina... Es también un momento muy bueno para practicar deportes, siempre que no sean peligrosos. Por ejemplo trotar, hacer caminatas, maratones en tierra y agua... También ir al dentista funcionaría, al igual que cualquier otro tipo de operación como incisiones, remover quistes, marcas de nacimiento, anginas, etc. Si necesitas someterte a exámenes clínicos que impliquen esfuerzo, como algunos exámenes del corazón, este es el mejor periodo para hacerlo.

Cuando mucho, yo diría que cualquier intervención quirúrgica es bienvenida durante este tránsito, siempre que obedezcan todas las otras reglas dadas en mi tomo de *Astrologia applicata* Ed. Armenia. La más importante de dichas reglas dice que nunca debes someterte a una intervención cuando la Luna está en el signo correspondiente al órgano que va a ser operado. Por ejemplo, no hay que operarse la garganta cuando la Luna está en Tauro.

Ese día – o esos días – podría también ser apto para una buena riña, siempre que de cualquier modo no pueda evitársela. Por ejemplo, con cuadratura Marte-Sol es un momento muy apto para darle una buena lección a alguien. Si este Marte que está transitando en un mal aspecto con el Sol también tiene algún otro aspecto con Saturno, es también un buen momento para hacer tatuajes, perforaciones, etcétera; o para hacérselos en su propia piel.

Marte en mal aspecto con la Luna

En la sección anterior enfrentamos una situación objetiva. Es decir, la fuente de conflicto dada por Marte-Sol podría producir una verdadera laceración, tal como por ejemplo la pérdida total de un coche en un accidente de tránsito; la fractura de un hueso; un ojo morado provocado por un golpe, etcétera.

Mientras que en el caso de los tránsitos Marte-Luna estamos lidiando, pudiera decir, con una dimensión más etérea. Sigue siendo una forma de 'beligerancia', pero dicha beligerancia podría permanecer a nivel del temperamento: e.g. podrías mantener un coraje hacia alguien o podrías estar de mal humor, pero no expresarlo, o tal vez pudieras expresarlo pero de los modos menos aptos. Algunas veces sientes hervir tu sangre, tu corazón estremecerse con indignación, furia, y coraje. Quisieras declararle la guerra al mundo entero y te sientes listo para explotar por cualquier cosa.

El gran psicoanalista suizo Carl Gustav Jung afirmó que la realidad subjetiva corresponde con la realidad objetiva. Esto quiere decir que si tienes una guerra dentro de ti, encontrarás guerra también afuera de ti. Con esta lógica es al menos conveniente inventar batallas reales con cualquiera. Si deseas evitar que la guerra venga a visitarte, mejor declara la guerra contra alguien. Podría ser un vecino, un colega en el trabajo, una organización pública, alguien que se oponga a tus ideas, etcétera. Esto simplemente significa actuar de acuerdo con el lema latino *similia similibus curantur*. Lo similar cura lo similar, el principio curativo fundamental de la homeopatía. Seguramete sentirás que necesitas más cafeína y todos a tu alrededor sentirán como que estás listo para saltar por cualquier cosa.

Ahora bien, ese es exactamente el punto final: ¿deseas tirar a la basura un potencial energético tan importante, o deseas hacer buen uso de dicha energía y desplegarla para algo que pueda ser extremadamente productivo para ti? No siempre puedes confiar en una determinación interesante como esta. Por lo tanto vale la pena intentar ver el modo correcto de invertir esa energía. Antes que nada, deberías dirigir tu 'beligerancia' hacia una figura femenina, o en contra de cualquier situación conectada con la casa (por ejemplo, pleitos con los vecinos). También es un buen periodo para quitarte un peso de encima y sermonear a tu hija, tu hermana o tu madre... Si debes resolver una situación por teléfono, será mejor que inicies tu conversación así: "Te lo advierto, esta no es una llamada amistosa..." En otras palabras, no tiene sentido vestir el traje del falsodeseasn pacifismo si tu sangre hierve de indignación.

Así que toca las trompetas y suena los tambores. Y si debes disparar, dispara... Hay momentos para la construcción y momentos para la destrucción. Bueno, este es el momento para la destrucción, así que compórtate consecuentemente. Si es posible, también puedes llevar a cabo tareas pesadas en casa, como cortar leña, mover muebles, arreglar el techo, etcétera.

Marte en mal aspecto con Mercurio

Aquí lidiamos con dos nociones diferentes: por un lado, la idea de esfuerzo (Marte) y por el otro, la idea de comunicación (viajes, telecomunicaciones, etc). Es posible que debieras emprender un viaje en contra de tu propia voluntad, si es que deseas exorcizar este tránsito. Podrías cubrir una gran distancia mientras que en realidad deseas quedarte en casa. Algunas veces viajar es un placer, con un coche cómodo y recién comprado, y con un clima agradable.

Pero si tu coche es viejo, si no funciona bien; o si las malas condiciones climáticas (digamos, frío y falta de visibilidad) hacen que la ruta sea accidentada, entonces tu viaje podría volverse algo incómodo y este podría ser el caso cuando se hace un sacrificio para exorcizar este tránsito. Así que esa es una cosa que debería hacerse durante este tránsito. Es más, de acuerdo con los principios detallados en este libro mientras más sufras viajando, más 'descargarás' este símbolo. La negatividad del viaje podría también estar conectada con la razón de que debas desplazarte: por ejemplo, podrías tener que llevar a un pariente cercano a someterse a una cirujía; y en este caso, según mi opinión, no se requiere de mayor explicación. Frecuentemente la aversión objetiva hacia el viaje puede ser causada por una razón específica que hace al viaje más duro o incluso insoportable: por ejemplo, podrías tener que viajar junto con tu aburrida y obsesa suegra. En otros casos este tránsito podría significar la reparación de tu coche o cualquier otro vehículo: esta es otra buena forma de exorcizar adecuadamente este tránsito.

En otro nivel, tu viaje podría ser solamente virtual. Desde este punto de vista, podría estar conectado con las comunicaciones o telecomunicaciones en vez de con desplazamientos físicos de tu cuerpo. Por ejemplo, es agradable navegar en internet buscando algo relajante o – incluso mejor – algo con lo cual jugar: pero podría ser menos divertido navegar la www con el objetivo de llevar a cabo una tarea precisa, tal vez algo aburrido en lo cual no puedas usar tu creatividad, tal como un trabajo repetitivo en el cual tuvieras – sólo por dar un ejemplo – que borrar una serie de artículos de una lista, uno por uno.

De modo similar podrías intentar exorcizar este tránsito haciendo esfuerzos para arreglar tu impresora, tu teléfono celular, o tu receptor de tv satelital tú mismo, sin siquiera llamar a un técnico. Podrías actuar de técnico tú mismo instalando un antena satelital en el techo de tu casa. O podrías también invertir tus fuerzas de conformidad con los símbolos Marte-Mercurio lidiando con un hermano, hermana, un primo, un cuñado... Podrías tener que hacerte cargo de alguno de ellos, por ejemplo.

Podrías obtener lo máximo de este tránsito si llevaras a uno de esos parientes a hacer algún encargo a algunos cientos de kilómetros de distancia de su casa. Finalmente, pero igual de importante, un truco astuto para terminar con este tránsito podría ser embarcarte en un gran sacrificio e intentar dejar de fumar; o retirarte en soledad a una habitación para escribir un reporte, o para estudiar para un examen importante.

Marte mal aspectado con Venus

El mejor modo de exorcizar un tránsito de Marte en disonancia con Venus es tener sexo, mucho sexo – podrías 'atascarte' de sexo. Marte es el sinónimo de la fuerza y venus representa al amor. Por lo tanto la mejor manera de constelar estos símbolos es tener mucho, sano sexo. Esto es válido independientemente del tipo de tránsito, e.g. oposición o conjunción o cuadratura, es lo mismo. También es importante 'cómo' hagan el amor. Cada pareja tiene su forma de hacer el amor, pero el simbolismo Marte-Venus nos recuerda un estilo de hacer el amor que podría ser considerado un poquito 'violento' o 'viril'. De acuerdo con esto, durante este tránsito podría ser algo bueno probar ciertas variaciones en su modo de hacer el amor.

También la cantidad es importante – por lo tanto sería algo útil tener una mayor frecuencia de relaciones sexuales mientras dura el tránsito. Otro modo en que ustedes pueden exorcizar, o constelar, este tránsito es administrar – siempre y cuando seas capaz de hacerlo – la tensión progresiva con tu pareja enamorada. Esto implica una relación tensa, pero no tan tensa como para provocar una crisis real.

Cuando actúas segun la lógica del exorcismo de los tránsitos, lo más importante es siempre mantener un buen sentido del humor, el cual te permitirá sobre todo considerar las cosas 'desde afuera' sin sentirte demasiado involucrado. Si sigues esta regla los eventos difícilmente te superarán; si no, corres el riesgo de volverte víctima de tus propios trucos. Si durante esos días fuiste capaz de manejar una relación con bastante discusión, eso no dañará tus asuntos amorosos – al contrario, precisamente los beneficiará.

Otro modo de constelar este tránsito podría consistir en ayudar a tus socios a llevar a cabo tareas pesadas. Por ejemplo, digamos que tu esposa debe vaciar una caja entera en la oficina para archivar folders en otro mueble o en dos o tres cajas. Así que mejor invoca toda su paciencia y ve a ayudar a tu esposa incluso si eso significa pasar un par de fines de semana en ese propósito. O vice versa: si debes arreglar o reacomodar tus herramientas en la cochera, ella debería ayudarte a hacerlo. En un intento similar para mantener la situación (e.g. este tránsito) bajo control, podrías exagerar y complacerte en algún tipo de placer.

Por ejemplo podrías tener una cena especial con un amigo, digamos una despedida de soltero, en la que puedas dar rienda suelta a la bebida y al libertinaje, comer de más, etcétera. De ese modo actuarías perfectamente de acuerdo con el tránsito. O, una vez en la vida, podrías complacerte en el poker o cualquier otro juego de azar – pero recuerda poner antes un límite, y luego dejar el juego en cuanto alcances ese límite que te impusiste. Y también, en un ámbito totalmente distinto:

podrías dar todo de ti para ayudar o dar asistencia a una hermana, prima o jóven amiga tuya – y esto no tiene nada que ver con el juego y el azar, por supuesto.

Marte en mal aspecto con Marte.

Sólo puedes descargar este tránsito haciendo uso de tu propia fuerza bruta. No puedes equivocarte: deberías partir leña, mover muebles de un cuarto al otro, efectuar tareas físicas pesadas, sudar, sudar, y sudar una y otra vez. Cualquier intento para llegar a un acuerdo con la simbología de este tránsito está condenada al fracaso. Con este tránsito estás destinado a sufrir a un nivel físico, así que mientras más sufras mejor.

Déjame ser incluso más drástico y ponerlo de este modo: si tú no sudas, vas a sangrar. De hecho, este tránsito podría corresponder a un periodo en el cual te encuentres yaciendo en la silla del dentista, el cual – con un taladro en la mano – le de al llameante regente de Aries y Escorpio todo lo que quiera. Este es el tránsito más apto para ser bistureado, taladrado, cortado, sangrado, etcétera. No deberías tener dudas al respecto. Lo único de lo que deberías estar preocupado es con la antigua aunque muy buena regla de Ptolomeo: ya desde el segundo siglo antes de Cristo, sugirió que uno nunca debe someterse a una operación cuando la Luna está en el signo correspondiente a la porción del cuerpo que quieres sanar – Tauro correspondiente con la garganta, Virgo con las entrañas, etc.

Si no encuentras tareas pesadas que llevar a cabo ni intervenciones menores o mayores a las que someterte (esto podría sonar raro, después de todo), podrías intentar exagerar un poquito y empezar a echarle pleito al vecino, o a tus semejantes, incluso si no los conoces personalmente. Por ejemplo, con un mensajero de malos modales; un operador telefónico desagradable; la secretaria mal educada de un médico, etcétera. En lugar de las tareas pesadas, podrías efectuar tareas mecánicas o trabajar con electricidad, tubos de agua, motores, etcétera. Otro modo de exorcizar este tránsito es enfrentarte a situaciones: ej. Actuar de modo que la verdad salga a flote. Digamos que estás sintiendo una fricción progresiva en tu relación con alguien, pero hasta ahora no has sentido la seguridad para enfrentar esta situación desagradable con ella/él porque si lo hicieras, tendrías una confrontación poco amistosa y antipática, mientras que tu naturaleza es del tipo pacifista. Pero ya sabes: hay un tiempo para la paz y un tiempo para la guerra – y este tránsito marca indudablemente el tiempo para la guerra.

Marte en aspecto disonante con Júpiter

En estos periodos presentarás tendencia a la hipertrofía y a sufrir de un escaso sentido crítico. Tu superficialidad crecerá consecuentemente y subestimarás las dificultades que tienes que enfrentar. En estas circunstancias, la gente prudente permanecería sola en casa, haciendo su mejor esfuerzo para hacer... nada en absoluto. Pero si eso hicieras, ¿qué le vas a dar a Marte? Al igual que en otros, también en este caso practicar deportes tendría que ayudar. Por ejemplo, el tiro al arco te demostraría – y no solamente de modo figurado – cuantas veces puedes dar en el blanco.

Durante este tránsito algo interesante le sucedió a un amigo mío. Era durante nuestras vacaciones de mediados de agosto, y el evento sucedió en una de esas villas turísticas en la que acababan de organizar una competencia de natación. Mi amigo respiró hondo, saltó al agua y empezó a nadar. Estaba convencido de ser el primero pero cuando eventualmente surgió y abrió sus ojos, se percató tristemente que todos los demás le llevaban ventaja, y que de hecho él estaba al final. Esto es exactamente lo que podría sucederle a cualquiera durante este tránsito – y también perder la cara en una competencia deportiva podría ayudarte a exorcizar el símbolo del tránsito.

O de otro modo podrías mimarte a ti mismo con un periodo de abusos controlados, tales como comer de más en compañía de amigos sin exceder ciertos límites impuestos por la decencia y la lógica racional. Podrías incluso consentirte con pequeños gastos alocados; por ejemplo podrías proponerte comprar nuevas ropas, y en este caso reducirías el riesgo de pagar a 100 lo que en realidad cuesta 70. En esos días podrías también donar sangre: sería una cosa sabia y socialmente útil. Y al hacerlo, sabrías si tu sangre está bien o si tal vez algo anda mal en ella, especialmente en conexión con el hígado, y hacer algo para evitar mayores problemas. Y finalmente, podrías renunciar a una pequeña (pero fija) cantidad de tu presupuesto y perderla en apuestas.

Marte en un mal aspecto con Saturno

Durante esos días o meses te sentirás más malo y tal vez de verdad serás más malo, en cuanto a que tu carta natal te permita ser un chico malo o una chica mala. Durante este tránsito deberías tomar esas decisiones que normalmente eres incapaz de tomar, o rechazas tomar. Por ejemplo podrías decidir llevar a tu anciana madre a una casa de retiro, aunque eso sea algo que cualquiera odie. Sin embargo es algo que se debe de hacer en ciertas circunstancias.

En cualquier caso así es la vida: hay días para disfrutar y hay días para sufrir. Y hay días en los que se busca el consenso y otros días en los que la gente te considerará como un torturador feroz. Y ese es exactamente el caso de este tránsito. Así que si no existe ninguna otra solución posible, tú deberías sacrificar ese tipo de cordero en el altar de Marte-Saturno: llevando a uno de tus seres queridos ancianos a un asilo; separándote de un cachorro de perro o de gato que no pudiste conservar en casa y tuviste que dar en adopción; llevando a tu pobre mascota en sufrimiento al veterinario para que la duerman – un acto de piedad que, según mi opinión, también debería permitírsele a aquellos hombres y mujeres que están sufriendo en las etapas terminales de sus males. Ese frío verdugo de la SS que duerme en cada individuo – más o menos dependiendo de la carta natal – despierta durante este tránsito y reclama su derecho a existir. Por lo tanto este periodo es apto para ciertas operaciones quirúrgicas particularmente delicadas, como actuar uno mismo de doctor y rescatar a alguien que necesita ayuda porque, digamos, su pierna se ha roto, mientras que esperas que llegue la asistencia profesional.

En el altar de este tránsito quizá también quieras ofrecer una intervención quirúrgica en tu propio cuerpo: podrían ser los meniscos, o las rodillas en general, cirugía ortopédica, y sobre todo – el dentista. El sufrimiento relacionado a los dientes, la curación con base en taladrar, la laceración de las encías, el coser en ellas: todas ellas son operaciones típicamente relacionadas con la disonancia Marte-Saturno. Lo mismo puede decirse de las demoliciones. Por ejemplo, si debes demoler cualquier cosa que se haya hecho sin un permiso local, un muro externo inestable, o un antiguo refugio para tus perros, etcétera; pero también se refiere a la chatarrización de autos o motocicletas. Y finalmente, si tienes algo desagradable que decirle a alguien más, por ejemplo una llamada telefónica poco amistosa, declarando cualquier tipo de guerra, etc, este es el momento adecuado para hacerlo.

Marte en mal aspecto con Urano

Este tránsito implica un tipo de energía destructiva o radicalmente proactiva para resolver los problemas. Brotes de adrenalina parecen hacer que toda la acción 'chispee'. Te sientes totalmente insatisfecho frente a cualquier cosa que tome un mayor tiempo para evolucionar o desarrollarse. De hecho, durante este tránsito podrías impacientarte, particularmente con gente que 'trabaja' más lento que tú, o que no entiende lo que dices.

Tiendes a ir directo al meollo de cualquier situación; durante esos días eres tan leal, sincero, y genuino como siempre. Será mejor que tomes ventaja de esta situación y golpees la mesa con el puño: pues hay días para mediar, y también es cierto que hay otros días para hacer la guerra. Todo el mundo ha tenido situaciones que deben ser eliminadas radicalmente, sin ningún tipo de vacilación, reflexión, o debilidad. Este tránsito hace justo ese tipo de 'parada' en tu vida. Así que mejor invoca toda tu valentía y haz la limpieza. Así que deshaste de viejos e inútiles 'amigos' y cualquier tipo de peso muerto, incluyendo tus propios lastres mentales. Tápate la nariz y viste ropas nuevas.

Deshazte de tus viejos tabús, manías obsesivas, pequeños temores acerca de ser 'alguien de poca monta', y respira hondo aire fresco incluso si esto puede causarte heridas. Ya tendrás tiempo de poner vendas en tus laceraciones más tarde. Así que el mejor modo de descargar este tipo de tránsito es complacer tu naturaleza de esos días. Y tu naturaleza en esos días es, más o menos, coherente con tu naturaleza básica. Durante esos días o semanas deberías hacer esfuerzos para ser tan natural como sea posible, incluso en aquellas ocasiones en las que ser natural signifique ser valiente. Debes evitar a cualquier costa toda actividad normalmente considerada peligrosa, tal como montar en bici o motocicleta, patinar, esquiar, manejar a alta velocidad; escalar montañas, hacer clavados desde acantilados, etcétera. Sin embargo, debemos darle algo a Marte y Urano.

Así que será mejor que intentes practicar deportes que requieran valor aunque no sean peligrosos como surfear con cometas. Este es también un buen momento si es que debes someterte a una pequeña operación quirúrgica con calmantes o ansiolíticos menores. También te atraerán las técnicas y la informática; podrías aprovecharte de esto destapando tu computadora – aunque no se pueda garantizar un resultado exitoso. Este tránsito también es bueno si tienes, por ejemplo, que apoyar a un pariente que está en medio de algún pleito, por ejemplo contra sus vecinos.

Marte mal aspectado con Neptuno

Durante el tránsito de marte en un ángulo disonante con Neptuno (incluyendo la conjunción) sentirás una especie de 'ceguera mental'. Esto significa que tiendes a exagerar una noción, un ideal, un punto de vista, una práctica profesional. La peligrosidad del tránsito del que hablamos está totalmente inscrita en este tipo de 'estado de conciencia alterado'. Esto te lleva a comportarte de un modo que normalente no harías – excepto si ya tenías este aspecto en tu carta natal.

Aquellos que están en una posición de liderazgo de naciones, países, armadas, movimientos masivos etcétera, deberían ser muy cuidadosos de no tomar ninguna decisión importante durante este tránsito, porque de otro modo sus altamente subjetivas decisiones podrían provocar algún tipo de 'guerra santa', o 'fanatismo en una sola dirección'. Así que este tránsito no es algo que pueda resolverse con un Valium, o valeriana o cualquier otro ansiolítico tomado en dosis homeopáticas. Así que lo que estoy sugiriendo para exorcizar este tránsito es buscar alguna situación específica en la que puedas comportarte tan ciegamente como quieras sin volverte demasiado dañino para ti mismo y para los otros.

Ahí podrías tomar esas decisiónes extremas, finales y únicas – justo como si fuera lo último que fueras a hacer. Por ejemplo, podrías declarar tu resolución de dejar de fumar; podrías yacer en cama con infusiones sedantes para desintoxicarte de morfina; o podrías decidir seriamente embarcarte en una cura de adelgazamiento – bajo la influencia de este tránsito, todas esas cosas te llevarían a resutados excepcionales.

Lo mismo si eres víctima del alcoholismo o de las drogas. En otro plano, podrías decidir correr 10 millas al día; inscribirte al gimnásio; hacer una cantidad mínima de lagartijas. En pocas palabras, esta es la temporada de las declaraciones de compromiso, en la cual también serás capaz de cumplir con ellos. Todas tus propuestas del tipo: "A partir de hoy..." que hagas durante este tránsito están destinadas a llevarte a acciones firmes y constructivas.

Durante esos días nadie puede detenerte: así que mejor sácale provecho a la situación y salta cualquier tipo de brecha – geográfica, social, o política. Si tu corazón se agita con indignación por cualquier cosa, por ejemplo, podrías decidir unirte a un partído político o un movimiento masivo. Únete a campañas ambientalistas, por ejemplo podrías unirte a un grupo de voluntarios que limpien los parques y colinas de tu pueblo; o podrías incluso formar parte de algunas acciones extremas llevadas a cabo por ambientalistas, activistas ecologistas etcétera.

Por ejemplo podrías hacer que te encadenen a las puertas de la embajada de algún país en el que se llevan a cabo explosiones nucleares experimentales. Si tienes alguna intervención quirurgica a la que someterte, o incluso una mera extracción de la muela del juicio, bueno, pues este es el momento adecuado para ser valiente y someterte a cualquier tipo de tortura. Y si te sientes tan valiente como para llevar las consecuencias de este tránsito a los extremos, podrías intentar caminar descalzo sobre carbones ardientes, como algunos faquires lo hacen. Y finalmente, este es un buen momento para estudiar astrología, esoterismo, parapsicología, culturas orientales, yoga y demás.

Marte mal aspectado con Plutón

Cuando las peores y más profundas energías de tu interior tienen tendencia a subir a la superficie, debes intentar canalizarlas y mantenerlas bajo un estricto control. Puedo imaginar que incluso la psicología puede coincidir con la astrología en sugerirte ir al cine y ver alguna película como El vengador anónimo. Estoy seguro de que también te ha sucedido a ti, el encontrarte en el transporte público en presencia de una banda, un grupo de vándalos, vagos comportandose de una manera claramente criminal.

Ya sabes, esos fracasados que se ponen a cantar en coro canciones obscenas; pero llegan más lejos y golpean a algunos pasajeros, les escupen, tal vez hasta les roben. En momentos como ese, la parte civilizada de ti (el Dr. Jekill) se siente incómodo, pero al máximo prende el teléfono y llama a la policía. Pero durante un tránsito disonante de Marte con Plutón – incluyendo la conjunción – la otra parte de ti, el Sr. Hyde brota y te gustaría disparar con una Magunm o cualquier otra pistola, igual que los policías en las películas americanas. Esa es la razón por la que te sugiero que vayas al cine y veas el filme en que Charles Bronson le dispara en la cabeza a los hoolingans. Esa no es ciertamente un obra maestra de la cultura, pero al ver ese tipo de películas puedes sublimar toda tu fuerza destructiva. Sería él, el vigilante matón el que haría las cosas – no tú.

Así te sentirás feliz de que la cantidad de crímenes esté disminuyendo y que alguien esté haciendo algo al respecto, pero no vas a tener que pagar las consecuencias de tu justicia con mano propia imaginaria. Alguien, de aquellos a los que les encanta la demagogia, dirá que la violencia es la violencia de cualquier modo, y que la violencia engendra violencia. Pero yo no creo en la alopatía, yo prefiero la homeopatía – *similia similibus curantur*: lo similar cura a lo similar. Por otro lado le estoy sugiriendo esto a personas adultas que se suponen perfectamente capaces de discriminar entre la realidad y las invenciones mientras ve filmes como Pulp Fiction. Durante este tránsito tu impulso sexual también podría mejorar no solo en cantidad sino también en calidad; y podrías ser llevado a hacer algo 'raro', extraño, mórbido.

Y si tu pareja estuviera deacuerdo, podrías obtener experiencias inusuales en este campo. Puesto que este tránsito implica una ola de furia, podrías canalizarla para despojarte de una amistad entre tú y alguien que ya no te agrada; o para darle una respuesta fuerte a tu jefe; tal vez para renunciar después de un pleito. Existen días para la construcción y días para la destrucción: estos son días para la demolición.

Tránsito de Marte en la primera Casa

Este tránsito sucede aproximadamente cada dos años. Suele durar un par de meses. Toma en cuenta sin embargo, que si el planeta se vuelve retrógrado y luego revierte nuevamente su curso al modo directo, este tránsito podría durar cinco o seis meses. Este tránsito te da una fuerza extraordinaria; puedes portarte como si hubieras bebido docenas de tazas de café; sientes como si te movieras sin gravedad, como si estuvieras caminando sobre la Luna..

Por supuesto que tal excedente de energía debe ser canalizado con cuidado; de otro modo puede provocar verdaderos desastres. Aquellos que por lo general carecen de una fuerza de voluntad fuerte podrían emocionarse y tomar decisiones valientes en el impulso del momento. Al contrario, aquellos cuya naturaleza básica es fuerte y voluntariosa deberían emplear ciertas tácticas particulares. Mi primera sugerencia es ir al dentista. Estoy seguro de que Marte apreciará esas taladradas, cortes de encías, extracciones de raíces, y sangrados de pesadilla que el cuidado del dentista puede implicar.

Dado que todos tenemos que visitar al dentista periódicamente, mejor visítalo cuando Marte está transitando tus casas 1ra, 6ta o 12va. En esos periodos también debes concentrar, si es posible, cualquier otra intervención quirúrgica menor o mayor: tales como incisiones, hemorroides, la remoción de quistes, marcas de nacimiento, anginas, etc. Si de verdad no tienes nada que ofrecer desde este punto de vista, entonces mejor dedícate a una actividad deportiva masiva.

Mientras más hagas deporte en este periodo mejor descargarás este tránsito, y más seguro podrás sentirte. Si no suelen fascinarte los deportes, o si no estás acostumbrado a llevar a cabo esfuerzos físicos, entonces procede gradualmente, empieza trotando en el parque o en la playa temprano en la mañana. Podrías también dedicar algo de tiempo al gimnasio. Si de verdad eres flojo podrías evitar unirte a un club y sudar en casa. Podrías comprarte una caminadora o una bicicleta estática, o podrías hacer simplemente lagartijas en la alfombra. Como diría Woody Allen, también podrías sudar en tus sábanas: por ejemplo un incremento en la actividad sexual descargaría este tránsito muy, pero muy bien.

Y si tienes que mover los muebles; vaciar repisas y arreglar tu colección de libros; si tienes que llevar a cabo cualquier tipo de tareas extremadamente pesada – bueno, este es el momento perfecto para hacerlo. ¿No tienes ninguna tarea pesada que hacer? Entonces créala, o ayuda a tus amigos y parientes que se estén mudando; o ayúdales a reacomodar su cochera, o el desván, o cualquier otra cosa por el estilo. Por supuesto deberías evitar las tareas más peligrosas como cortar o serruchar leña, de otro modo podrías correr el riesgo de herirte.

Tránsito de Marte en la segunda Casa

Durante este tránsito existe la posibilidad de que sufras una pequeña pero intensa hemorragia de dinero. En este caso podría no ser suficiente sugerirte que seas generalmente cauto, y te mantengas alerta. Podría ser mejor que intentaras dirigir al símbolo, por ejemplo 'exorcízalo' lo mejor que puedas, canalizándolo de un modo que podría incluso ser ventajoso para ti.

Para hacerlo deberías hacer el mayor esfuerzo para incrementar tus finanzas personales o las del presupuesto familiar. Si es posible, acepta un segundo empleo. Esto podría ser una actividad temporal y podría durar solamente mientras dure este tránsito. Dependiendo de tu campo de conocimientos, deberías intentar hacerte de un dinero extra dando asesorías, clases privadas, trabajando como traductor independiente, etcétera. Así que compra los periódicos locales de anuncios clasificados y algo útil se te ocurrirá de seguro. Por ejemplo, también podrías lucrar vendiendo un mueble viejo. Si hay oportunidad de trabajar tiempo extra en tu compañía, házlo tanto como puedas durante este tránsito. ¿Tal vez nunca hayas considerado meterte al campo de las finanzas y simplemente ahorras tu dinero dejándolo dormido en una cuenta de banco? Bueno, durante este tránsito podrías estudiar por días, o semanas, intentando una solución para ganar más invirtiendo tu dinero en algo más productivo sin dejar por ello de ser seguro; por ejemplo podrías comprar una propiedad o transferir tu dinero a otra cuenta que te otorgue más intereses.

O al contrario, si debes hacer algún gasto y no puedes evitarlo, entonces gasta ese dinero exactamente durante este tránsito. Compra cualquier cosa – herramientas, ropa, lo que sea – siempre que cumpla de algún modo con los símbolos implicados en este tránsito. Recuerda que si no lo haces, corres el riesgo de perder ese dinero de todos modos – por ejemplo, podrían robarte. En otro nivel, te convendría mejorar tu aspecto físico: así que ve al peluquero, al barbero, al cosmetólogo, a la estética, al sastre, y con cualquiera que pueda ayudarte a mejorar tu look. Otro modo válido de exorcizar este símbolo podría ser recibiendo una pequeña incisión en el cuerpo: por ejemplo removiendo una marca de nacimiento o un quiste o cualquier otra mancha de tu piel. Podrías también invertir más de lo normal visitando tiendas departamentales en búsqueda de mejores vestidos. Esto también puede aplicarse a cualquier herramienta conectada con la noción de 'imagen'. Por lo tanto podrías aprender a usar un software complejo de diseño; estudiar fotografía; comprar un monitor más grande, etcétera.

Tránsito de Marte en la tercera Casa

Durante este tránsito es sabio volverse un viajero, o si ya lo eres, incrementa tus viajes diarios. Esto podría estar conectado con una necesidad de facto o con una situación modificada, como llevar a tus hijos a una escuela más alejada o que te asignen a otra área en tu trabajo – pero también deberías ser capaz de crear dicha situación de viaje deliberadamente. Y en este último caso deberías aprovechar cualquier ocasión. Por ejemplo podrías decidir asistir a un curso de Shiatsu al otro lado del pueblo; unirte a un gimnasio lejos de casa; visitar a un grupo de amigos después del trabajo; etcétera.

La conclusión es: deja que haya viajes más largos, un camino más largo que pasar cada día. Lo mismo da que lo hagas a pie o en coche o en tranvía o en tren. Cada símbolo debe ser sopesado en comparación con el individuo que desea constelarlo: por lo tanto las distancias involucradas podrían depender de la carta natal de aquel, o aquella, a quien el tránsito se refiere. Por ejemplo, para un nativo de Cáncer que pasa mucho tiempo en casa, podría ser suficiente una distancia de algunas cuadras; mientras que para un Géminis extremadamente móvil la distancia debería ser de docenas, sino es que miles de kilómetros.

Durante este periodo sería útil también el gastar recursos, energía, y dinero para cuidar tu coche desde los puntos de vista técnico, mecánico y estético: así que ve y visita más seguido el lavado de autos, al reparador de llantas; al ojalatero, a tu mecánico... Y si eres tan listo como para ser capaz de poner tus propias manos a la obra en tu coche, ¡incluso mejor! Arremángate y pasa varias horas de los sábados o domingos con una llave inglesa en la mano. En otro plano este tránsito podría descargarse efectivamente si te clavaras en un profundo estudio, por placer o necesidad. En el segundo caso podrías prepararte para un concurso o un examen universitario. En ambos casos el tránsito te dará la energía necesaria. Podrías también intentar invertir esa pasión en aprender un programa nuevo de software; estudiar o leer un libro de tu autor favorito; podrías también sacar ventaja de asistir a cursos, lecciones, seminarios, pláticas. Es más, será mejor que intensifiques tu comunicación – especialmente la escrita – vía internet o el teléfono, aunque podrías correr el riesgo de que te lleguen cuentas caras si no pagas una tarifa única. Si estás comprometido culturalmente, aprovecha la oportunidad y escribe un capítulo importante de tu siguiente libro; o el téxto de un artículo, una plática, un ensayo... Si tuvieras que tomar un trago amargo por culpa de tus hermanos, tus hermanas, tus cuñados o cuñadas durante este tránsito tienes la oportunidad de quitarte el peso de encima y regañarlos un poco. Finalmente podrías hacer un fuerte compromiso y dejar de fumar, si eres fumador

Tránsito de Marte en la cuarta Casa

Durante este tránsito ciertamente debes llevar a cabo algo de trabajo en casa. Puedes hacerlo tú mismo o puedes hacer que lo haga un experto. Puedes arreglar toda la casa o simplemente hacer que pinten el baño. De cualquier modo debes hacer esfuerzos, compromisos, y sufrimientos.

Las incomodidades ocasionadas por llegar a casa y encontrar polvo y arena por todas partes, hasta en las sábanas; o encontrar un hoyo de polillas en tu mejor silla, deberían ser suficientes para descargar este símbolo adecuadamente. Si eres lo suficientemente listo para hacerlo tú mismo podrías pasar todos los fines de semana de este tránsito pintando tus paredes y montando repisas. El resultado es que debes canalizar tanta energía y dinero como puedas en este tipo de cosas. Esas semanas o meses son un lapso de tiempo favorable para hacer que instalen un sistema de calefacción nuevo; o nuevos azulejos en el baño; o cualquier otra reparación o renovación o restauración menor o mayor que pueda necesitar tu casa de vez en cuando.

Lo mismo podrías hacer en tu oficina, tu taller, tu atelier, tu tienda, tu laboratorio, tu espacio de trabajo cualquiera que sea. La noción de hacer esfuerzos dirigidos a tu hogar o casa pueden también referirse a un arreglo distinto de mobiliario, que podría alcanzarse con tareas físicas; o simplemente poniendo cortinas nuevas, lo que es un trabajo mucho menos duro. La jardinería también podría alcanzar a la simbología de la que estamos hablando. Podrías constelarla también metiendo los papeles para una hipoteca y empezar a pagar mensualidades para la compra de un departamento.

Más precisamente, esto implica todos esos gastos directos e indirectos relevantes a tu casa o departamento, incluyendo el seguro o el pago de un impuesto por herencias que podrías intentar deliberadamente posponer o anticipar para que suceda exactamente durante este tránsito. Es más, podría ser una buena opción tratar más con tus padres, cuidarlos más: ir a visitarlos más seguido; llevarlos contigo a unas vacaciones; asistirlos en una terapia; llevarlos al hospital si lo necesitan, etcétera. Puedo decir que este tránsito puede descargarse bastante bien cambiando el disco duro de tu computadora personal por uno con mayor capacidad.

Esto parece una tarea fácil, pero podría ser difícil incluso para un técnico experto y con frecuencia significa días de reinstalar tu software favorito, aplicaciones, drivers, etc. uno por uno. Pero si lo haces podrías evitar la mala sorpresa de que tu computadora resulte infectada por un virus, lo cual en ciertos casos puede resolverse reformateando tu disco duro.

Tránsito de Marte en la quinta Casa

Lo ideal sería hacer deporte – hacer muchísimo deporte. Si ya eres deportista podrías simplemente intensificar tu actividad. Si no lo eres, sería mejor que te movieras de algún modo: juega tennis, bucea, nada, y corre, haz ejercicio en casa o en un gym.

Los deportes son seguramente la actividad adecuada para descargar este tránsito del mejor modo. Sin embargo la quinta casa también puede referirse a cualquier cosa que pueda definirse como juguetona o recreativa – así que el baile podría funcionar también, puesto que es un tipo de 'deporte' que uno puede llevar a cabo a cualquier edad, no puede ser más que bueno para la circulación sanguínea, siempre que no se exagere – y de hecho, exagerar lastima sin importar lo que se haga.

La quinta casa de la carta natal también se refiere al amor. Así que para domar a ese Marte que transita reclamando sus derechos, podrías tener también actividad sexual más intensa, o simplemente más frecuentemente. Y recuerda: si no descargas este tránsito corres el riesgo de caer en la tentación y empezar a frecuentar lugares bastante peligrosos como casinos, donde la sugestión dañina de las reglas de Aries y Escorpio podrían llevarte a gastar y perder muy buenas cantidades de dinero. Mientras que si guías a este Marte lo mejor que puedas, podría guiarte a aprender una nueva actividad deportiva, tales como el bridge o el ajedrez – también puedes sudar y perder peso jugando cartas o ajedrez. Estos meses favorecen también la práctica de la enseñanza.

Así pues, si eres maestro o si te piden hacer un seminario, deberías meterlo todo durante este tránsito. También deberías hacer más esfuerzos respecto de tus seres queridos, tu pareja, tus hijos: por ejemplo, con respecto a sus medicinas, o su espíritu. Trata de demostrar de una manera tangible cuanto te importan. Este es un buen momento para irse de vacaciones a uno de esos hoteles en los que los animadores no te dejan en paz y te ponen a trabajar hasta más duro de lo que normalmente haces en tu oficina.

Tránsito de Marte en la sexta Casa

Con este tránsito, el asunto está en evitar un golpe mayor. Ya sea que se exprese en tu trabajo (e.g. en tu relación con tu entorno de trabajo) o en tu salud, este es un tránsito más bien traicionero.

En el primer caso, tal vez sea mejor que lo ventiles regañando, digamos, a un colega al que ya no soportas. Si debes pelear, este es el momento más apto. Algunas relaciones interpersonales en tu ambiente de trabajo pueden durar hasta cierto punto – no para siempre. A lo más, durante esos días puedes intentar aceptar tareas físicas más duras: por ejemplo, reubicar los archiveros de un lugar al otro; mover enormes fajos de pesadas carpetas; hazlo tú mismo y mueve algunos muebles incluso si esas tareas no son parte de tu competencia.

Y en cuanto a tu salud, el dentista es siempre la mejor solución: tanto taladreo como sea posible y evitarás serios problemas. Así que visita al dentista tan frecuentemente como puedas y pídele que lleve a cabo una limpieza profunda de tus dientes, implicando el corte de las encías y una remoción profunda de sarro (esta técnica se llama lamida de raíces). Si eres mujer, podría beneficiarte una visita extra al ginecólogo, quien podría localizar una pequeña herida que cicatrizar con un bisturí de electocirugía. Todos se beneficiarían también yendo al quiropráctico: levanten las manos quienes no hayan tenido algún dolor en los huesos... Sin embargo, con un tránsito como este – que en ciertos casos puede durar hasta varios meses – uno no debe subestimar el problema.

Así que sería sabio poner en práctica todas esas cosas que he catalogado debajo del término de 'una técnica prostética' en otra sección de este libro. En otras palabras, durante este tránsito no va a ser suficiente el actuar simplemente de acuerdo con el principio homeopático de *similia similibus curantur* – antes que nada debes prevenir, y solo entonces combatir usando ciertos opuestos.

Te doy unos pocos ejemplos. Aquellos que sufren de males gástricos crónicos lo saben muy bien: a cada cambio de estación crece su secreción de ácidos; y como consecuencia, también crecen sus malestares, haciendo posible el riesgo de una úlcera gástrica. Así que, conforme se aproxima este tránsito – Es decir, ya desde que Marte se acerca a la cúspide de la 6ta casa – debes pedirle a tu doctor que te recete ranitidina u otros compuestos similares; dejar de tomar café; dejar de tomar cualquier otra sustancia que pueda lastimar tu estómago, tales como la naranja o el jugo de limón, licores, etcétera.

De igual modo, aquellos que sufren de artrosis cervical deben empezar a salir vistiendo bufanda y gorro; a dormir con un calentador eléctrico en su almohada; y tomar todas las precauciones que cualquier paciente como ellos sabe muy bien. En otras palabras, debes defenderte en lugar de atacar, por esto es realmente un mal tránsito y si sucede en conjunto con otros malos tránsitos, podría significar un periodo sumamente crítico para ti. Así que si no quieres volverte su víctima, evita subestimar este tránsito y da todos los pasos necesarios en su contra. Sobre todo, recuerda que durante esas semanas recaerás en los problemas que sufres periódicamente. Por supuesto, si debes someterte a cirugía, este es el momento de hacerlo, siempre tomando en cuenta las reglas astrológicas generales que se refieren a cualquier operación; es decir, que no debes operarte cuando la luna está en el signo conectado con el órgano que será operado. Además no debes olvidar que cuando Marte pasa por tus casas 1ra, 6ta o 12va así como cualquier otra situación particularmente negativa, si es posible sería algo bueno observar un ayuno terapéutico total. Si no es posible, un ayuno parcial también podría funcionar.

Come tan poco como puedas – un pequeño plato de sopa aguada caliente; unas pocas castañas para llenar el estómago; muy poco pan y queso, o fruta fresca. Por medio de un ayuno total o una dieta frugal es posible sobreponerse de manera segura a gran parte de las agresiones de Marte. Esto también es válido en general, así que puedes seguir este mismo tipo de conducta también en presencia de otros astros 'maléficos'.

Tránsito de Marte en la séptima Casa

A diferencia de la situación anterior, aquí es absolutamente necesario atacar: mientras más duro ataques menos serás atacado. Así que debes hacer tu mejor esfuerzo para empezar muchas pequeñas batallas – o una sola guerra, pero una importante. Esto podría o no involucrar asuntos legales, por ejemplo: tu guerra podría también llevarse a cabo frente a una corte, pero también podría ser independiente y no tener nada que ver con abogados o jueces. Por ejemplo, podrías tomar el teléfono y llamar a tu vecino para quejarte de que su perro se cague frente a tu propia puerta. Podrías también unirte al consejo de residentes y empezar a pelear por tus derechos.

Si alguien te debe dinero, podrías también pedir asesoría legal para recuperarlo. Y si de verdad crees que no tienes nada que pelearle a nadie (en cuyo caso me atrevería a decir que tú... vives en Marte), puedes siempre crear o inventar ocasiones de batalla: por ejemplo podrías formar parte – al menos durante esas semanas – de acciones de activistas ambientalistas, protectores de la vida silvestre, etcétera.

O también hacer que te encadenen a las puertas de la embajada de un país que esté llevando a cabo pruebas nucleares experimentales podría ser bastante útil para descargar este tránsito. Podrías también inventar o exagerar una disputa con un periódico o revista, escribiéndoles toneladas de cartas para demostrar tu indignación por uno u otro tema. Así que únete a reuniones, manifestaciones, debates públicos, cualquier tipo de acontecimiento popular. Si eres tan tímido que te sientes incapaz de hablar en público, siempre puedes pedirle a algún representante legal que actúe por ti. La regla de oro es: mientras más guerra des, menos daño sufrirás de este tránsito. Irónicamente, los deportes podrían ayudarte. Así que únete a un club e inscríbete a karate o boxeo. Al dar patadas o golpes a un oponente – ya sea por enojo o por deporte – podrás descargar este símbolo parcial o completamente. Según mi experiencia he notado que le he explicado estas cosas varias veces a quienes me visitan para obtener mi asesoría, sin embargo muy pocos me han tomado al pie de la letra.

Un profesional honesto y respetado, un muy buen hombre, no empezó ningún tipo de batalla o lucha o pelea en contra de nadie durante este tránsito. Un día dos jóvenes lo esperaron en la sala de espera de su consultorio; cuando lo vieron simplemente pidieron una confirmación de su identidad; entonces lo asaltaron a patadas y golpes.

El profesionista nunca entendió quién les ordenó hacerlo. Recuerda que durante este tránsito podrían confiscarte tu licencia de manejo; podrías tener que pasar por el control de una aduana; podrías ser interrogado por un juez; podrías sufrir pequeños o serios problemas legales. Así que el único modo, déjame decírtelo una vez más, es inventar guerras, y atacar, atacar, y atacar nuevamente. Mientras más ataques menos serás una víctima de los ataques. En este caso, esta regla se demuestra cierta y funciona muy bien.

Tránsito de Marte en la octava Casa

Primero que nada, debes administrar una serie de gastos controlados. Puesto que no puedes evitar gastar durante este tránsito, la idea de no gastar en nada no es realmente aconsejable. Es mucho mejor empezar con anticipación, digamos que cuando marte está todavía en la 7ma casa: entonces debes empezar a programar tus gastos futuros para que uses el dinero exactamente cuando Marte esté en la 8va casa.

En otras palabras, es realmente aconsejable posponer, si es posible, tus gastos cuando Marte está en la 6ta y 7ma casas, y luego, cuando entre en la 8va casa, comprar todas las cosas que tenías programadas. De ese modo produces ese flujo de dinero hacia afuera que requiere este tránsito. Lo quieras o no, vas a tener que gastar durante este tránsito, así que la acción más astuta es gastar bien. Lo que debes evitar y desterrar a cualquier costo es cualquier tipo de especulación o juegos de azar. Si sueles jugar, mejor gástate el dinero en tu casa o en unas vacaciones en lugar de despilfarrarlo en loterías o bingos.

En otras palabras, si de verdad deseas protegerte de los golpes siniestros que los astros podrían traerte durante este tránsito, debes aprender a programar – y a programar con la debida anticipación. Si durante el año debes hacer alguna reparación en casa; si debes comprar algún electrodoméstico o un coche nuevo – simplemente debes posponerlo hasta que Marte alcance tu octava casa natal. Dicho de otro modo, concentra tus gastos en esas semanas o meses.

Lo mismo aplica si debes pagar ciertas cuentas, como el dentista, o el psicólogo, o las clases de piano de tu hijo. En resumen: gasta, gasta y gasta otra vez.

Pero – sólo gasta en cosas útiles, en cosas que no puedas evitar. Además, es posible que durante esos meses debas enfrentar controversias legales en conexión con una herencia disputada o impuestos, con la asistencia de un abogado o de tu contador. Si esto no sucede de modo natural, pero crees que podría pasar, será mejor que provoques dicha situación. En otro plano, podrías aumentar la actividad sexual; considerando los símbolos envueltos en este tránsito, eso debería suceder con bastante naturalidad.

Tránsito de Marte en la novena Casa

El momento ha llegado para que hagas ese viaje que has estado posponiendo hasta ahora, porque no lo ves como unas vacaciones. Podría ser un desplazamiento por trabajo, por estudios o para recibir terapia – así que sé fuerte y decídete a partir al fin. Mientras más largo y cansado sea el viaje, descargarás mejor a este Marte en la 9na casa. De acuerdo con la noción del exorcismo de los símbolos, la cosa sería ir muy lejos para someterte a cirugía, incisiones, o tal vez una operación estética.

Conozco a gente que no confía en los dentistas italianos y viajan periódicamente a Suiza para que los atiendan allá; también afirman que gastan menos allá que aquí en Italia. Y eso es exactamente lo que debes hacer para oponerte sin riesgos a este tránsito. Por otro lado, este tránsito normalmente sucede cada dos años y sería una espera ligeramente larga para que sucediera este tránsito y tuvieras que ir al dentista en el extranjero. Así que lo que podrías hacer en lugar de eso, es cubrir una distancia de doscientos o trescientos kilómetros para hacer algún trámite particularmente tedioso: por ejemplo, podrías visitar alguna máquina burocrática en la capital. O podrías viajar para visitar y/o hacerte cargo de un pariente que vive lejos.

O podrías decidir tomar un avión e ir a luchar con el director de tu compañía para lograr mejores condiciones de trabajo. El punto es que debes moverte en contra de tu voluntad, o para llevar a cabo acciones que te disgustan. Marte en la novena casa también puede descargarse haciendo algo de deporte – sin embargo en este caso quizá sea mejor que te cuides de posibles accidentes, así que sólo practica los deportes menos peligrosos como natación o gimnasia. En el nivel mental, lo ideal sería aprender una lengua nueva, o mejorar tus habilidades en un lenguaje que ya conoces. Esto también podría referirse a lenguajes de programación.

Por lo tanto podrías también pasar esas semanas o meses aprendiendo como usar y sacarle provecho a un paquete de software nuevo. Podría también ser algo sabio canalizar este tipo particular de impulso en los denominados estudios 'superiores', lo que en este caso significa todas las disciplinas que van mucho más allá de tu vida diaria: historia de las religiones, culturas asiáticas, zen, yoga, astrología, parapsicología, esoterismo, filosofía, psicología analítica, etcétera. Y finalmente, también tratar mucho (o más de lo normal) con animales (posiblemente tus propias mascotas) podría ser útil para descargar este tránsito.

Tránsito de Marte en la décima Casa

Con este tránsito el objetivo es mejorar, por ejemplo subir tu posición social y/o profesional, o hablando más generalmente – lograr una mejor emancipación. Si eres una joven mujer podrías insistir en que tu novio se comprometa y eventualmente hacer arreglos para el matrimonio; si eres un empleado deberías buscar incesantemente subir de puesto; si eres un adolescente podrías pedirle permiso a tus padres para salir con amigos y regresar a casa más tarde. Podrías meterte en una especie de competencia contigo mismo también..

Así que podrías estudiar más duro; aprender algo nuevo; volverte más experto y eficiente en tu trabajo; computarizar tu actividad; producir más; o ampliar el área en la que se vende tu producto. En cualquier caso tendrás que trabajar más duro en pos de tu prestigio, particularmente en un plano social y profesional. Por ejemplo podrías tomar el teléfono y llamar a 20 distintas personas y pedirles su voto en una elección local en la que seas candidato. Sólo debes ser cuidadoso y no mezclar la profesión o el prestigio con el dinero: son mundos totalmente distintos.

Cortar tu cordón umbilical podría ser otro modo de expresar el espíritu de los esfuerzos requeridos de tu parte por este tránsito. Podrías deshacerte de tus cadenas también dejando de fumar; suspendiendo y resolviendo una larga terapia de análisis profundo; haciendo esfuerzos y canalizando energías para dejar de tomar alguna píldora que consideras indispensable, pero que en realidad sólo te hace daño con sus efectos colaterales. Una buena manera de exorcizar a Marte en tu 10ma casa podría consistir también en trabajar hasta tarde. No olvides que la 10ma casa natal también se refiere a tu madre; así que si quieres evitar peleas y problemas con ella, será mejor que hagas tu mejor esfuerzo hacia ella durante este tránsito.

Por ejemplo ve y visítala más seguido; llévala al doctor; llévala a sus análisis de sangre; simplemente dedícale más tiempo. En otras palabras, demuéstrale en la práctica cuanto te importa; ella que ha pasado su vida entera haciendo sacrificios por ti merece que tú hagas sacrificios por ella de vez en cuando.

Tránsito de Marte en la onceava Casa

Es muy fácil descargar este tránsito si eres músico: simplemente toca y toca. Si normalmente tocas mucho, bueno – pues toca más. Y si no tocas ningún instrumento podrías empezar a aprender, aunque está claro que no todos pueden permitirse un proyecto tan ambicioso, también considerando que este tránsito sucede cada dos años.

Así que debes hacer algo más. Lo más lógico durante este tránsito es lidiar más con tus amigos; dedicarles más tiempo; gastar energía con ellos; darles tu ayuda y apoyo; mostrarles que la amistad no es meramente una palabra bonita para ti. Puesto que los tránsitos nunca llegan por suerte, puedes estar seguro de que durante esos meses uno de tus amigos va seguramente a necesitar tu ayuda: así que sólo dale la mano si puedes. De otro modo, de menos deberás esperar que este tránsito cause hostilidades de parte de tus amigos.

Marte transitando la 11va casa también puede implicar muchos esfuerzos al hacer proyectos, y eso no significa desperdiciar el tiempo contemplando el infinito, perdido en fantasías. No, hacer proyectos significa, por ejemplo, dar pasos para cambiar de trabajo; escribir y enviar currículos; preparar una lista de destinatarios a quienes mandarás el catálogo de tus productos y servicios... Al mismo tiempo podrías intentar obtener la asesoría o el apoyo o el patrocinio de individuos importantes que pudieran ofrecerte su ayuda. Mientras que Marte esté en tu 11va casa deberías tocar en tantas puertas como te sea posible. Debes entender que esas puertas no se abrirán tan fácilmente como cuando júpiter pasa por tu 11va casa; de modo que sabes que tendrás que tocar más fuerte y más ruidosamente, si es que deseas alcanzar tus metas. Finalmente, pero no menos importante, puedes también vivir este tránsito haciendo esfuerzos prácticos para hacer nuevos amigos; por ejemplo podrías ofrecerte como voluntario para limpiar los parques de tu pueblo, o unirte a la cruz roja, o a Caritas.

Tránsito de Marte en la doceava Casa

Este tránsito involucra un escenario similar al del paso por las casas 1ra y 6ta. Así que deberías comportarte tomando en cuenta que debes darle tanto como te sea posible al planeta de la guerra, heridas, y problemas en general. Mientras más des voluntariamente, menos corres el riesgo de que Marte escoja el ladrillo que caerá sobre tu cabeza.

Soy claro en que podrías tener este tránsito cuarenta veces durante tu vida entera, y no siempre sucederá algo serio. Pero si este tránsito sucede junto con otros tránsitos negativos de los planetas más lentos como Saturno, Urano, Neptuno y Plutón – y si el escenario completo comprende una situación negativa generalizada – entonces verdaderamente puedes correr serios riesgos. Así que, en la mayoría de los casos te enfrentarás con eventos de menor importancia; sin embargo podrían mantenerte preocupado por semanas, y podrías superarlos o evitarlos con tan solo lograr descargar este tránsito lo suficientemente bien.

Como siempre hago en estos casos, nuevamente sugiero que vayas al dentista o a alguna cirugía: mejor que cualquier otra cosa, ese tipo de intervenciones son las que podrían exorcizar este tránsito. Por otro lado, podrías no necesitar ninguna ayuda quirúrgica en esos meses. Así que si de verdad quieres actuar de acuerdo con el símbolo señalado por esta casa, deberías ser hostil con tus enemigos 'pesudo-ocultos'. Digo pseudo porque, si de verdad estuvieran ocultos ni siquieras sabrías respecto a ellos. No, quiero decir aquellas personas que esconden su cabeza en la arena tras haber hecho algo malvado en tu contra, de modo que puedes entender con facilidad quién lo hizo. A diferencia de su modo de actuar, será mejor que actúes directamente, valientemente y abiertamente en contra de ellos. En este periodo, enfrentando directamente a aquellos que odias podría ayudarte a descargar este tránsito.

Así que habla fuerte si lo necesitas, y hazles saber que ya no es tu intención sufrir pasivamente. En otro nivel podrías mejorar tu concentración de fuerza y energía y canalizarlas en investigaciones esotéricas, o en busca de cualquier cosa que está – de algún modo en el sentido más amplio del término – escondido. Por ejemplo, si sospechas que tu ser amado te traiciona, este es el mejor momento para investigar: podrías hacerlo tú mismo o contratar un ojo privado que será capaz de hacerlo más profesionalmente usando rastreadores electrónicos o siguiendo a tu pareja.

Si perteneces a ese grupo de gente que ama ayudar a la humanidad, podrías también unirte a asociaciones de voluntarios que dan asistencia a los necesitados.

15.
Tránsitos de Saturno

En su representación clásica, Saturno es un hombre viejo, feo y maltratado, con mala salud y cubierto de vendas. Su piel es grisacea; tiene cabello y barba largos y desaliñados. Una muleta lo ayuda a caminar y sostiene una guadaña con su mano izquierda – este último es el símbolo de la muerte, de las pérdidas, y del sufrimiento. Podrías intentar torcer la noción, pero el resultado final siempre es el mismo: sufrimiento, dolor, y miseria. No puedes ignorar esa conclusión. Poner tu dedo en la crema batida y sacarlo cubierto del rojo jarabe de cereza agridulce es ciertamente uno de los placeres de la vida. Pensar en probarlo y renunciar a ello podría provocar algún tipo de crecimiento interior, pero ciertamente inplica de algún modo sufrimiento.

Así que cuando pienses en Saturno y te preguntes qué le puedes dar durante su tránsito, no te puedes equivocar: tendrás que renunciar virtualmente a todo, desde la piel tostada del pollo rostizado al auto de carreras; desde el monitor gigante de alta resolución para tu computadora hasta al guapo vecino que aparentemente te corteja. Tendrás que renunciar a ese elegante vestido nuevo, a tu viaje a China, a comprarte joyas, a aceptar el trabajo en la cadena de noticias, etcétera. Saturno ciertamente trabaja con base en la privación. Creo que nadie puede dudarlo ya, ni siquiera aquellos que se dejan llevar por la demagogia.

Esta característica de Saturno me parece tan obvia que preferiría recalcar otro aspecto importante de la técnica del exorcismo de los tránsitos de Saturno. De hecho este planeta, el regente de Capricornio y Acuario, no sólo tiene que ver con el sufrimiento 'por necesidad', sino también 'por exceso' de algo. Déjame explicarte. Consideremos los tránsitos de Saturno sobre el Medio Cielo de cualquier persona.

Frecuentemente este tránsito singifica la pérdida de un trabajo, o un serio estorbo que te impide llevar a cabo tu trabajo. Así pues, según sea el caso: si eres un empleado en una compañía que está en crisis podrías ser despedido; si eres Gianni Agnelli (magnate industrial italiano) podrías sufrir la fractura de un hueso o un infarto de modo que no puedas lidiar directamente con tu compañía por un rato; si eres un cantante podrías padecer faringitis que te impidiera cantar por un tiempo; si eres el dueño de una compañía, uno de los empleados más productivos y confiables podría retirarse, etcétera... Por otro lado, Saturno también podría anunciar ciertos episodios de éxito. Por ejemplo, un maestro en una escuela muy exigente aplica para el puesto de director y obtiene el trabajo.

¿Qué? Podrías argumentar, ¿entonces Saturno también da regalos y no solo castigos? La respuesta es: Sí, pero a un alto precio. Por ejemplo, los empleados públicos que intenten mejorar su posición por medio de una licitación, durante este tránsito: seguramente deben pasar muchas noches sin sueño redactando y muchos otros tipos de sacrificios. Eventualmente el denominador común de todas esas situaciones, las buenas y las malas juntas, es el sufrimiento. Saturno te promete que sufrirás en conexión con tu trabajo, y eso es exactamente lo que esas situaciones describen.

Nada más que sufrimiento. Así que con más precisión, podemos decir que los tránsitos de este planeta te harán sufrir ya sea por lo que te den o por lo que te quiten. Como podrás entender fácilmente, implica algo de suerte mientras exorcizas este símbolo de sus tránsitos, y yo te voy a decir como tomar ventaja de ella. Lee cuidadosamente lo que sigue en relación con los tránsitos de Saturno.

Saturno en mal aspecto con el Sol

Esto significa algún tipo de mortificación relacionada con tu carrera, tu éxito personal o profesional, tu Ego. Así que en este periodo será mejor que te escondas, evites ser un protagonista, que deprimas tu propia visibilidad en el sentido más amplio del término.

Mientras menos aparezcas mejor. Si te anuncian o proponen un ascenso, renuncia a él o posponlo. Si te quieren dar un cargo importante, declina; deberías aceptarlo sólo si ello implica noches sin sueño, una buena cantidad de esfuerzos extra, y mucho gastos en general. Si te encanta estar en el centro de la atención, este es un buen periodo para volverte modesto, para evitar hablar en público, para negar tu presencia cuando te inviten.

Mortificar tu Ego también podría significar demostrar tu humildad: renunciar a tu prestigio, notoriedad, y éxito en cada aspecto. Será mejor que dejes de ser brillante. Empieza a vestir con sobriedad, e.g. más clásico, menos lujoso, menos colorido. Durante este tránsito deberías cuidar tu ser más que tus posesiones. Censúrate y sal menos a la luz pública. Actúa de modo que los demás crean que desapareciste por el momento

También sacrifica algo relacionado con tus hijos e hijas, o con tus padres, o con tu esposo o esposa, o un hermano o hermana. Sin duda alguna tendrás que renunciar a algo que no sea esencial. Abandona cualquier sensualidad en un sentido amplio; vuélvete más solitario, más esencial, y más modesto. Aceptar tareas físicas más duras también ayudará a 'pagarle' tu deuda a Saturno. Por ejemplo durante este tránsito deberías evitar los elevadores y subir por las escaleras; o evitar usar el auto y usar el transporte público.

También deberías visitar al dentista más seguido, así como al ortopedista, el gimnasio, y al experto en quiropráxis, en masajes a la columna vertebral. Empieza a nadar o haz dietas de desintoxicación. Lee libros serios y exigentes en lugar de ver la TV.

Los sacrificios pueden ser pequeños pero deben ser constantes: no bebas alcohol, no comas dulces, no comas carne, etcétera. Involúcrate con un proyecto a largo plazo que implique cansarte. Tal vez por primera vez en tu vida podrías empezar a usar sombrero en invierno, una bufanda pesada, prendas tejidas... Si lo necesitas también podrías empezar a usar prótesis, por ejemplo dentaduras.

Saturno en un aspecto disonante con la Luna

Con este tránsito no se está por lo general con el ánimo de hablar, y podrías sufrir por cualquier tipo de contacto humano – incluso si de verdad quieres tener contacto humano. Lo que deberías hacer entonces es renunciar a tu deseo de calidez humana y quedarte solo por el momento.

Este es el clásito tránsito que puedes exorcizar principalmente por medio de soledad y aislamiento. Como Dethlefsen solía decir, y también podría sugerirlo yo (pero es su idea original, no la mía) vestir de negro y visitar cementerios con frecuencia. Pues si sientes a la muerte en tu corazón y ves al mundo en blanco y negro, no lo verás a colores incluso si compras una docena de TV's a color. Y si está lloviendo y te sientes deprimido, cantar "witzi witzi araña" no te hará sentir mejor.. Así que aíslate, quédate solo, escribiendo un diario personal, o leyendo libros serios y difíciles.

Evita llamadas telefónicas; pospón el visitar a tus seres queridos. Quédate con gente seria, solemne y formal, como los viejos, los moralistas, los sacerdotes, los instructores, los maestros en general.

Adopta el sufrimiento y al dolor, no intentes evitarlos. Es probable que tengas que desprenderte de un ser querido del sexo débil durante este tránsito. Tal vez un pariente, una novia, una hija o hermana podría querer salir, o irse – y será mejor que la dejes ir. Acepta cualquier tipo de aislamiento forzado, entra a cualquier forma de soledad.

Tu carácter, tu personalidad se volverá un poquito más vieja – no trates de evitarlo. Empieza a comportarte más seriamente, de acuerdo con tu edad. Podrías aprovechar la oportunidad para aprender como dominar tus gestos, o tus propias mímicas faciales. También serás capaz de juzgarte a ti mismo con mayor severidad, y con menos indulgencia.

Saturno en mal aspecto con Mercurio

Por encima de cualquier otra cosa, renuncia a conducir tu auto; también, renuncia a algún viaje. Si pasas todo el tiempo detrás de un volante, este es el momento adecuado para mantenerlo guardado en el garage. En cambio toma el autobús o el tren, especialmente si están llenos y siempre en retraso. Si eres un viajero cotidiano, cambia el modo en que viajas.

También podrías decidir elegir una ruta más larga, más pesada, más cara para llegar allá. Por ejemplo podrías inscribirte a un gimnasio lejano, situado al otro lado del pueblo: de este modo le darás algo a saturno cada día. También caminar mucho, o trotar o usar mucho los pies, podría ayudar. Como última oportunidad, si no hay nada más que te acomode, podrías comprar un coche nuevo (pero si lo haces, podría no ser una buena idea). En cambio, podría ser el mejor momento para estudiar y presentar los exámenes para la licencia de manejo o de navegación.

También renuncia al teléfono y a navegar por internet, si sueles pasar mucho tiempo en esas actividades. En lugar de mandar e-mails, podrías decidir tomar una pluma fuente y escribir una carta tradicional. Este tránsito podría ayudarte a empezar un intercambio epistolar demandante, serio y prolífico con un maestro o con un individuo al que estimas mucho. También podrías comprometerte para ayudarle a un hijo, hermano, amigo u otro pariente. Esto podría suceder de cualquier modo: podrías prestarle dinero, darle lecciones privadas, o visitarlo en el hospital, o darle apoyo moral, etcétera.

Saturno en mal aspecto con Venus

En este caso debes hacer algo serio, como partir. Si estás acostumbrado a correr con la liebre y a cazar con el sabueso, será mejor que tomes tu decisión ahora – ¿de qué lado estás? No puedes tener las dos cosas. Debes renunciar a algo. Normalmente, si no es que siempre, este tránsito requiere que dejes al amor. Y si amas una sola persona, debes tomar seriamente en consideración la hipótesis de la separación. Si no te sientes como para dejar a tu ser querido para siempre, deberías considerar una especie de 'huida momentanea'.

Le he sugerido esta solución a mucha gente, que me demostró que funciona de verdad, y funciona bien. 'Por el momento' significa un acuerdo con tu pareja y no verse mientras dure el tránsito. Al mismo tiempo, debes decidir no involucrarte con nadie más. Si ambos hacen eso, existe una buena oportunidad de que al final de este tránsito, le hayan dado lo suficiente a Saturno y puedas restablecer una relación feliz y serena con tu ser amado. Esta solución es más fácil de llevar a cabo si tu pareja y tú no cohabitan, ya que si estas casado o si vives con tu pareja, podría ser más difícil de llevar a la práctica. En el último caso, lo que sugiero es evitar al menos los actos sexuales; por ejemplo, empiecen a dormir en habitaciones separadas.

Si tú y tu pareja viven en lugares distintos y se ven, por decir algo, una vez a la semana, durante este periodo podrías descargar el tránsito viéndola, digamos, una vez al mes. Podrías intentar exorcizar este tránsito por medio de una caída drástica de la actividad sexual. O podrías decidir enfrentar este tránsito aceptando hacer algunos sacrificios por tu ser amado: por ejemplo gastar más dinero en ella o él, o efectuar tareas físicas para disminuir sus fatigas. Esto también puede referirse a una hija o hermana o cualquier otro individuo del sexo femenino por la cual te preocupas.

Saturno en un aspecto disonante con Marte

Este es el clásico tránsito en el que no puedes no visitar a un dentista. Pídele llevar a cabo cualquier tipo de operación en tus dientes: dentaduras, perforaciones, puentes y tal vez implantes. Mientras más seguido vayas al dentista mejor. Lo mismo aplica para el ortopedista.

El modo ideal de descargar este tránsito sería vestir un corset que te bloquee por los siguientes meses. También podrías vendarte tu espalda, tu hombro, o tu rodilla... Si tienes planes de someterte a alguna cirugía, especialmente una ortopédica, este es el mejor momento para hacerlo, porque este es un tránsito de verdad inarmónico y debes descargarlo de algún modo.

Así que la cirugía ortopédica se ajusta del mejor modo (meñiscos, disco herniado...) de otro modo cualquier otro tipo de operación como la cosmética, el remover algún quiste o mioma, o cualquier otro tipo de intervención ginecológica o anal. Si tienes buena salud y no tienes ninguna cirugía que ofrecerle a Saturno, podrías practicar gimnasia terapéutica, especialmente si tiene que ver con dolor y sufrimiento. Así que prepárate para pasar largas horas en el gym, con el fisioterapeuta, con el experto en quiropraxis y en masajes a la columna vertebral. Cualquier tipo de tarea física podría ayudar a exorcizar este tránsito, sin mencionar que después de todo, también es algo bueno para tu circulación.

Durante esos meses o semanas, Saturno podría pedirte el volverte más malo, más cínico, y más despiadado con quienes te rodean. Así que dentro de ciertos límites deberías cumplir con ello y, al menos, deberías intentar ser menos indulgente con la gente. Si debes llevar a cabo trabajos de carpintería como cortar o serruchar madera, o armar muebles, este es el mejor momento para hacerlo.

Saturno en aspecto disonante con Júpiter

Este tránsito te pide que veas al mundo como un asceta; que seas más esencial, más frugal, y más severo. Este tránsito también conlleva un periodo de infortunio, el cual debes descargar provocando casi un verdadero golpe de mala suerte. En la práctica, esto podría significar, por ejemplo, que deberías aceptar o hasta provocar un negocio que te sea desfavorable. Tal vez decidas vender un objeto por medio de los anuncios clasificados, y a un menor precio, a un precio absolutamente inconveniente para ti.

De ese modo seguramente le darás una forma concreta a una porción de la mala suerte que este tránsito anuncia. En otras palabras: para evitar daños más serios en este periodo, deberías actuar de modo que sufras un daño de negocios o financiero menor. Digamos que tienes una cámara de video y que la venderías en 200 Euros.

Bueno, ponla a la venta por 100 Euros. Al venderla debajo de su valor verdadero sufrirás un daño financiero pequeño, pero eso es exactamente lo que deberías hacer en este tránsito. También podrías prestar un poquito de dinero a un amigo tuyo, sabiendo que no te lo va a devolver pronto – o que no te lo va a devolver para nada. De este modo haces un muy mal trato, pero al mismo tiempo te libras de un daño peor. Aun cuando este tránsito no es tan malo como los tránsitos de Saturno en malos aspectos con el Sol o la Luna, debes ponerle mucha atención si es que quieres evitar serias consecuencias.

Saturno en un aspecto disonante con Saturno

Si fuera posible, aíslate. Si ya vives en soledad, intenta estar aún más solo. Evita todas las cosas simples y fáciles, aquellas que podrían darte momentos de recreación o alegría. En lugar de eso métete a resolver problemas largos, complejos y cansados. En este periodo, el destino requiere de esfuerzo sostenido y contínuo. De verdad debes vivir días de sacrificio: especialmente en un plano de trabajo físico, y también conectado con la comida.

Así que no salgas por las noches, o hazlo mucho menos de lo normal. Dedica todo tu tiempo a trabajar; lee mucho, evita ver la TV. Abstente de comer; empieza severas dietas de adelgazamiento y desintoxicación. Durante esas semanas o meses deberías sentir la necesidad de estar más solo; o de vivir en aislamiento; de ver poco a la gente; de embarcarte en esfuerzos prolongados; de llevar a cabo actividades que no conllevan ningún tipo de gratificación.

Abolir cualquier tipo de gratificación también tiene que ver con evitar mimarte a ti mismo con todos esos objetos que nuestra psicología occidental considera como 'alegres' o 'positivos'. Así que no compres ropas o herramientas que pudieran mejorar o hacer más fácil tu trabajo. No tomes vacaciones, no viajes, no salgas mochila al hombro, etcétera. El mejor modo sería someterte a esfuerzos; trabaja y trabaja, una y otra vez. Hay un tiempo para la fatiga y hay un tiempo para la recreación. Este es sin duda el tiempo de la fatiga.

Saturno en mal aspecto con Urano

Este es sin duda un periodo particularmente destructivo en tu vida. Recuerda que de lo que se trata es de que tienes que darle algo a los astros. Así que prepárate para ofrecer un sacrificio de armonía con este tránsito. ¿Qué tipo de sacrificio requiere este tipo de tránsito? Por supuesto – destrucción.

Por ejemplo, si no estás satisfecho en relación con un amigo o amiga, este podría ser el momento adecuado para terminar tu relación con él, o ella. Ya que este tránsito implica con certeza algún tipo de destrucción y lo que deberías hacer durante esas semanas o meses es exactamente destruir, enajenar, deshacerte de cosas. Debes comportarte de un modo radical, absolutamente negativo, e intransigente.

Hacer eso podría sacrificar una relación humana que ya estaba débil o insegura, y que sobrevivía solamente gracias a tu espíritu cristiano de la caridad lo cual impedía que lo o la dejaras. Algunas veces un poquito de cinismo no es tan malo. Así que enfrenta la realidad y deshazte de basura inservible, falsos amigos, pesos muertos, gente cuya amabilidad depende de como te vaya. Ya sean parientes o amigos o antiguos amantes, simplemente deshazte de ellos y haz borrón y cuenta nueva.

El mundo podría juzgarte de cínico y malvado – pero eso es exactamente lo que debes ser durante una cuadratura, una oposición o conjunción en un tránsito de Saturno hacia tu Urano natal.

Saturno en aspecto disonante con Neptuno

Durante este tránsito podrías sentir particularmente los efectos dañinos de una terapia de larga duración con drogas psicotrópicas o las consecuencias de cualquier tipo de intoxicación. De modo que tal vez debas someterte a algún tipo de lavado estomacal en el sentido más amplio del término.

Por ejemplo podrías empezar una dieta de desintoxicación, incluso si eso tuviera que costarte verdaderas crisis de 'abstinencia'. Por ejemplo, deja de tomar una pastilla contra la ansiedad o la depresión incluso si eso pudiera ponerte en un estado de incomodidad física. O podrías estar dispuesto a empezar a tomar una pastilla antidepresiva, incluso aunque sepas que eso te va a hacer sentir soñoliento, confundido, incierto, o desfasado. Puesto que este tránsito podría anunciar sufrimientos debido a alguna 'droga', sería bueno si fueras tú quien eligiera por qué droga vas a sufrir.

Así que podrías pedirle a tu doctor prescribirte una droga psicotrópica que pudiera ayudarte a sobreponerte a un periodo duro en tu vida. Este tránsito también puede descargarse haciendo enormes esfuerzos, por ejemplo, dejando de fumar o dejando las drogas. Puesto que Neptuno también tiene que ver con el símbolo del agua, deberías intentar hacer esfuerzos conectados con el agua: por ejemplo podrías arreglar o reabastecer tu barco. O podrías transportar grandes cantidades de líquidos como botellas de vino o barriles de licor de un lugar a otro.

Saturno en mal aspecto con Plutón

Gasta dinero, o más dinero de lo normal, en tu ser amado. Distribuye dinero, o mejor, entréga el dinero a tu socio sin seguridad. Este también es un muy mal periodo para la sexualidad: será mejor que te abstengas de relaciones sexuales por el momento.

Si tienes deudas, será mejor que las liquides durante este tránsito –

mejor aún si hacerlo significa gastar virtualmente todas tus reservas, o casi vaciar tu cuenta de banco. Podrías también gastar dinero en relación con tu capilla familiar en el cementerio; o en cualquier cosa que tenga que ver con la muerte. Por ejemplo, podrías prestarle dinero a un pariente que esté en duelo. Este es un periodo de destrucción; así es como deberías vivirlo. Esto también podría implicar deshacerte de una persona con la cual ya no tienes una relación satisfactoria; por ejemplo podrías haber tenido una aventura con un o una amante y este es el momento de truncar esa relación.

No te preocupes si durante esos meses sientes angustia, fobias, pequeñas neurosis o miedos. Deja fluir todo eso y descarga la agresividad que sientes en tu piel echando pleito o peleando con alguien. Podrías intentar restablecer buenas relaciones con ellos más adelante, cuando este tránsito se haya ido ya.

Tránsito de Saturno en la primera casa

En promedio, este tránsito puede durar dos o tres años. Normalmente significa un buen crecimiento a nivel mental. Durante este tránsito vives un proceso de maduración – te haces viejo tanto de modo positivo como negativo. Cumplirle a este tránsito significa hacer esfuerzos para ser más sobrio, más desapegado del mundo material; enfocarse más en el trabajo; ser más productivo y eficiente; alejarse de lo supefluo, de las cosas sin importancia, de todo lo que pueda darte recreación y alegría.

De acuerdo con esto, deberías considerar seriamente empezar una dieta para adelgazar o desintoxicarte. El momento ha llegado de poner orden, de hacer una 'limpieza' en tu nutrición. Evita cualquier cosa supérflua; deja al chocolate afuera de tu casa junto con los dulces, golosinas, azúcares y comida similar. Vacía tu alacena, mantén tus cajones limpios. Siempre levántate de la mesa cuando todavía tengas un poco de hambre, con una sensación de frustración. Obviamente durante este tránsito deberías evitar el postre después de cenar, al igual que el helado que te permites los domingos.

Si tomas café sin azúcar, provocarás (primero mentalmente, luego físicamente) una condición de frustración, que durante este tránsito puede evitarte sufrir problemas más severos. También podrías intentar traspasar todo esto a un nivel físico, p.e. Intentar perder peso, podría ser determinante para exorcizar este tránsito. Por ejemplo, en una linda tarde de verano, después de cenar podrías considerar el placer de sentarte en tu sillón favorito a ver la Televisión mientras sorbes una bebida refrescante o comes una por una las jugosas uvas de tu viñedo favorito.

Pues bien, exactamente al negarte a ti mismo esos 'finales' placenteros verás que tu peso disminuye día a día en la báscula. Es empezando con frustración mental que terminas teniendo también frustración física. Tu gesto fruncido es exactamente lo que necesitas para descargar este tránsito apropiadamente. ¡No necesitas imitar a esos monjes medievales o ermitaños que solían vestir harapos y rezaban arrodillados sobre piedras! Podrías hacer simplemente sacrificios pequeños, pero constantes.

Por ejemplo, podrías dejar de tomar licores o podrías ayunar un día cada mes; o podrías dejar de fumar, de comer pasteles, etcétera. También deberías vestir ropa más oscura, que atestiguaría ante todos tu estado de ánimo actual. También podrías embarcarte en esfuerzos prolongados, trabajar en planes ambiciosos a largo plazo.

Durante este tránsito deberías hacerte a la idea de que eres una especie de alpinista que procede paso a paso hacia la cima de la montaña – no un corredor de velocidad. Sudar, la respiración agitada, el estar exhausto deberían ser las constantes de este tránsito, que podría durar un par de años. Este también es el momento adecuado para lidiar con tus propios dientes. Este es de hecho el mejor periodo para visitar al dentista, dándole así a Saturno lo que requiere en términos de calcio (el símbolo de Cronos, la vejez). Pasar un largo rato debajo del taladro seguramente ayudará a exorcizar el tránsito del que estamos hablando. Este también podría referirse a las acciones rehabilitadoras de los quiroprácticos, con cosas como los masajes de espalda.

Cuidado dental, quiroprácticos, masajes de espalda, son exactamente lo que necesitas para descargar este tránsito. Otra buena idea podría ser mantener al nivel más bajo la calefacción en casa. Un par de grados debería ser suficiente. Pero sobre todo, recuerda constelar este tránsito con un comportamiento más disciplinado en un sentido amplio: sé más moderado en todos los detalles, y aíslate más de lo que normalmente haces. Quedarte solo meditando solamente te hará bien. También, adopta un modo de ver las cosas más acorde con el crecimiento que conlleva este tránsito. Tal vez deberías renunciar a pintar tus cabellos; al mantenerlos grises le testificarás al mundo que ha llegado el tiempo de que te hagas más viejo.

Tránsito de Saturno en la segunda Casa

Marca los tiempos de vacas flacas. Tienes sólo dos caminos entonces. Cierras los grifos de tus gastos, o lo gastas todo y te quedas sin un centavo. Déjame intentar explicar este tránsito con una metáfora. Una vez un amigo mío, exactamente durante este tránsito decidió retirarse por un periodo e irse a vivir al campo.

Luego me dijo que eventualmente había aprendido el alto valor de un solo grano de maíz, del cual la vida entera de una planta puede depender. En otras palabras, aprendió a no desperdiciar nada en absoluto. Eso es lo que debes hacer durante este tránsito: volverte más cuidados al gastar y hacer gastos; más controlados; ¿y por qué no? Más mezquinos. Debes aprender a usar el verbo 'ahorrar', en cada aspecto de tu vida.

Ahorra en electricidad, ahorra en calefacción, ahorra en teléfono, haz menos llamadas y compra menos ropa a menos que de verdad lo necesites. Sal de cualquier lógica de consumismo, pórtate como Rico Mac Pato y sigue contando tu capital, feliz de ver tu montón de monedas crecer cada día. Saturno en la 2da Casa es ciertamente el tránsito de la avaricia, así que debes exorcizar tu avaricia. Incluso si muchos astrólogos lo piensan distinto, y creen que siempre corresponde con la pérdida del dinero.

Al contrario, con frecuencia anuncia la llegada de una herencia, una cantidad importante de dinero en relación con vender una propiedad, con una liquidación... Así que en lugar de disfrutar todo ese ingreso de dinero, durante este tránsito deberías empezar a gestionar tu nueva situación financiera con más cuidado y atención. A principios de los años 70 conocí a una viuda que recibió (para aquellos tiempos) una suma increíble de dinero. En lugar de gastar más, hizo exactamente lo opuesto. Solía ir al restaurante una vez al mes, y renunció a ese hábito. Decía que no quería 'roer ese dinero'.

El punto clave de esos años es 'gastar menos': ese es el modo en que puedes constelar este tránsito del modo menos doloroso. Si no, podrías re-canalizar tus gastos de modos constructivos particularmente dirigidos. Por ejemplo podrías liquidar un préstamo hipotecario duradero y pesado. De ese modo podrías concentrar todo tu flujo de salida de dinero en él, renunciando a una secuencia de otros posibles gastos que podrías o no considerar superfluos, tales como vestidos, computadoras, viajes, ir a cenar fuera, etc. Si gastas menos o si gastas solamente en una dirección provocas una deterioración en tu calidad de vida.

Y eso es exactamente lo que este tránsito requiere, y eso es lo que debes hacer si no quieres que este tránsito se revele a sí mismo por medio de robos, estafas, fraudes, gastos no previstos, etcétera. Otro modo de descargar este tránsito podría ser 'sudando más por dinero'.

Por ejemplo podrías trabajar tiempo extra por un poquito de salario adicional.

De ese modo podrías sentir frustración por la notable incoherencia entre tu subvaloración y, digamos, las autoridades y el estado mismo desperdiciando un montón de dinero. Esta 'frustración por dinero' o cualquier otra relacionada con el dinero es lo que constela adecuadamente este tránsito.

Podrías también gastar para adquirir un aspecto físico más bello. Por ejemplo puedes gastar semanas muy caras en centros de adelgazamiento como aquellos fundados por el herborista Maurice Mességué.

Tránsito de Saturno en la tercera Casa

Durante los dos o tres años del tránsito de Saturno en tu 3ra casa natal será mejor que evites usar tu coche. Haciendo eso ofrecerás el máximo sacrificio que un ser humano nacido al amanecer del tercer milenio podría dar en el altar de las ofertas a esta posición celeste. En nuestra sociedad de volanteholicos en la cual se usa el coche hasta para ir a comprar cigarrillos, abstenerse de conducir ciertamente representaría el más grande sacrificio que el ser humano pueda concebir en relación con Saturno en la 3ra casa. Así que ve a pie, redescubre la dimensión humana de caminar en tu pueblo; o usa el transporte público si deseas, especialmente si en tu pueblo dicho servicio es inadecuado.

Re-edúcate en el comportamiento civil, y quédate pacientemente en la cola de la parada de autobuses, incluso si está lloviendo o si hace frío. Redescubre el placer de los largos domingos invernales en los que paseas por el pueblo o montas en bicicleta en una zona libre de automóviles. Si ofreciste un comportamiento de tipo ambientalista como este en el altar de Saturno, Saturno lo estimará mucho, de modo que es casi seguro que evites sus dolorosos latigazos.

También deberías renunciar a tu motocicleta al igual que a tu coche. Si este te parece un sacrificio excesivo, toma en cuenta que después de todo esto es algo que tú puedes hacer, y que si no lo haces tal vez no puedas evitar problemas más serios, tales como que te roben el coche o sufrir choques de pérdida total, lo que podría ocasionarte gastos serios, si no es que heridas serias.

Pero si de verdad no puedes alejarte del volante (pero ¿por qué no ibas a poder?) podrías cambiar tu coche incluso si se trata de un último modelo, por un vehículo más viejo – tal vez un tan viejo que sea mejor que lo mantengas guardado. Otro modo de exorcizar este tránsito puede consistir en crear un viaje cansado diario o semanal.

Por ejemplo podrías imponerte el viajar muchos kilómetros todos los días para visitar a un pariente enfermo, un ser querido que está en el hospital, un pariente que te necesita. También podrías crear este tipo de desplazamiento ad hoc, por ejemplo podrías decidir inscribirte a un gimnasio al otro extremo del pueblo, evitando aquellos que están más cerca mientras que dure este tránsito.

Hablando de desplazamientos dolorosos o cansados, existe otra posibilidad, aunque es la que yo sugiero menos: podrías meterte hasta el cuello en deudas, con un préstamo a largo plazo, y comprar un coche nuevo y caro. En otro plano, también podrías dejar de usar el teléfono.

Úsalo sólo si de verdad lo necesitas mucho, especialmente si normalmente tienes la oreja pegada al teléfono muchas horas al día. Aprende a ahorrar en la cuenta de teléfono, y deja tu móvil en casa cuando salgas los domingos. Otra manera excelente de ofrecerle un sacrificio al tránsito de Saturno en tu 3ra casa es empezar un estudio muy demandante, por ejemplo prepararte para exámenes duros, concursos y competencias difíciles. Volver a la escuela a la edad de cuarenta o cincuenta puede ser algo realmente duro, pero es exactamente lo que demanda Saturno de nosotros en este periodo. Finalmente, también podrías considerar la posibilidad de dejar de fumar.

Tránsito de Saturno en la cuarta Casa

Durante esos años sería sabio y conveniente si pudieras remodelar o hacer trabajos de reconstrucción de tu hábitat. Recuerdo que el hábitat al que la 4ta casa se refiere puede ser tu casa, por ejemplo, el lugar en el que duermes y donde comes; pero también podría ser tu oficina, o tienda, o laboratorio, es decir el lugar en que trabajas... La extensión del trabajo que se debe hacer depende principalmente de tu situación financiera actual. Podrían ser trabajos enormes o simples tareas, como crear dos cuartos pequeños a partir de uno más grande; un piso nuevo; un sistema de calefacción más moderno; aire acondicionado; un falso plafón; pintar las paredes; una cocina nueva; un baño nuevo... También sería sabio que hicieras el mayor esfuerzo para que esos trabajos duraran tanto como sea posible: haz que se efectúen pequeñas tareas en un día, e impón largas pausas entre una tarea y la otra. En otras palabras, no concentres todo en un periodo corto, sino espárcelo a lo largo del periodo más largo que puedas arreglar.

Recuerda: mientras más tiempo te veas obligado a mantener las ventanas abiertas en invierno, o a cohabitar con una mancha de cal en tu mejor sillón, más evitarás problemas más serios. Es mejor aún si eres tú quien lleva a cabo dichas tareas personalmente en lugar de que las lleven a cabo maestros y trabajadores: tu fatiga física te ayudará mucho a descargar este tránsito. Sin embargo el mejor modo de exorcizar y constelar este tránsito sigue siendo la hemorragia de dinero.

Deja que un banco o un agente de bienes raíces drenen tu dinero y compra una casa o un piso. Podría ser el lugar en que quieres vivir pero también podría ser una segunda casa en el mar, o una porción de un tiempo compartido, o una tienda, o un garaje para tu coche.

Toma en cuenta que este tránsito puede durar de 2-3 años hasta 4-5 años, y arregla los términos del préstamo a lo largo de dicho periodo. De otro modo puedes descargar este tránsito con periodos de hospitalizaciones planificadas: por ejemplo para curar problemas que ya existen o simplemente para que te hagan una revisión general. También sería útil sufrir un 'encarcelamiento' para este propósito: por ejemplo podrías pasar este tránsito cohabitando con tu madre, si no estás en buenas relaciones con tu pareja. De hecho este tránsito marca con frecuencia los periodos en los cuales uno de los dos (el esposo o la esposa) abandona el hogar y se va a vivir con sus padres, un hermano o hermana, un amigo.

Otro modo de vivir este periodo siguiendo las reglas de la Astrología activa es cuidar más de tus queridos padres o abuelos. Por ejemplo podrías llevarlos seguido al hospital, o podrías visitarlos diariamente, ir de compras por ellos, o simplemente demostrarles cuanto te importan. También podrías mantener orden en tu base de datos, en tus archivos y carpetas. Por ejemplo, podrías poner orden en los contactos de tu correo electrónico.

Tránsito de Saturno en la Quinta Casa

Durante este tránsito de Saturno en tu quinta casa natal podrías dejar ir a tu(s) hijo(s) a estudiar al extranjero. Así le darías a Saturno la privación que demanda. Podrías también enfrentar gastos para tu(s) hijo(s). Por ejemplo, digamos que lo o la dejas estudiar lejos: esto seguramente descargaría los símbolos negativos que implica este tránsito. De hecho cualquier sacrificio que hicieras conectado con tus hijos o hijas llevaría a resultados positivos, especialmente si los haces en este periodo especial de tu vida. De otro modo deberás inventar alguna otra cosa deacuerdo con esta noción básica de 'sacrificios para los chicos'.

Por ejemplo podrías contratar tutores privados para ellos; inscribirlos en una escuela o universidad privada; dejarlos meterse a un gimnasio y pagar sus cuentas; pagar por un curso de computación para ellos, o cualquier otro curso en el que pudieran aprender algo útil. Si así le hicieras, si hicieras sacrificios y gastaras dinero por tus hijos, Saturno seguramente lo apreciaría. En esta imagen clásica, Saturno sostiene una hoz en su mano izquierda: representa la noción de separación, de aislamiento.

Así que si no puedes dejar a tus hijos ir al extranjero, al menos deberías permitirles irse de casa por un rato. Por ejemplo podrían ir a vivir con tus papás, o ir a estudiar a otra ciudad, en donde un pariente o un buen amigo pueda hospedarlos. Si tu hijo está en la edad de ser soldado, déjalo servir en el ejército; incluso si pudiera tener el derecho de posponerlo, no sería buena idea hacerlo.

Si tus chicos (o uno de ellos) necesita mejorar su dentadura, este es el mejor periodo para que le pongan brackets: así que no esperes. Este es también el periodo adecuado para llevar a tus hijos al dentista o al ortopedista. Si sufren de escoliosis o algo parecido, podrían tener que usar un tipo de corsé para inmovilizar y proteger el torso.

También podrías intentar lidiar más con los problemas de tus hijos: habla con ellos más frecuentemente, escúchalos más cuidadosamente, déjalos que revelen sus secretos y dales mayores responsabilidades. Podrías comprometerte también en hacer su hábitat mejor, más cómodo: por ejemplo re arreglando toda la disposición de tu casa para que ellos tengan más espacio mientras tú enfrentas algo de sacrificios. Porque eso es exactamente lo que quiere Saturno – hazte a un lado y !déjale más espacio a tus hijos! Hazte consciente de su existencia, de que sus necesidades tienen más requerimientos de los que habías pensado. De un modo o de otro, durante esos años se supone que vas a gastar más dinero en tus chicos.

También podrías reducir dramáticamente la cantidad de alegría y juego en tu vida, por ejemplo saliendo menos en las noches; renunciando a ir al cine, al teatro, a recitales y restaurantes. Pasa menos fines de semana en el campo, viaja menos, ten menos relaciones sexuales, especialmente ocasionales, extra maritales. Si es posible, renuncia a tener aventuras amorosas – este podría ser el mayor sacrificio que pudieras ofrecerle a Saturno en este periodo. Este es el mejor periodo si debes terminar una relación extra-marital, incluso si eso puede costarte dolor. Es también un buen momento para dejar de fumar, de jugar cartas, de apostar, de tener sexo ocasional, etcétera.

Tránsito de Saturno en la Sexta Casa

Durante esos años deberías cuidar particularmente de tu salud, y de ti mismo en general – mucho más de lo que normalmente te cuidas. En primer lugar, este tránsito requiere cuidado especial hacia tus dientes y tus huesos. Así que ve frecuentemente al dentista, al ortopedista, y sométete a terapias basadas en quiropraxis, masajes de espina dorsal, y curación de energía (pranoterapia). Mientras más cures tus dientes y huesos, menos problemas tendrás de este tránsito.

Así que empieza una larga serie de terapias o curas hechas de varias sesiones cansadas y molestas, si no es que dolorosas. Ese el el mejor modo de descargar este tránsito. Por supuesto cualquier terapia que conlleve tiempo y sufrimiento podría servir, incluso si no son del tipo dental. Aún así el cuidado dental es lo mejor en este caso, ya que coincide con todos los símbolos de Saturno, e.g. Cronos = tiempo = calcio = huesos y dientes.

Mejor aún si tu dentista te da una prótesis móvil o instrumentos de tortura similares para que los uses frecuentemente: seguramente tendrán el efecto de descargar este tránsito si no por completo, al menos sí en parte. De cualquier modo cualquier tipo de terapia de rehabilitación servirá, incluso aquellas que implican ejercicio, unirse a un gimnasio, terapias de lodo, o de inhalación, e.g. aerosol. Este tránsito también puede referirse a dietas para adelgazar o desintoxicarse. En ciertos casos debes perder peso para quitarle carga a tus huesos: ¿ves? Esto también se refiere a saturno. En otro plano podrías intensificar una tarea, por ejemplo aceptar trabajo extra, llevarte parte del trabajo a casa, y embarcarte en empresas ambiciosas que incluyan cansancio físico. Si constelaste símbolos relevantes para el trabajo junto con símbolos relacionados con el esfuerzo físico, podrías estar seguro de que estás haciendo las cosas bien.

Si tu ocupación es principalmente del tipo intelectual, intenta llevar a cabo también algo de esfuerzo físico: mientras más duro mejor. Por ejemplo podrías ayudar a tu esposa o tu madre en tareas estacionales como la limpieza de primavera; cambiar el guardarropa; desmontar, limpiar y volver a montar tus cortinas; desplazar muebles etcétera. Otro modo feliz de vivir este tránsito podría ser, por ejemplo, hacerlo tú mismo sin ningún tipo de ayuda doméstica. Con mucha frecuencia durante este tránsito un colaborador (secretario, chofer, ama de llaves, personal de limpieza) se va o renuncia y ya no puedes contar con su ayuda.

Si esto sucede, evita buscar frenéticamente a alguna otra persona que tome su lugar, porque si lo haces podrías correr el riesgo de contratar y despedir consecutivamente tres o cuatro colaboradores. No, mejor toma este suceso filosóficamente y por el momento, haz las cosas tú mismo. Digamos que eres un médico y tu enfermera o secretaria se embaraza y se va temporalmente, deberías llevar a cabo también su trabajo por el momento, hasta que este tránsito termine o hasta que regrese al trabajo.

De este modo puedes estar seguro de estar descargando este tránsito de un modo muy adecuado. Y si de verdad no puedes resistirte a contratar a un colaborador, escoge a una persona de edad.

Transito de Saturno in la Séptima Casa

Hay una guerra no declarada en casa durante este tránsito, y ese es exactamente el sendero que debes seguir. Este tránsito normalmente abre profundas heridas entre tú y tu ser amado, o entre tú y un socio comercial, o con un aliado político, en tu profesión, en el sindicato... Así que lo mejor que puedes hacer es declarar una o más 'guerras' en lugar de esperar en una actitud defensiva a que otros te ataquen. Así que prepárate y enciende uno o más conflictos, por ejemplo con tus vecinos; tus colegas; tus parientes... Lo ideal sería demandar a alguien, pero si no es posible empezar acciones legales hacia nadie, al menos deberías llamar a alguien y pelear con él por teléfono.

Si hay alguien con quien ya no quieres tener nada que ver, esta es la ocasión para decírselo abiertamente. Cuando digo acciones legales es en el sentido más amplio del término. Así que podría ser una batalla intelectual en un diario local; escribirle cartas llameantes al director; o una serie de quejas con la policía; o un periodo de militancia en un movimiento o partido ambientalista; etcétera.

Para no hacer el cuento largo, debes partir hacia la guerra por todos los caminos y de todos los modos. Si eres tú el que prende conflictos durante este tránsito, tienes buenas posibilidades de que no te ataquen los demás. De otro modo tendrás que defenderte de todo tipo de ataques de la ley o de otros ciudadanos como tú. En este periodo también tu relación con tu pareja estable corre el riesgo de ponerse peor; así que será mejor que seas cuidadoso si es que no quieres echarla a perder definitivamente.

Trata de no involucrarte en nada, actúa con cierto grado de indiferencia; y no te preocupes demasiado si ves que tu relación matrimonial se vuelve más fría: lo bueno de Saturno es que cuando su tránsito se acaba, la situación mencionada normalmente vuelve al estado en el que estaba antes de que empezara el tránsito. Así que será mejor que aceptes que habrá algún grado de penalidades y malos entendidos entre tú y tu ser querido durante este tránsito. Es más, podrías incluso crear una situación en la que te volvieras una especie de esclavo de el o ella: llevarle el desayuno, ir al trabajo a recogerla/o, ayudarle a hacer su quehacer, etcétera..

Normalmente durante este tránsito tu esposa o esposo tiende a portarse con mayor presunción y arrogancia. En lugar de luchar en contra de eso, sería mejor tolerar sus extravagancias – recuerda que se acabarán en cuanto pase también este tránsito. También deberías hacer esfuerzos para dar más a los demás. Así que si sueles evitar levantar el teléfono, durante este tránsito deberás hacer tu mejor esfuerzo para sobreponerte a esa actitud tuya y ser más abierto con los otros. También podrías hacer algunos sacrificios por un socio de negocios o un colaborador o un colega: e.g. aceptar llevar a cabo algunas tareas en su lugar.

Igual que con cualquier otro tránsito, no deberías tan solo esperar a que pase sin consecuencias y luego dar un suspiro de alivio. No, deberías darle algo al tránsito, algo que el tránsito mismo (por ejemplo, con sus símbolos) requiere. En este caso debes ofrecerle un sacrificio en tu vida matrimonial, o a un colaborador, o colega, etc. Este es también un buen momento para embarcarte en un juicio, especialmente si esperas una larga demanda legal, y si sabes que de verdad no puedes evitarla.

Si este tránsito se da en el marco de otras situaciones astrológicas dañinas que pudieran afectar tu vida matrimonial, deberías de considerar seriamente la posibilidade de un tipo de 'separación temporal' como ya expliqué en otra sección más arriba: es decir, llegar a un acuerdo con tu persona amada y no verse mientras dure este tránsito.

Tránsito de Saturno en la octava Casa

Con mucha seguridad, durante esos años enfrentarás una hemorragia de dinero. Así que prepárate con anticipación y haz tu mejor esfuerzo para canalizar este evento tan productivamente como sea posible. El mejor modo de descargar este tránsito es invertir en bienes raices: compra una casa o un departamento y paga un préstamo a largo plazo. Estarás preocupado por el compromiso financiero que tomaste, pero eventualmente tendrás una casa propia. Es casi imposible evitar o hacer a un lado este tránsito. Seguramente habrá un flujo de dinero de salida; y si no tuvieras que enfrentar ningún gasto especial o particular, entonces habrá una caída dramática en tus ingresos. Al principio de este tránsito debería aclararse qué dirección tomará.

En el último caso será mejor que cierres herméticamente las llaves de tus egresos de dinero; reduce los gastos al mínimo; ahorra en todo; vuélvete sobrio; y evita cualquier cosa que pudiera considerarse superflua. Si no eres avaro, será mejor que aprendas a volverte avaro. Si tienes tendencia a gastar mucho, al menos durante este tránsito harás bien en hacer tu mejor esfuerzo para mantener un control más estricto de tu dinero. Esto es importante: no subestimes este punto, de otro modo corres el riesgo de encontrarte en problemas. Si no te sientes capaz de evitar los gastos que este tránsito suele anunciar, siempre puedes hacer tu mejor esfuerzo para cumplir con él, por supuesto que con ciertos límites. Así pues, por ejemplo, podrías solicitar un préstamo bancario para estar mejor preparado para hacer frente a un gasto inesperado: luego lo pagarás lentamente y... dolorosamente.

Pero ten cuidado y no vayas a exagerar, pidiendo un préstamo que luego no puedas pagar. Durante ese periodo podría suceder que tengas que enfrentar gastos inesperados o planeados. Por ejemplo pagar la boda de tu hija; comprar un auto nuevo; invertir en herramientas nuevas para tu trabajo; someterte a cirugía... En todas esas eventualidades arriba mencionadas debes gastar dinero, así que será mejor que sigas los consejos previamente detallados. El tránsito de Saturno en la 8va casa también podría significar una disminución en tu actividad sexual.

También en este caso, es posible facilitar el tránsito aplicando una disciplina más estricta contigo mismo. Si tan sólo pudieras, haz igualmente sacrificios conectados con tu propia tumba: por ejemplo podrías reabastecer tu capilla familiar, o podrías querer hacer tu testamento frente a una autoridad. Si debes mandar a hacer excavaciones por cualquier motivo en un terreno de tu propiedad, por ejemplo para buscar agua o cualquier otra cosa, este es el mejor periodo para hacerlo.

Tránsito de Saturno en la novena Casa

Durante el tránsito del regente de Capricornio en tu novena casa natal, se te pide que te abstengas de viajar – así que sería muy sabio no dejar tu casa por el momento. De hecho este es uno de los pocos tránsitos de Saturno en el cual simplemente se te solicita que renuncias a los símbolos implicados. ¿No estás de acuerdo en que renunciar a una travesía vale mucho más la pena que tener serios problemas de salud o con tus hijos, o problemas financieros, o crisis sentimentales? Incluso si resulta que eres un Sagitario xenófilo, uno de esos que se siente vivo sólo cuando está viajando lejos de casa; e incluso si afirmas que todos los sufrimientos son solamente estados mentales subjetivos; déjame subrayar que este es uno de los raros tránsitos que no conllevan virtualmente ninguna incomodidad.

Después de todo, no hay comparación entre renunciar a unas vacaciones en el caribe o en California, y sufrir por un luto o recibir muy malas noticias acerca de tu propio estado de salud. Así que creo que cualquier astrólogo, incluso aquellos nacidos bajo el signo de Sagitario, si tan solo pudieran, pondrían el tránsito de Saturno en su 9na casa el resto de sus vidas. La lista de maldades que esta 'pequeña roca en el cielo' puede provocar cuando pasa por tu 9na casa natal es muy larga, pero muy pocas veces contiene eventos por los que deberías estar realmente preocupado. Al máximo deberás renunciar a un crucero de último minuto porque alguno de tus parientes está enfermo.

O digamos que viajas a las islas Maldivas pero el primer día de vacaciones te da una insolación que te obliga a pasar el resto del viaje bajo techo. O que viajas a los EU y tu equipaje se pierde y aparece en Japón. O pierdes una conexión y te ves obligado a regresar a casa, etcétera. En pocas palabras, este tránsito conlleva mala suerte en el extranjero y en relación con extraños. Así que el primer sistema que tienes para exorcizar este tránsito es abortar cualquier proyecto de viajar a cualquier parte, y renunciar a cualquier vacación lejos de casa.

Mientras más seria e importante sea la renuncia, y mientras más profundo sea el sufrimiento, mejor exorcizarás este tránsito. Por los dos o tres años de este tránsito será mejor que decidas no viajar, ni siquiera para visitar otro pueblo; y si te ves obligado a hacerlo, deberías intentar transformar esta travesía en sufrimiento. Por ejemplo, podrías viajar lejos de casa para llevar a un pariente seriamente enfermo a un hospital extranjero. O podrías medio servir en el ejército por un tiempo, por ejemplo, gastando un periodo de tiempo lejos de casa para tomar un curso de entrenamiento que conlleve una secuencia de problemas de hospedaje y nostalgia por tu casa.

También podría funcionar bien si evitaras tener contacto con un ser querido que se haya ido a vivir a otro pueblo, o región de tu país, durante este tránsito. Puedes viajar al extranjero, siempre y cuando vayas para llevar a cabo un trabajo duro, cansado, y mentalmente comprometido. La 9na casa se refiere a todo lo que está 'lejos' de casa; pero también, podría no ser una distancia física, una conectada con horizontes trascendentales sin explorar. Así que durante este tránsito podrías meterte más de lleno en una creencia, un credo, una filosofía o modo particular de ver el mundo, como practicar budismo y demás.

Otro modo de descargar este tránsito podría ser viajar incómodo. Digamos que viajas de Italia a Portugal: en lugar de tomar un vuelo y llegar en dos horas, mejor toma el tren y llega tras dos o tres días de viaje. Por último, también podrías intentar dar ayuda a la gente del llamado Tercer Mundo. Podrías patrocinar a un niño o mejor aún: podrías hospedar en tu casa a un pobre africano, o a un niño Checheno...

Tránsito de Saturno en la Décima Casa

En esta casa, el tránsito de Saturno expresa un tipo de dualismo en el comportamiento: aquí más que en cualquier otra casa. Puede pronosticar dos situaciones aparentemente opuestas, que se revelan substancialmente bastante similares si las miras con cuidado. Ambas tienen que ver con sufrimiento y con tu posición social, profesional, o más generalmente la del trabajo.

Daré algunos ejemplos. Digamos que eres un trabajador en paro temporal: cuando este tránsito empieza, tienes más probabilidades de eventualmente quedarte sin trabajo de forma definitiva. En tal situación, Saturno prácticamente garantiza que serás despedido. Pero digamos que eres una maestra en una escuela pública amplia y que durante ese tránsito solicitas el puesto de directora. En ese caso tienes buenas posibilidades de lograr tu ambiciosa meta y obtener el trabajo. ¿Te estás preguntando como puede ser que en el último caso Saturno también juega un papel? Es muy simple: Saturno conlleva sufrimiento, mucho sufrimiento.

Así que en tu opinión, ¿cuánto sufrimiento se requiere para ser parte de un concurso público, estudiar día y noche, y eventualmente pasar una difícil selección y obtener un trabajo con más jerarquía? Puedes ver que en ambos casos por un lado implican esfuerzo, y sufrimiento por el otro. En el primer caso sufres porque perdiste tu trabajo; en el segundo sufres porque pasas 'un montón de noches en vela para ver tu nombre iluminado'. Así que cuando se trata de exorcizar o descargar este tránsito, debes seguir direcciones similares a las descritas en esta sección.

Si sientes que tu empleo actual no es suficiente, o ya no es satisfactorio para ti, este tránsito marca el periodo justo para deshacerte de él o para solicitar una mejor posición. Cada cosa tiene su precio, así que podrías correr el riesgo de quedar desempleado por el momento – aún así, podría valer la pena si te ayuda a recuperar tu serenidad. Algunas cosas no tienen precio. Y si te das cuenta que durante este periodo tienes una oportunidad de crecer profesionalmente incluso si pudiera costarte problemas y cansancios, haz rugir tu motor y atrapa la oportunidad.

Estoy seguro de que entendiste la noción básica. Debes hacer sacrificios en relación con el trabajo: Estoy seguro de que todos saben cómo hacerlo. Por ejemplo, si trabajas en una fábrica o en un hotel y Saturno transita sobre tu Medio Cielo, simplemente pide que te asignen al turno de la noche y verás que tus condiciones laborales generales ¡mejoran inmediatamente! También podrías pedir que te asignaran a una línea de producción, o a una oficina o departamento cuyo jefe tiene fama de gruñón. También de ese modo le darías algo a Saturno, y si lo consideras con cuidado, esto también podría salvarte del despido. Un poeta diría que debes sufrir para poder sobrevivir.

Así que no te escondas para evitar problemas o cansancios, más bien ofrécete valientemente y estarás 'a salvo'. Vuélvete voluntario y acepta llevar a cabo incluso tareas humildes o serviles, por ejemplo limpiando el techo de una sala de conferencias. No te preocupes de aquellos que pudieran comentar irónicamente que eres un lame botas: recuerda que al hacerle así, durante este tránsito, es cuestión de salvar tu propio puesto en la compañía. Otros tiempos llegarán en los que puedas permitirte jugar al héroe... En ciertas circunstancias, este tránsito podría tener que ver con tu madre. Si es así, podría querer decir que debes cuidar más de ella – mucho más de lo normal.

Así que este es el momento para demostrarle cuan agradecido estás con ella por haberte traído al mundo. Durante este tránsito has tu mejor

esfuerzo para aliviar sus dolores, o curarla de una enfermedad, o ayudarla a sobreponerse a un momento difícil de su vida. Este es el momento para hacerle ver cuanto te importa: hazlo en la práctica, no solo con palabras.

Tránsito de Saturno en la onceava Casa

Durante este tránsito, tal vez te veas obligado a cancelar ciertos proyectos. Si es así, hazlo de manera espontánea y no intentes luchar contra los eventos. Dicen que no puedes ganarlas todas. Sé conciente de eso y actúa consecuentemente. Muchas veces desarrollas un proyecto y eventualmente te das cuenta de que no es factible, que en verdad no podía volverse realidad, y que tienes que renunciar. Pues bien, eso es exactamente lo que este tránsito conlleva.

Hay un momento para la alegría y el éxito, y hay otro momento para la decepción y la renuncia. Este es el tiempo para la renuncia. Tira la toalla y mira hacia enfrente. Tal vez estés equivocado en tus cálculos, o subestimaste los obstáculos. Así que sé sabio y pospón la empresa para mejores tiempos, o cancélala. Pero también en este caso, Saturno podría mostrar situaciones aparentemente opuestas. Así que otro modo de descargar este tránsito es seguir la dirección contraria. Por ejemplo, podrías trabajar en un proyecto muy ambicioso que requiere enormes recursos de energía y tiempo.

En pocas palabras: un proyecto 'saturnino'. Un proyecto que empieza hoy y termina en veinte años, paso a paso, exactamente deacuerdo con la lógica de Cronos. En este caso, la renuncia consiste en dejar de lado la urgencia, y en estar determinado a someterte a todos los sacrificios que tales proyectos a largo plazo demandan. En cuyo caso, las precondiciones corresponden con los símbolos de este tránsito y la empresa será un éxito.

Este tránsito también podría implicar la renuncia a una amistad con una persona en particular. Por ejemplo, podrías tener que renunciar a una persona cuya protección te podría ser extremadamente útil. Si eso pasa, este evento sólo podría valer el sacrificio y podría ser suficiente para descargar este tránsito. Pero también podrías intentar hacer nuevas amistades, especialmente con alguna que otra persona sabia, de edad avanzada, y sobria.

Este tránsito podría requerir también que te apartes de la música: podrías tener que dejar de tocar en una banda, o dejar de tratar a la música como unos pasatiempos mientras dure el tránsito.

Tránsito de Saturno en la doceava Casa

Es bastante fácil exorcizar este tránsito. Cualquiera con un poquito de cerebro y fantasía será capaz de seguir la siguiente regla simple: mientras más des en cualquier campo de tu vida, más lograrás.

Si es posible, deberías hacer sacrificios en todo y aceptar penalizaciones de todos lados. Los sacrificios pueden ser pequeños pero constantes. Apártate de los alimentos más sabrosos, no comas dulces ni golosinas, no helados, no cigarros, no spaghetti, no pizza, etc. En otras palabras, deberías de vivir una especie de vida monacal. Debes aspirar a la expiación más que a la gratificación de la carne. Evita salir con amigos en las noches. Quédate en casa. Lee libros serios, estudia y no veas televisión. Puedes escribir un diario si lo deseas, o poemas o una novela.

Ignora el teléfono, usa internet solo para trabajar. Quédate en casa como un soldado obligado a quedarse en las barracas, evita ver a amigos e incluso a tu novia o novio. Olvídate de jugar y divertirte durante este tránsito. Tu meta debería ser volverte espartano, esencial, sobrio, austero... Dedica mucho tiempo a la meditación; reflexiona con respecto a tu red actual de relaciones humanas intentando entender qué errores estás haciendo actualmente con ellas, y como puedes evitar más errores. La sobriedad, el aislamiento y la meditación deberían ser tus palabras clave para guiarte durante este tránsito.

También a un nivel físico, deberías seguir el principio de no buscar la belleza, sino adherirte sólo a lo esencial. Obviamente también deberías dar mucho; lidiar con tus congéneres humanos; cuidar de ellos; preocuparte de los pobres; apoyar a quienes sufren; asistir a aquellos que lo necesitan... Y ni siquiera intentes evitar el sufrimiento y el dolor con prótesis o unguentos. Si tus heridas arden, será mejor que aprendas a soportar el dolor. No te apresures a buscar los unguentos o cualquier otra solución lenitiva. Sé valiente, Hay momentos para la alegría y momentos para el dolor. Este es el momento para el dolor.

16.
Tránsitos de Urano

Debes entender que con los tránsitos de Urano no puedes de ninguna manera hacer trampa o aparentar. Lo que quiero decir es que, mientras que para otros tránsitos puedes descargarlos incluso con modestas medidas de neutralizacion, con Urano debes hacer tu mejor esfuerzo, y dar todo lo que puedas en pos de la renovación. En todos los tránsitos, Urano pide que pagues precios muy altos, y no puedes más que cumplir. No puedes comportarte como Tancredi, el protagonista de la novela de Giuseppe Tomasi di Lampedusa, El gatopardo, quien declaraba: "Si queremos que las cosas sigan como están, todo tendrá que cambiar". En otras palabras, no puedes actuar como si estuvieras cambiando al mundo entero mientras que tu verdadera meta es dejar todo como estaba.

No, Urano quiere que cambies efectivamente, y ante sus tránsitos no puedes hacer otra cosa que cambiar – y cambiar dramáticamente. Por otro lado, nadie ha dicho que los cambios provocados por este planeta sean siempre negativos. Con frecuencia, de hecho, la renovación ocasionada por Urano es un paso evolutivo y positivo en tu vida. He visto por ejemplo, a gente mayor empezar a estudiar medicina con sus tránsitos. Sacrificaron muchas noches de sueño y en cinco años se graduaron y eventualmente cambiaron su vida en una forma completamente positiva y radical.

También he visto a gente re-canalizar drásticamente su libido, abandonando su relación estable pero castrante, y florecer a una nueva vida. Podría enlistar una larga serie de ejemplos, pero simplemente quiero anotar que el viento de renovación de Urano, ya sea bueno o malvado, simplemente arrasa con la situación existente para dejar lugar a nuevas – totalmente nuevas – direcciones. Estando naturalmente inclinada al cambio, la gente nacida en el signo de Acuario aceptaría esto mejor que los otros.

Particularmente Tauro y Cáncer sufrirán más, pues suelen batallar en contra de los cambios. Los tránsitos de Urano requieren que se recurra masivamente a la Astrología Activa: por encima de todo, quiero decir una serie de buenos Retornos Solares dirigidos; y en segundo término, también exorcizando los símbolos en el modo que describo en las páginas siguientes.

Urano en aspecto disonante con el Sol

Tal vez es el tránsito más fuerte de Urano. La gente que vive más de ochenta años puede verse afectada por este tránsito hasta cuatro veces, tomando en cuenta solamente los ángulos principales: conjunción, cuadratura, oposición, cuadratura y – si vives más tiempo – nuevamente conjunción.

En promedio puedes esperar un tránsito disonante (sin considerar semi-cuadraturas aunque se trate de ángulos sumamente importantes) cada 20 o 22 años. Usualmente corresponden a los momentos más intensos de tu vida. Y considerando un posible movimiento retrógrado de Urano, este tránsito podría durar dos años. Recuerda que el Sol, en la astrología, se simboliza con un círculo que tiene un punto en su centro. Esto, en el mundo oriental, corresponde con un *mandala* – el símbolo que representa *al todo*. De hecho, cuando Urano pasa sobre tu Sol Natal o cuando crea un ángulo con él, experimentas transformaciones en todos los ámbitos – o casi todos.

Suponiendo que estás en la edad adecuada, frecuentemente puedes sufrir lutos durante los dos años de este tránsito. El luto en sí mismo puede ser considerado como el poderoso eco del huracán que provoca Urano en ti durante este tránsito. En otros planos, este tránsito siempre – virtualmente siempre – anuncia cambios en todos los aspectos de tu vida. Así que debes anticiparte a los acontecimientos, sin titubear y teniendo en mente que los riesgos son altos. Debes ofrecerle algo importante a Urano incluso desde que lo ves acercándose a tu Sol o formando un aspecto con él. Lo ideal sería una restauración total de ti mismo. El trabajo debería obviamente estar en el primer lugar.

Deberías intentar cambiar tu ocupación a cualquier costo – o al menos deberías cambiar el modo en el que haces tu trabajo. Si eres un profesional (un médico, un abogado, un arquitecto, etc.) ¡por supuesto que no deberías considerar convertirte en portero! Pero podrías computarizar por completo tu trabajo, por ejemplo. Si estás en el área de ventas, podrías extender el territorio cubierto por tu negocio. Por ejemplo, si eres un agente de negocios podrías aceptar cubrir otra área más allá de la que actualmente recorres. Si eres un abogado civil, podrías empezar a llevar también casos penales. Si eres un ingeniero que trabaja en la administración pública, podrías empezar a vender tus proyectos como un trabajador independiente, y adicionalmente cambiar tu trabajo principal de tiempo completo a medio tiempo. Si eres un maestro podrías considerar un retiro temprano, etcétera. La lista podría ser infinita, pero confío en que ya hayas entendido lo que quiero decir. Tus tarjetas de presentación, el modo en que te presentas ante el mundo, pintan lo que eres. Deberías cambiarlas también. Cortarte el cabello o dejarte crecer la barba.

Empieza una dieta de adelgazamiento, únete a un gimnasio. Cambia los contenidos de tu guardarropa también, por ejemplo de clásico a casual. Sométete a quiropraxia para conseguir tener una mejor postura. También deberías cambiar tu carácter. Si eres un introvertido podrías enrolarte como actor en una compañía de aficionados: de ese modo te acostumbrarías a hablar en el centro de una escena. O si eres del tipo parlanchín, deberías comprometerte a pasar horas en silencio y meditación, por ejemplo leyendo. Pero por sobre todo deberías cambiar tus hábitos – ¡pues no están escritos en piedra! Así que podrías añadir 10 minutos de gimnasia en tu vida diaria, por ejemplo.

No olvides alimentar a tu espíritu también: podrías aprender a tocar un instrumento musical o escucha música clásica. Recuerda que este tránsito te obliga a cambiar, y cambia...

Urano en mal aspecto con la Luna

Uno puede imaginar que este tránsito sólo tiene efecto en la vida sentimental, pero te puedo asegurar que he notado frecuentemente sus efectos también en otros aspectos de la vida de la gente: por ejemplo, algunas personas cambiaron de trabajo durante este tránsito. ¿Cómo se puede explicar eso? Según mi opinión, esto puede explicarse considerando que, después de todo, el efecto final de este tránsito es eventualmente un huracán en tu vida sentimental. Recuerdo también un evento particular. Un hombre de cuarenta años que solía trabajar en turismo, estaba en la cima de su carrera cuando decidió dejar su trabajo. Se fue a vivir lejos, en una isla remota, donde empezó a administrar un pequeño hotel. Hay que tomar en cuenta que era una persona sumamente juiciosa, yo diría que era cuidadoso y meticuloso; así que dicho cambio debe haber tenido el efecto de una bomba nuclear en su psique, en su sentido de la seguridad, y como consecuencia, en su vida sentimental. Por esta razón, la mayoría de las cosas explicadas en conexión con el tránsito de Urano con el Sol también se refieren a su tránsito con la Luna.

Por otro lado, para exorcizar este tránsito deberías favorecer o provocar cambios radicales en tu relación estable o en tu ser amado. En otras palabras, deberías intentar hacer que tu pareja cambie sus propios hábitos, el modo en que él o ella realiza su trabajo, sus pasatiempos, su comida favorita, etcétera. Ésta es la única forma de descargar efectivamente este tránsito. Digamos que eres un esposo celoso y que no dejas que tu esposa acepte un trabajo porque quieres saber que está todo el tiempo en casa. Pues bien, durante este tránsito deberías cambiar tu punto de vista por completo y permitírselo – mejor aún: invitarlo/a o ayudarle – a obtener un empleo y pasar el día lejos de casa.

Dicha elección debe ser real, concreta y visible – así que no te limites a un discurso hipotético. Ayuda a tu amado/a a buscar trabajo; llena los formatos a su lado; si debe estudiar para un examen de admisión, estudia con él/ella día y noche; y si es necesario, gasta dinero para ayudarle. Esto se puede aplicar no solo para tu esposa/o, sino para cualquier otra persona del sexo opuesto en tu familia: tu madre/padre, tu hermana/hermano, tu hijo/hija... Como ya dije, Urano no se contenta con resultados aparentes: él exige revoluciones auténticas en tu vida.

Así que sí eres súper celoso y has decidido calmarte, debes hacerlo como si escribieras los titulares de un diario acerca de tu vida, en letras enormes. Por ejemplo, debes aceptar que tu esposo o esposa pase noches en el restaurante con colegas del trabajo; darle un cuarto dedicado en casa donde él/ella pueda trabajar y hacer llamadas sin interferencias; déjala en paz sin cuestionarlo/a incesantemente sobre su tiempo libre, etcétera. Todo esto puede significar un esfuerzo titánico si sufres usualmente de celos: por otro lado, los tránsitos de Urano son titánicos y requieren pasos titánicos de tu parte.

Urano en un aspecto disonante con Mercurio

Este tránsito implica eventos en relación con tus desplazamientos, es decir: tu transportación diaria o semanal, tus movimientos en la carretera – o a otros niveles: tu vida intelectual. Este es el periodo ideal para una competencia mental, para retos mentales: tales como graduarse, conseguir un título, participar en un concurso, aprender a usar una computadora, hacer esfuerzos en cualquier empresa intelectual.

Si dejaste tus estudios hace años, durante este tránsito podrías decidir enrolarte en un curso de lenguas extranjeras. Y si desarrollaste habilidades especiales en algún campo específico del conocimiento, por ejemplo si aprendiste a cocinar usando las reglas de la macrobiótica, podrías decidir escribir un libro o dar una serie de cursos o transmisiones radiales sobre el tema. Ciertamente, la renovación causada por este tránsito podría llevarte a escribir poemas o un diario personal: de hecho no necesariamente se trata de algo que te haga ganar más dinero, sino que simplemente te hace satisfacer tus necesidades intelectuales.

Por otro lado, Mercurio también representa al comercio. Así que durante este tránsito podrías poner un negocio propio, de entrada podrías vender ropa en tu casa, sólo para dar un ejemplo. Sin necesariamente dejar o reducir o cambiar tu trabajo actual, durante este tránsito podrías vender muchos objetos distintos en tu tiempo libre: libros, joyería, tu computadora usada, o programas de software. Este tránsito puede referirse también a desplazamientos, así que sería sabio si inventaras un ejercicio de transporte durante este tránsito. Puedes elegir meterte e un gimnasio lejos de casa; o muda tu tienda a otro lado; o pide a tu compañía que transfieran a otra rama; o transpórtate a otro barrio para verte con tu amor por allá; viaja con frecuencia para visitar a un pariente enfermo, etc.

Si eres dueño de un coche, deberías considerar seriamente cambiarlo o en definitiva evitar manejarlo. Un cada vez mayor número de personas de hecho renuncian a su auto y consiguen una mejor calidad de vida. Si no quieres deshacerte de tu coche, durante esas semanas o meses podrías decidir comprarte un coche nuevo. Este es también un periodo muy bueno para estudiar y tomar el curso de licencia de manejo.

También deberías cambiar drásticamente tu relación con las herramientas de comunicación y telecomunicaciones: por ejemplo, podrías comprarte una antena satelital, un teléfono celular, un set de radio. Mercurio y la 3ra casa tienen mucho que ver con fumar: así que sería muy sabio si dejaras de fumar durante este tránsito (siempre que fumes, por supuesto). Y finalmente pero no por ello menos importante, trata de lidiar más con una persona joven de tu entorno: podría ser tu hermano menor, un amigo joven, un primo, un cuñado...

Urano en mal aspecto con Venus

Aquí llegan las malas noticias. Pues la vida sentimental es probablemente el sector más crítico de la vida de cualquiera. No deseo elaborar esta noción a un nivel filosófico: estaría fuera del alcance de este libro.

Así que déjenme solamente señalar algunas pocas cosas al respecto. En mi carrera de asesoría astrológica que desarrollo desde hace más de veintiocho años, he entendido que la felicidad dentro del marco de las relaciones sentimentales es en verdad uno de los principales estímulos de la libido, tal vez el más importante – al menos lo es para la gran mayoría de los seres humanos. Estuve a punto de decir: para la mayoría de mujeres, pero eso es cierto sólo hasta cierto punto. De hecho, hay muchísimos hombres que añoran una relación estable y sufren bastante si no la logran. Tal vez podrías renunciar al lujo, a las vacaciones, al auto, dinero, salud – pero no podrías en ningún caso renunciar al manto de seguridad del amor. Todos nos sentimos terriblemente solos en la Tierra y – certera o equivocadamente – casi todos estamos convencidos que en pareja estamos mucho mejor.

Muchas personas son infieles simplemente porque están convencidas que dos compañeros las protegen mejor que uno. Esto se debe a cierto tipo de inmadurez en el ser humano, y aquellos que piensan así no pueden ser curados, ni siquiera a través de una terapia de análisis profundo de larga duración. Esa es la razón por la que muchos de nosotros nos sentimos como si el piso se nos hundiera debajo de los pies, y algunos de nosotros hasta nos asustamos, cuando el tránsito de Urano llega en mal aspecto (y algunas veces también harmónicamente) con Venus.

Sin embargo es algo bueno percatarse de que no se puede hacer nada efectivo en contra de este tránsito excepto dar – incluso si esto te cuesta mucho. Como dije, Urano no se contenta con resultados aparentes: debes aceptar que te demanda que produzcas, cambios reales, radicales y totales. No deberías ni intentar hacer lo que Ulises cuando hizo que lo ataran al mástil de su nave para resistirse a las sirenas – ya que no hay cuerdas o cadenas suficientemente fuertes para resistir la atracción de Urano. Entonces ¿no hay modo de escapar? Bueno, la respuesta es que, de acuerdo con mi experiencia práctica con más de mil personas, existen de hecho dos modos en los que te puedes comportar.

La primera es alejarse temporalmente. Si tu ser amado está de acuerdo, deberías decidir partir por un periodo bastante largo de tiempo (digamos de 8 a 16 meses) con la promesa de no involucrarte en ninguna otra relación sentimental. Haciendo eso, al final de ese periodo podrías tener buenas posibilidades de reconstruir tu vida sentimental con tu pareja estable, y Urano quedaría satisfecho. Otro modo de exorcizar este tránsito podría ser el de llevar a cabo una pequeña locura, como vivir dos semanas de amor alocado con una pareja mucho más joven, por ejemplo, y frente a los ojos de todo el mundo, por ejemplo sin esconderte, sino al contrario: alimentando chismes.

En otras palabras, necesitas un breve e intenso escándalo así como haces de luz sobre ese escándalo. Claro que puedes hacerlo si puedes confiar en una pareja estable que sea capaz de aceptarte de vuelta entre sus brazos después de que esta escandalitis transitoria termine. ¿Recuerdas a El Ángel Azul? Con el objetivo de castigar a sus estudiantes, un viejo profesor va al cabaret local y termina enamorándose perdidamente de la bailarina Lola (Marlene Dietrich). Pues bien, ese profesor seguramente estaba teniendo el tránsito Urano-Venus. De acuerdo con mi experiencia, creo que no hay otro modo de exorcizar este tránsito específico.

Alguien podría argumentar que debería ser suficiente cambiar tu actitud hacia tu ser amado, pero eso no coincide con mi experiencia: y si dejas que Urano guíe tu vida durante este periodo, podría incluso provocar tu partida definitiva. Regresando al alejamiento temporal, si resulta que vives en un pueblo distinto de tu ser amado, también puedes tranquilizarlo simplemente viendo a tu pareja con menos frecuencia.

Urano en mal aspecto con Marte

Este es un tránsito traicionero que contiene una carga muy explosiva. Puesto que ambos son verdaderos incendiarios, la mezcla inflamable producida por estos dos astros puede en verdad provocar fuegos violentos. No hay ninguna utilidad en luchar contra este tránsito con meras prótesis, pues no hay nada que hacer: sólo debe quemarse. Así que sólo tienes dos modos de descargarlo. Uno, puedes dejar que se queme físicamente o, dos, podrías empezar a comportarte de un modo absolutamente radical.

La segunda solución podría consistir en someterse a cirugía (y creo que de hecho deberías), especialmente si los doctores están de acuerdo que ya no se puede posponer más. En muchas ocasiones he conocido a hombre y mujeres que tenían que ser operados, es decir, los doctores les dijeron que se operaran, pero estaban asustados al respecto y pospusieron. Yo les sugerí que se intervinieran quirúrgicamente durante el tránsito del que estamos hablando, tomando en cuenta también las reglas descritas en mi libro *Astrologia applicata,* ed. Armenia. Las cosas salieron muy bien para ellos. De hecho de ese modo, Urano había conseguido un sacrificio muy importante y esa gente se libró de la espada de Damocles que estaba sobre sus cabezas.

Yo creo que lo mejor que podemos hacer es someternos a cirugía durante este tránsito; especialmente si en tu cielo natal tienes posiciones potencialmente peligrosas para accidentes. En ciertos casos, cuando el nativo tiene fuertes elementos en Leo y/o la 6ta casa natal, es posible hacerse una cirugía cosmética: tal y como con cualquier otra operación, esto debería ayudar a descargar este tránsito también.

De otro modo, una deflagración debería suceder en tu comportamiento hacia los demás. Si es así, deberás enseñar las garras y pelear tan salvajemente como te sea posible. Será mejor que abandones cualquier actitud amorosa, cualquier prudencia; compórtate decididamente y sin ningún compromiso. Si durante esos años debes regañar a alguien, digamos un colega, un jefe o un empleado al que ya no soportas, será mejor que lo hagas con fiereza y valentía exactamente durante este tránsito. Corres el riesgo de dejar 'víctimas heridas en el campo de batalla'; corres el riesgo de herirte también. Pero esto es necesario: uno no puede simplemente evitar las consecuencias de los tránsitos de Urano.

Puesto que para facilitarlo no puedes sino desenvainar tu espada, eso es exactamente lo que estoy sugiriendo que hagas: a menos que tengas unas anginas que sacrificar. Y volviendo a la operación quirúrgica, mucha gente me pregunta si ir al dentista pudiera ser suficiente para descargar este tipo de tránsito. La respuesta es No; no es suficiente a menos que tu dentista te haga un implante en el hueso, lo que puede considerarse como cirugía verdadera.

Urano mal aspectado con Júpiter

Las peores consecuencias de este tránsito tendrían que estar relacionadas con los últimos descubrimientos de la tecnología y la informática. Así que si deseas exorcizarlo deberías provocar a los símbolos relevantes embarcándote en algunas empresas inciertas como, por ejemplo, instalar un sistema operativo nuevo en tu computadora.

De hecho, dicha mejora podría tener como efecto hacer que tu computadora se congele; eventualmente podrías correr también el riesgo de perder todas tus aplicaciones y software, y decidir restablecer el viejo sistema tras un par de semanas de verdadero drama. Si usas la computadora muy seguido sabes perfectamente lo que significa: Es algo que puede ser más devastador que los virus.

Así que podrías preguntar: "¿de verdad vale la pena?, ¿de qué me sirve?, ¿no es un poquito como dispararse uno mismo en el pie?" No, no lo es: porque tras haber reparado y restablecido tu sistema, eventualmente vas a terminar por mejorar toda tu máquina. Si captaste lo que dije debería ser fácil para ti desplegar esta noción en otros campos de tu vida, en relación con, digamos, reproductores de música de alta fidelidad; el último modelo de cámara digital; equipos anti-estrés basados en bio-retroalimentación; etcétera. En otro plano, podrías intentar descargar este tránsito rompiendo drásticamente una relación con algún extranjero, o alguien que vive en, o viene de, otro pueblo o región de tu país (no necesariamente en el exterior). Obviamente me refiero a situaciones que ya habías decidido terminar: puedes hacerlo de preferencia durante este tránsito. Es más, siguiendo los símbolos de Urano y Júpiter, podrías decidir cancelar súbitamente un viaje al extranjero; o al contrario, empezar repentinamente un viaje. Júpiter también es sobre la justicia: así pues puedes promover inesperadamente una demanda y embarcarte en un largo juicio entre abogados, fiscales, y cortes. Podrías también intentar cargar una acción prostética tal como una dieta de desintoxicación, o cualquier cosa que pudiera ayudarte a deshacerte de cualquier tipo de toxinas.

Urano en mal aspecto con Saturno

Este tránsito podría provocar muchos problemas provenientes de lo 'viejo', en el sentido más amplio de la palabra. Equipo obsoleto, electrodomésticos viejos, como hornos de microondas inestables, podrían dañarte durante este tránsito; así que lo que debes hacer para neutralizarlo es, antes que nada: ¡intentar deshacerte de ellos! Deshazte de cualquier objeto viejo y antiguo en tu casa y tu trabajo. Debes ser drástico en eso: descarta generosamente todos los objetos viejos y herramientas de trabajo que podrías mantener contigo solamente porque están relacionados con lindos recuerdos de tu pasado.

Durante este tránsito, al contrario, debes tirarlos a la basura y llevar a cabo una renovación completa de tus herramientas e instrumentos en casa, la oficina, tu laboratorio, tu garaje... Los daños también podrían llegar de estructuras envejecidas tales como un techo que no aísla adecuadamente, o una pared con infiltraciones de agua. Esto probablemente implique algún sacrificio, un gasto importante; pero debes hacerlo para descargar este tránsito. Es por interés propio. Esto también podría referirse a tu coche o a cualquier otro vehículo. Si es anticuado podrías comprar un modelo nuevo, incluso si tu querido y viejo auto parece seguir siendo totalmente confiable. Actualizar y rejuvenecer debería de ser tu lema durante este tránsito. También pon mucha atención a la fecha de caducidad de la comida empacada o enlatada, de las medicinas y de cualquier otro perecedero a tu alrededor.

Lo mismo puede referirse a seres humanos – así que se particularmente cuidadoso con la gente vieja durante este tránsito. Por supuesto que no quiero decir que la gente anciana pueda ser peligrosa en general: Simplemente quiero señalar que este tránsito podría anunciar daños inesperados provenientes de gente de edad. Preveer también quiere decir prevenir: así que intenta entrever y evitar cualquier daño posible que pudiera venir de personas viejas o de objetos viejos a tu alrededor. Si así lo haces tal vez podrás determinar con exactitud cuando y donde golpeará posiblemente este tránsito. Este tránsito también podría relacionarse con problemas provenientes de terapias con radiaciones en los huesos; así que sugiero que consultes con un especialista durante este tránsito.

Urano en aspectos disonantes con Urano

De modo similar a los tránsitos de Urano con el Sol, el tránsito que estamos describiendo aquí también provoca un fuerte impulso hacia el cambio y la renovación en todos los niveles, incluyendo tu vida sentimental y profesional. Simplemente sentirás la necesidad de cambio tanto como sea posible, aun cuando podrías no estar dispuesto a poner tu vida de cabeza.

Este tránsito no permitirá que hagas lo que el avestruz y entierres la cabeza en la arena. Así que si sueles hacerlo, olvídalo porque Urano no se olvidará de ti. De hecho este astro parece tomar en cuenta a cada ser humano individual en el planeta, ya sea el Presidente de los E.U. así como a cualquier Juan Pérez. Y eso es particularmente hermoso, porque también funciona de modo positivo, durante los tránsitos armónicos. La gente nacida en el signo de Acuario es la más favorecida por este tránsito, dado que su propia naturaleza los hace propensos al cambio, algunas veces radicalmente. Cáncer, Tauro y uno a uno todos los demás signos del zodiaco suelen no estar contentos con este tránsito, con sus consecuencias revolucionarias. La mayoría de ellos, de hecho, tiende a mediar, a alcanzar acuerdos, a posponer... Pero hacerlo, sólo aumentará el daño.

Lo que deberías hacer para descargar este tránsito es portarte como una mujer martir que está a punto de ser violada. Si esa comparación parece ir muy lejos, bueno, al menos pórtate como la gente de bien frente a los eventos inevitables de la vida. Es muy raro encontrar una persona que acepte que cambie todo en su vida: el trabajo, la casa, la alimentación, el ocio... ¡Pero eso es exactamente lo que este tránsito provoca! Así que será mejor que te inventes una nueva vida para ti mismo, de otro modo no tendrás ninguna oportunidad: ya sea cambias tú espontáneamente o Urano te cambiará a ti.

En este tipo de lucha o competencia contra los astros, debes entender que en este caso debes someterte a Urano, así que es mejor que seas voluntario y te deshagas de todos tus viejos hábitos. Este es un periodo en el cual sentirás la necesidad de una renovación general, y deberías lograr dicha renovación cambiando tu vida repentinamente y – ¿por qué no? – dramáticamente. Como Giuseppe Tomasi di Lampedusa escribió en su novela El gatopardo, "Si queremos que las cosas sigan como están, las cosas deben cambiar". Así que sé valiente y haz tu mejor esfuerzo en ser, como decían los romanos, *el arquitecto de tu propia fortuna*. En este caso: el arquitecto de tu propio cambio... Por ejemplo deberías de organizar tus actividades laborales de modo distinto – no necesariamente cambiar de empleo, sino simplemente reorganizarlo. Lo mismo puede decirse de tus hobbies, del modo en que usas tu tiempo libre.

Haciéndole así tienes buenas probabilidades de que tu vida sentimental y profesional no se vea afectada por este tránsito. Sin embargo, si sientes que tu vida sentimental también necesita renovarse, será mejor que lo hagas durante este tránsito. Algunas veces es posible conseguir todos los cambios requeridos por Urano concentrados en un paso revolucionario principal. Por ejemplo algunas personas se vuelven budistas durante este tránsito. No puedo pensar en ningún otro cambio mayor que este: y ciertamente es suficiente para darle a Urano lo que demanda en este periodo.

Urano en mal aspecto con Neptuno

Terminamos el párrafo anterior con el ejemplo de la conversión al budismo: ese ejemplo de exorcismo del símbolo puede relacionarse perfectamente también con el tránsito de Urano en conexión con Neptuno. Ya que el tránsito disonante previo Urano-Urano anuncia cambios revolucionarios que voltean tu vida de cabeza y de adentro hacia fuera. El rango de cambios posibles incluye también la conversión, entre otras cosas.

Sin embargo, en este caso específico la conversión es el cambio más probable anunciado por este tránsito. Aunque debe señalarse, que la conversión podría no referirse solamente a la religión. Durante este tránsito la gente podría cambiar radicalmente su inclinación política; podrían empezar a ser voluntarios en movimientos ambientalistas; podrían empezar a involucrarse apasionadamente con astrología esotérica, con la parapsicología, etcétera. Lo que todas esas cosas tienen en común es un estado de conciencia alterado. Podría ser 'alterado' por un credo religioso – de cualquier religión – por creencias políticas, por participación activa en sindicatos, cámaras de comercio, grupos militares, etc.

Uno podría también enamorarse de un nuevo estilo de vida que involucre – por ejemplo – vegetarianismo. Durante este tránsito una ola de pasión debería llevarte a unirte a movimientos de masas, y es totalmente lo mismo que te unas a la cruz roja, Caritas o CSICOP, el consejo internacional de organizaciones escépticas.

Recuerda que el estado alterado de conciencia también puede estar conectado con toxinas que podrías asumir en cantidades relevantes durante este tránsito, tales como la cafeína, el tabaco, drogas psicotrópicas, etcétera. En otra sección de este volumen he escrito sobre la 'pequeña acupuntura China cuyo principio básico declara que 'un dolor lleva a otro'. Así que si canalizas tu libido hacia una enorme pasión de cualquier género, casi con certeza evitarías volverte víctima de la esclavitud química que este tránsito podría provocar si no haces nada para descargarlo. Por supuesto que cierto grado de sinceridad es requerido.

No puedes convertirte en un aficionado de un equipo de futbol si hasta la fecha nunca te ha importado el futbol. Sería mejor si descubrieras en ti mismo una pasión secreta, dormida, que pudiera aplicar en tu vida actual, y desplegarla durante este tránsito. Podrías incluso considerar la posibilidad de dejar que te 'envenenen' la sangre. Por ejemplo podrías empezar a tomar una nueva medicina para matar un dolor persistente que ha estado afectándote hasta ahora.

Mientras que deberías ser cuidadoso y evitar cualquier actividad peligrosa relacionada con los símbolos de este tránsito: por ejemplo, deportes acuáticos, buceo, etc... Si eres un anestesista, tendrías que ser más cauteloso durante este tránsito, y contratar un buen seguro que te cubra contra posibles riesgos profesionales.

Urano en mal aspecto con Plutón

Durante este tránsito los instintos animales más profundos salen a la luz. Estoy hablando de los estímulos menos nobles, de los peores impulsos que pueden encontrarse en virtualmente cualquier ser humano. Para poder luchar contra ellos debes entender exactamente lo que significa 'exorcizar un símbolo'. Tal vez algunos psicólogos no estarán de acuerdo, pero yo afirmo – de hecho estoy convencido – que para poder superar este tránsito debes darle rienda suelta aunque de modo controlado a la parte más brutal de ti mismo.

Y para poder hacer eso, deberías designar a un 'asesino' externo para actuar en lugar tuyo. Intentaré decirlo de otro modo. Cuando tomas el metro con frecuencia ves a una banda, un grupo de vándalos, vagabundos comportándose de manera prepotente. Ya sabes, quiero decir esos que gritan, cantan canciones nazis, escupen al suelo, molestan a los pasajeros, y algunas veces hasta les roban. Di la verdad: en esas ocasiones quisieras de verdad empuñar un arma y dispararles, ¿o no? Entonces, en lugar de actuar como Charlses Bronson en Dead Wish, ve a ver a tu 'vigilante': ve al cine o renta un filme de la serie de Dead Wish, y ve como Charles Bronson les vuela la tapa de los cesos a los Hooligans con una ametralladora.

De ese modo le habrás dado paso libre a tu adrenalina sin dañar a nadie. Yo sé que mucha gente no aprueba las películas violentas, y tal vez tú seas uno de ellos. Pero yo creo que ese comportamiento puede ser catártico, por ejemplo: liberador, desahogador – y exorcizante también. Este tránsito también podría provocar un incremento en el deseo de sexo 'inusual'.

Así que si tu pareja está de acuerdo, podrías poner en práctica todas las posiciones del Kama Sutra. Recuerda que en el campo de las relaciones sexuales no existe nada verdaderamente 'ortodoxo', así que deshazte de la influencia Católica y experimenta posiciones inusuales o 'no ortodoxas'. En otro plano, podrías intentar descargar este tránsito tratando con cualquier cosa que pudiera estar relacionado con tu futuro entierro. Podrías desear hacer tu testamento, por ejemplo. Después de todo, esto es algo que todo ser humano debería hacer tarde o temprano.

Tránsito de Urano en la primera Casa

Por favor revisen la sección sobre Urano en mal aspecto con el Sol, especialmente si Urano está muy cerca del ascendente, lo que ahí se mencionó podría aplicar también a este tránsito. Durante esos meses o semanas podrías enfermarte. Para descargar este tránsito, es muy importante intentar cambiar ya sea tu físico o tu carácter. Una de las mejores maneras de exorcizarlo es cambiando tu masa corporal, suponiendo que debas cambiar hacia una condición más balanceada.

A lo que me refiero es que si tienes sobre peso o peso demasiado bajo, es el momento de intentar corregir tu dieta y alcanzar tu peso ideal.

En la sociedad moderna existe un riesgo de obesidad colgando prácticamente sobre todos nosotros, así que en la mayoría de los casos, este tránsito sugiere empezar una dieta. Si tú estás en esta situación también, tómala seriamente y cambia radicalmente tu modo de comer. Mucha gente decide empezar la dieta 'el siguiente lunes' de cada semana. Hacer eso por supuesto es totalmente inútil: arremángate y se serio en esta ocasión.

Durante este tránsito debes olvidarte de tu propia debilidad y debes luchar contra el hambre, de ser necesario. Deja de ser autocomplaciente; compórtate con rigor, inflexibilidad, sin piedad para contigo mismo. Para darle a Urano el cambio que demanda debes ser implacable, intransigente, e incluso despiadado y perder peso de manera visible. De acuerdo con tu sobrepeso actual, deberías de entregar hasta cinco quilos, y tal vez más.

La meta es renacer, volverte una persona nueva. Lo mismo, por supuesto, aplica para aquellos que están bajos de peso por culpa de sus malos hábitos relacionados con la comida. No sigas estos consejos, sin embargo, sin consultar a un médico. En cualquier caso este tránsito requiere que des un giro dramático en tus hábitos relacionados con la comida, y que te encargues de tu masa corporal. En ciertos casos, podrías considerar corregir un ligero defecto físico, tal vez sometiéndote a cirugía plástica.

Por ejemplo podrías considerar operarte de los ojos para deshacerte de tu miopía, o quitarte algunas marcas de nacimiento que ensucian la belleza de tu rostro. O podrías considerar hacerte un tatuaje en tu brazo, o quitarte un tatuaje que ya tenías de la piel. Ir al dentista durante este tránsito podría ser útil, pero sólo hasta cierto grado. Sería útil si fuera una operación seria como implantes en tu mandíbula – que implicarían cirugía efectiva. Las mujeres pueden embarazarse durante este tránsito; algunas mujeres deciden someterse a esterilización durante este tránsito. Los lectores del sexo masculino podrían decidir tomar ventaja de este tránsito y hacerse la vasectomía.

Por supuesto que cualquier tipo de operación quirúrgica a la que tengas que someterte, será mejor que te la practiquen durante este tránsito. En otro plano, este tránsito podría requerir de ti un cambio dramático de carácter, especialmente si demanda de ti que demuestres que tienes una voluntad fuerte como el hierro. Por ejemplo, si tú eres básicamente tímido e introvertido, deberías hacer esfuerzos para volverte abierto y extrovertido.

O si eres extremadamente hablador deberías hacer esfuerzos para hablar menos, y al hacerlo deberías ponderar tus palabras una por una, parando frecuentemente para reflexionar con respecto a lo que estás a punto de decir.

Tránsito de Urano en la Segunda Casa

Este tránsito abre un escenario bastante crítico. Pero no hay modo de engañar a Urano, así que debes resignarte al hecho de que los años marcados por este tránsito anunciarán eventos importantes en tu situación financiera. Si no eres cuidadoso, corres el riesgo de perder una buena cantidad de dinero, aunque – por supuesto – también podría ser que el dinero llegara a tus bolsillos. La totalidad de tus tránsitos y tus retornos solares de esos años te ayudarán a entender en qué dirección fluirá el dinero.

Cualquiera que esta sea, tu actitud deberá quedar resuelta y sin vacilaciones. Si debes gastar, no sirve de nada resistirse porque Urano te hará gastar de cualquier modo. Lo que podrías hacer durante este tránsito es meter los papeles para un préstamo o un adelanto de tu liquidación, o pedirle a un familiar o algún buen amigo tuyo que te presten dinero.

Ten cuidado sin embargo, porque es exactamente cuando hay escases de dinero que puedes volverte víctima de prestamistas que actúan como falsos amigos y eventualmente te ahorcan si no les pagas su dinero con los más altos intereses.

Así que evita aceptar dinero de gente a la que no conoces muy bien, especialmente si te ofrecen dinero con facilidad sospechosa. A menos que puedas confiar en reservas financieras notables, te será muy difícil evitar pedir un préstamo – pero si lo haces, será mejor que lo hagas en un banco y no en instituciones o con individuos privados. Este tránsito podría durar entre seis y siete años en promedio: durante ese lapso tendrás posibilidad de pagar tu préstamo o buena parte del mismo.

Por otro lado en lugar de gastarlo, podría ser que el dinero viniera hacia ti debido a la venta de bienes raíces, o una herencia, o liquidación, o por ganar en alguna apuesta: si ese es el caso ten cuidado y no disipes esa suma. Si no es dinero, entonces este tránsito suele referirse a cambios importantes en tu apariencia. Por ejemplo podrías perder 10 kilos o podrías subir de peso. Podrías dejarte la barba o rasurártela. Podrías decidir rasurarte la cabeza, etc. El punto es que algo sucederá para cambiar la imagen que proyectas.

Este tránsito también podría referirse a un interés cada vez mayor de tu parte hacia las imágenes como fotografía, cine, teatro, televisión, dibujo, diseño, y diseño por computadora: por ejemplo podrías decidir enrolarte en cursos o talleres de dichos temas.

Tránsito de Urano en la tercera Casa

Durante esos años ciertamente enfrentarás noticias serias, tal vez incluso dramáticas, de parte de tus hermanos, hermanas, cuñados, etc. Así que será mejor que de algún modo las provoques tú mismo: por ejemplo podrías tomar la iniciativa y si estás en malos términos con alguno de los parientes arriba mencionados, podrías dar el primer paso para restablecer una relación civil entre ustedes.

Muestra toda tu buena voluntad y da el primer paso. Recuerda que después de tus padres, tus hermanos y hermanas son los parientes más cercanos, aquellos por los que deberías de preocuparte más. Algunas veces no es difícil romper el hielo: y durante este tránsito, Urano te ayudará a tener el primer acto de buena voluntad. Podrías incluso intentar cambiar por completo tu actitud hacia ellos.

Por ejemplo, si hasta la fecha has estado bastante 'ausente' de sus vidas, ahora podrías demostrarles todo tu afecto sincero, y dejarles saber que de verdad te importan y que de verdad deseas ayudar. O tal vez seas tú quien está en apuros y quien se siente solo: si es así, podrías pedirles ayuda y dejar tu orgullo a un lado. Con frecuencia la relación con los cuñados es un poquito difícil.

Pero gracias a Urano, todo es posible y no deberías rendirte sin haber hecho al menos un intento serio. Es posible, o mejor dicho: es probable que tu actitud hacia el coche y los vehículos en general cambie durante este tránsito. Podría ser el mejor momento para estudiar y presentar un examen de manejo. O tal vez podrías incluso decidir dejar de manejar y vender tu auto. Con frecuencia durante este tránsito la gente compra un auto o venden su coche viejo para comprar uno nuevo. Lo mismo se puede decir de las motocicletas, furgonetas, camiones, remolques... Durante este tránsito es muy probable que tu actitud hacia el movimiento cambie. Por ejemplo si eres alguien que prefiere quedarse en casa y nunca va a ningún lado, durante este tránsito podrías empezar a viajar todos los días para ir a trabajar o por alguna otra razón.

O si acostumbras manejar cientos de kilómetros al día, con este tránsito probablemente dejes de hacerlo. El asunto es que deberías hacer un esfuerzo para jugar un rol activo en todo esto: no deberías esperar que los cambios mencionados se lleven a cabo – deberías de proyectarlos, si no provocarlos. También podrías provocar cambios en el campo de tus estudios, por ejemplo metiéndote a talleres conectados con tu trabajo actual, o en campos totalmente nuevos para ti como, digamos, una lengua extranjera, un curso de informática, etcétera.

También podrías meterte a la universidad durante este tránsito. Puedes tomar ventaja de este tránsito y empezar a ganar algo importante. Durante esos años también puedes dejar de fumar, incluso si eres muy fumador.

Tránsito de Urano en la cuarta Casa

Probablemente te enfocaste en tu coche los recién concluidos siete años – ahora es momento de enfocar tu interés en el lugar en que vives. Si no puedes contar con tus propios recursos para alcanzar esta meta, podrías solicitar un crédito hipotecario.

De cualquier modo es casi seguro que durante esos años lleves a cabo una transacción importante en bienes raíces.

Estás parado de hecho frente a tres elecciones: uno, vendes o compras un piso/casa; dos, lo remodelas; o tres, te mudas. Esto también puede ser acerca del lugar donde trabajas, no solo del lugar en que vives. Por lo tanto los eventos recién mencionados podrían suceder en relación con tu oficina, con tu tienda, con tu laboratorio, etc. Es virtualmente imposible que algo no pase en este campo durante ese tránsito.

Así que sería mejor considerar si vale o no la pena dar el primer paso, o al menos hacer los planes preliminares y dejar que las cosas se den durante este tránsito. El tránsito también podría anunciar una herencia o donación; tal vez alguno de tus padres u otro pariente cercano te dejen vivir en una casa de su propiedad. En el peor de los casos, podrías enfrentar una situación en la cual debas dejar tu casa, tal vez porque te separes de tu cónyuge, o pareja estable.

Por ejemplo, tal vez cohabitas con tu novio o novia; durante este tránsito podrías discutir muy feo y tener que irte a vivir solo. El peor evento de todos podría tener que ver con una hospitalización. Para poder someterte a terapia, podrías verte obligado a dejar tu hogar por un tiempo. Durante este tránsito uno no puede excluir la posibilidad de hasta ser encarcelado. Después de todo, ser encarcelado conlleva salirte de tu casa

Por supuesto, el último evento sólo es posible si durante este tránsito se llevan a cabo otros tránsitos negativos relacionados con tus Casa 8va y 12va natales. Con Urano en tu 4ta Casa podrías tener que dejar tu país o tu área natal, para obtener un empleo en el extranjero o en otra área de tu país. Esto también conlleva tener que buscar otro lugar en que vivir. También, este tránsito podría anunciar cambios importantes en la relación entre tú y tus padres.

Si deseas exorcizar este símbolo debes de tomar la iniciativa y cambiar algo activamente en este sentido. Por ejemplo, si hasta ahora has sido servil y condescendiente con tus padres, durante este tránsito podrías empezar a portarte como un adulto, cambiar y ser responsable y tomar en cuenta que la gente grande tiene su propio carácter que siempre deberías de respetar.

Tránsito de Urano en la quinta Casa

Este tránsito requiere que cambies algo fundamental en tu relación amorosa. Si por ejemplo tu relación estable se está volviendo inestable o insatisfactoria, en lugar de intentar salvarla a cualquier costo sería mejor que dejaras ir a tu pareja.

Deberías considerar seriamente la separación, así como empezar una aventura totalmente nueva. Después de todo nada dura para siempre y si lo hace, no debe ser considerado un tabú, e.g. intocable – siempre puedes considerar la renovación. Sólo el acero puede ser inoxidable, todo cambia, todo puede cambiar – y de hecho debe cambiar – todo envejece. Así que estas totalmente equivocado si insistes en creer que puede haber cualquier cosa en tu vida para la que no aplican estas reglas. Todo puede ser enmendado o modificado, incluso si pudiera doler mucho.

Por otra parte, modificarla no necesariamente significa cambiar de pareja: podría simplemente implicar algún tipo de renovación en tu relación con él/ella. ¿Quién dijo que tu pareja estable deba servirte el desayuno en tu cama? ¡Por una vez en tu vida podrías hacer eso tú por él/ella por un tiempo! ¿no es así? Algunas veces te dices a ti mismo: "¡Esto nunca va a cambiar!" Y entonces llega Urano y todo se altera.

La renovación, desde este punto de vista, significa básicamente cambiar el balance estratégico dentro de tu relación estable; poner en disputa tu liderazgo en tu pareja, tomar en consideración que los roles que actuamos en una pareja no suelen estar escritos y pueden ser renegociados en cualquier momento. Así que debes ponerte en tela de juicio antes que nada; y estar abierto a la renovación en ese campo específico de tu vida. Lo mismo puede ser con respecto a tu relación con tus hijos, en donde las cosas podrían incluso demandar una vuelta en U. Finalmente deberías de reconsiderar también el modo en que empleas tu tiempo libre, el modo en que te diviertes.

¿Quien dijo que los mecanismos de tus juegos y actividades deportivas no pueden cambiar incluso radicalmente? ¿Tal vez le vendiste tu alma al diablo, quien a cambio te pidió que fueras al estadio cada domingo hasta el final de tus días? Así que como puedes ver – muchas cosas pueden cambiar, y de hecho deben cambiar. Es más, este es el momento adecuado para que cambien.

Tránsito de Urano en la sexta Casa

Debes de arremangarte y hacerte cargo de tu persona – sométete a terapias radicales, si es necesario. Tal vez hasta la fecha has subestimado ciertos leves síntomas y has estado posponiendo constantemente serios remedios para tu salud.

Bien, pues ha llegado el momento de trabajar como castor. Debes de entender que es tiempo de ir al doctor si no quieres que tu condición de salud empeore. Por supuesto los efectos prácticos de este tránsito son diferentes si el sujeto tiene 15 años de edad o si es un adulto, digamos entre los 40 y 50, o hasta más viejo. Normalmente cuando Urano entra tu 6ta casa natal siempre muestra efectos importantes – será mejor que no lo subestimes. Será mejor que descargues este tránsito ofreciéndole algo importante a Urano, algún sacrificio. Por ejemplo, si has estado posponiendo una cirugía, ha llegado el momento de someterte a ella.

No puedes enfrentar este tránsito simplemente alardeando, no puedes intentar escatimar en nada. Mientras más tengas, más debes ofrecer, sin titubear. Yo temo personalmente mucho este tránsito, me gustaría que nunca me pasara a mí.

Durante esos años deberías tomar muy seriamente en cuenta la posibilidad de Retornos Solares dirigidos cada años y debes buscar la ubicación con cuidado particular, pero también deberías hacer tu mayor esfuerzo para hacer todo lo que pudiera exorcizar este tránsito así como otros tránsitos perjudiciales que pudieran suceder durante este periodo. Si tienes más de 60 años, este periodo podría marcar un momento muy peligroso de tu vida.

Así que debes desplegar alguna estrategia radical en su contra. En mi vida he conocido a varias personas que – en cierto punto de sus vidas – decidieron irse al extranjero para recibir cuidados dentales radicales, por ejemplo la implantación quirúrgica en sus mandíbulas. Ciertos países están a la vanguardia de dicho campo comparado con Italia, y someterte a esa cirugía puede ser mucho más barato ahí que en los estudios dentales más importantes de nuestras ciudades. Así que durante este periodo debes someterte a algo radical como esto, algo total, global, tal vez con anestesia general. Es más, para poder descargar un tránsito tan poderoso debes de cambiar radicalmente tu modo de comer.

Por ejemplo podría ser buena idea observar un ayuno total, y terapéutico. Si no puedes, un ayuno parcial también podría funcionar. Durante esos años deberías de acostumbrarte a comer menos. De hecho deberías de comer apenas lo indispensable: sopas aguadas claras, algunas nueces para llenar el estómago, un poco de pan y queso, fruta fresca, o cereales. Con este tipo de tránsito, una dieta saludable puede hacer la diferencia y salvar tu vida.

Tránsito de Urano en la séptima Casa

Tu relación estable, tu pareja es donde este tránsito demanda el cambio.

Esta vez llevarle el desayuno a la cama a tu ser amado podría no ser suficiente para descargar este tránsito – podría ser necesario, pero podría no ser suficiente. De hecho este tránsito requiere que tú cambies tu filosofía en la vida diaria, las pequeñas cosas en las que descansa tu vida marital. Si crees que has adquirido derechos permanentes sobre tu pareja estable, estás muy equivocado.

Y tendrás que cambiar mucho durante este tránsito, lo mismo si llega durante tu luna de miel que durante tu 20 aniversario de bodas.

No existe nada 'probado' o 'corroborado' con Urano. Durante este tránsito debes recordar una cosa importante, que es verdadera en general pero es aún más importante ahora: esto es, que debes de conquistar y merecer a tu amor en el campo de batalla, ¡cada día que pasa! De algún modo, el principio del fin del amor llega exactamente cuando sientes que estás seguro y que puedes dar todo por hecho en tu relación. Conquistar y mantener el amor es tal vez el arte más difícil de esta vida – sólo un tonto o un engreído estarían en desacuerdo. Cada día te arriesgas a perder a tu ser amado cien veces; y no ves que de verdad estás corriendo ese riesgo. Y si normalmente arriesgas cien veces, ¡durante este tránsito arriesgas mil veces! Nunca lo olvides e implementa una estrategia consecuente. No tengo ningún remedio mágico e infalible para este tránsito – sólo puedo sugerirte una serie de esfuerzos persistentes de generosidad, mucha simpatía; y mucho aprecio hacia tu ser amado. Ese es el único modo en que serás capaz de conquistar y reconquistar el amor una y otra vez.

De otro modo tu relación será estropeada definitivamente por este tránsito. Así que si te importa, demuéstralo en la realidad, día tras día, momento tras momento, y no solo con palabras. Recuerda: durante esos años la realidad no es apariencia. Cuando menos lo esperes este tránsito puede arruinar tu amor. Así que será mejor que de verdad demuestres que estás enamorado; demuestra que estás consciente que tu ser amado es un presente precioso del cielo y que no quieres perderlo/a. Si actúas así tienes buenas probabilidades de mantener tu relación estable durante los siete años de este tránsito, y probablemente hasta por más.

Por supuesto las cosas cambian si tu carta natal tiene a Urano en la 7ma Casa, y si durante su tránsito en esta casa Urano crea un mal aspecto, también, con tu Venus natal. No hace daño intentarlo de todos modos. La Astrología Activa puede enseñarte a quitar montañas, de ser necesario. Así que aplícate, aplícate mucho, una y otra vez.

Puedes cambiar balances falsos e inestables: puedes hacerlo. 'Dar' es el verbo de este periodo: si no estás dispuesto a dar, y a dar mucho, mejor renuncia a cualquier esfuerzo porque no tendrás oportunidad de descargar este tránsito. Por ejemplo, si eres un tipo celoso que nunca ha dejado que su esposa trabaje y deje la casa todos los días, durante este tránsito deberías reconsiderar ese hábito. Si eres uno de esos que cree que si su esposa está encerrada en casa nunca será infiel, te puedo hablar de la esposa de ese hombre celoso ¡que tuvo una aventura con el plomero por 20 años! Y ese no es un chiste – es un evento real. Esto puede demostrarte la estupidez de ciertos seres humanos.

Tránsito de Urano en la Octava Casa

Este tránsito te trae gastos, una verdadera hemorragia de dinero. Pero será mejor que no seas avaro. En cambio, deberías estar preparado para gastar una buena cantidad de dinero en eventos positivos e inevitables tales como la boda de tu hija; comprar tu primera casa; pedir una hipoteca y remodelar tu casa; etcétera. Normalmente no sirve de nada defenderte de este tránsito. De hecho actuar pasivamente sería la peor solución, porque si no gastas tu dinero de modo regular y clásico, durante este tránsito el dinero podría escaparse de tus manos de una manera dramática – por ejemplo, por un robo, asalto, estafa, fraude, malas inversiones. Gastar es el *leit motiv* de este periodo.

Así que incluso si eres avaro o codicioso, no hay nada que puedas hacer sino gastar, gastar, y gastar una y otra vez. Sé abierto a los cambios en este campo específico de tu vida y abre también tu bolsillo, tu cartera, y tu chequera para enfrentar cualquier gasto previsto e imprevisto. En el 90% de los casos, durante este tránsito la gente gasta directa o indirectamente en sus casas. Los gastos directos podrían significar comprar, remodelar, o mudarse. Los gastos indirectos pueden significar pagar impuestos de herencia, lo cual suele representar una cantidad enorme. Como te dije antes, lo último que debes hacer es jugar a la defensiva, intentando evitar o posponer los gastos.

Estos serían esfuerzos que no te llevarían a ningún lado. No servirá de nada actuar así. Lo único que puedes hacer si no tienes suficiente dinero como para permitirte los gastos durante este tránsito, será pedir un préstamo, una hipoteca, una ayuda financiera de algún amigo – por supuesto ser muy cuidadoso con respecto a quien le pides dinero, porque abundan los prestamistas usureros.

Tal vez, para poder enfrentar los gastos de una propiedad, podrías tener que sacrificar otra propiedad de tierras o edificios, o todo el dinero que te queda en el banco. En resumen, debes estar preparado para un cambio enorme de tu situación financiera durante esos años. Repito que jugar a la defensiva es totalmente inútil, lo cual también aplica en todos los tránsitos de Urano. Algunas veces este tránsito anuncia muerte; lo cual también podría implicar gastos. Tal vez alguno de tus parientes cercanos podría ser golpeado por un luto inesperado y se espere que tú lo ayudes financieramente.

Tal vez decidieras prepararte para tu propia muerte, por ejemplo produciendo documentos administrativos claros en relación con tu testamento, para así evitar litigios entre tus herederos después de tu muerte. También podrías gastar en la capilla de tu familia o en tu propia tumba. Este tránsito también conlleva un cambio en tus hábitos sexuales.

Debes estar preparado y abierto también respecto al sexo. Algunas personas dejan de tener sexo durante este tránsito; otras empiezan a tener sexo durante este tránsito.

Tránsito de Urano por la novena Casa

Si existe un tiempo para jugar, un tiempo para amar, un tiempo para la salud, un tiempo para el dinero, este es el tiempo para irte, para emigrar con tu alma y cuerpo. Durante este tránsito una maravillosa temporada de viajes podría empezar para ti y para tu ser amado.

Podrías tomar un avión por primera vez en tu vida, o podrías descubrir o re-descubrir el placer de viajar. Podrías decidir empezar a aprender nuevas lenguas extranjeras, o mejorar tus habilidades en una lengua que ya hablas y escribes, pero no tan profesionalmente como quisieras. Podrías unirte a una agencia de viajes y viajar por el mundo y los siete mares, cumpliendo así un deseo de toda tu vida. Después de todo, viajar se ha hecho cada vez más barato en las últimas décadas. Incluso viajar a otro continente ya no es un sueño. Durante este tránsito aprendes a viajar y empiezas a viajar más que antes.

Podrías acostumbrarte a gastar una porción fija de tu presupuesto anual en viajes: así que ¿por qué no empezar con un cumpleaños dirigido? Si nunca has volado, esta es la ocasión perfecta para hacerlo. Tal vez, si de verdad le temes a volar, para romper el hielo podrías pedirle a un viajero experto, a un veterano de viajes internacionales, que te acompañe. Estoy seguro de que durante el tercer milenio no solo los costos se reducirán dramáticamente, sino que también los tiempos de vuelo.

Pero también puedes viajar con el espíritu. Esto significa que durante esos años podrías empezar un curso de yoga; podrías acercarte al Budismo; profundizar tu fe cristiana; tal vez empezar una carrera; profundizar tu conocimiento de astrología, parapsicología, esoterismo... Durante esos años podrías tener también la oportunidad de mudarte a otro pueblo, otra región de tu país, o al extranjero. Mejor aún: podrías promover este tipo de cambio. Deberías tomar en consideración seriamente todas esas cosas; hacerlas suceder no solo en tu mente, sino también en la realidad.

También podrías empezar a frecuentar un pariente tuyo, que vive lejos, o a un guía espiritual o una referencia cultural que vive en el extranjero.

Tránsito de Urano en la Décima Casa

Parece muy probable que durante ese tránsito debas revisar por completo tu modo de trabajar – durante este tránsito se te pide que cambies virtualmente todo en este campo. Por supuesto no estoy sugiriéndote que estudies arquitectura si eres dentista: simplemente deberías de reorganizar tu actividad. Porque si no cambias el modo en que organizas tu trabajo, el modo en que llevas a cabo o ejecutas tu profesión, cambiará de todas formas bajo la espuela de Urano, y de un modo que podría no gustarte en lo más mínimo. Depende de ti el encontrar el mejor modo de hacerlo.

Sé creativo. Por ejemplo, si eres un comerciante podrías intentar anunciar tu negocio por fax o en internet. Si eres un dentista exitoso, podrías considerar automatizar tu estudio. Por ejemplo, podrías hacer que se escaneara con laser la cavidad dejada por una muela que hayas sacado y que una aplicación de software la reconstruya perfectamente en el material deseado. ¿Crees que es ciencia ficción? podría parecer, pero es la realidad.

Descubre nuevos materiales, nuevas tecnologías, y nuevas técnicas de ventas. Existen vastos horizontes frente a tus ojos que te permiten cambiar, no digo en el trabajo, pero al menos en el modo en que trabajas. Durante este tránsito podría también volverse necesario mudarte a otro lugar de trabajo; Empezar un desplazamiento diario o semanal, tal vez por tren o por avión; forma parte de conferencias virtuales en internet; etcétera. Durante esos años tu forma de ver a tu madre también cambiará seguramente. Este es otro aspecto de tu vida que Urano demanda que cambies. Complácelo: no te arrepentirás.

Tu emancipación podría estar marcada – y debería de estar marcada – por muchos pasos diferentes y potencialmente interesantes.

Tránsito de Urano en la Onceava Casa

Durante este tránsito se te demanda que des una vuelta en U en la amistad. Deshazte de relaciones viejas, inestables y poco placenteras. Construye nuevas amistades con gente nueva, y/o renueva tu amistad con gente vieja también. Podrías escribir un capítulo nuevo con ellos, refundar tu amistad en nuevas bases. Ciertamente aquellos que te conocen bien desde hace eras, quedarán sorprendidos de ver que te vuelves amigo de, digamos, personas originales, excéntricas o hasta sospechosas.

De hecho este tránsito podría provocar un verdadero cambio en el modo mismo en que ves ciertas categorías de personas. Si por ejemplo, hasta hoy has estado detestando a los bonzos o hippies, durante este tránsito podrías empezar a considerarlos con el mismo respeto que a cualquier otro ser humano. Y si algunos de tus viejos amigos no son capaces de aceptarlo, pues no estarán obligados a estar contigo cuando tú estés con ellos. Si eres un arquitecto, durante esos años podrías trabajar en proyectos raros y ambiciosos. Por ejemplo podrías considerar construir una casa sin paredes internas, o una casa sin puertas internas, una casa en donde la gente pueda compartirlo virtualmente todo.

Pero sobre todo, recuerda que durante esos años lo que debe de cambiar es tu amistad con la gente. Y el sentimiento de posesión, tu noción de la propiedad, tus celos: eso es lo que debe cambiar. Si no cambian radicalmente durante este tránsito, corres el riesgo de perder virtualmente todo: desde el amor a la amistad; y virtualmente a todos tus seres queridos.

Cada uno de nosotros está acostumbrado a conjugar nuestras propias relaciones con otros declinando el verbo tener o el verbo ser. Cualquier verbo que hayas preferido hasta ahora, durante este tránsito debes de invertir su uso. Ojalá que elijas volverte generoso; que ayudes a tu vecino; especialmente si temes perder a las personas más importantes a tu alrededor.

Otro modo de descargarlo, o exorcizar este tránsito consiste en empezar a estudiar un instrumento musical, o música en general. Podrías también querer empezar a cantar, por ejemplo, en un coro.

Tránsito de Urano en la doceava Casa

Éste es seguramente uno de los tránsitos más peligrosos; sin embargo no es el más peligroso de todos: considera por ejemplo ¡el tránsito de la conjunción Sol – Marte en una 6ta casa natal! Será mejor que por ningún motivo subestimes este tránsito. Para poder sobreponerte a los tiempos duros que anuncia este tránsito, que podría durar hasta diez – doce años, debes de confiar en tus recursos mentales y en todos los consejos que puedes encontrar en este libro.

Algunas personas podrían estar aterradas al leer estas líneas. Pero si digo que durante este tránsito Juan Pérez podría ser encarcelado durante 15 años, en, digamos San Quintín – el cual no es ningún paraíso – ¿podrías afirmar que no es una tragedia? Así que le pregunto a todos aquellos que me critican por escribir cosas tan temibles, denme en público ejemplos de tránsitos de Urano en la 12va casa que tuvieron consecuencias maravillosas – si es posible excluyendo parálisis, infartos, cirugías serias, lutos, mala salud del nativo o de algún pariente del nativo, pérdida de dinero, etc... Pues bien, algunos argumentan que el daño ocasionado por este tránsito podría simplemente estar limitado a, por ejemplo, una TV rota que te hace perderte de los 10 últimos capítulos de Amor, Gloria y Belleza... Algunos afirmarán, "Nada malo me pasó durante este tránsito" – Me gustaría hacerles algunas preguntas con respecto a ciertos detalles. Por supuesto cierta gente podría afirmar eso con mala fe, pero yo no deseo tratar con ellos.

Este tránsito conlleva eventos similares a los descritos en las secciones de los tránsitos de Marte y Saturno en la 12va casa. Podrías intentar descargarlo por medio de una hospitalización voluntaria y/o sometiéndote a una operación quirúrgica que hayas pospuesto hasta la fecha.

También decláWrale la guerra abiertamente a tus enemigos, especialmente a aquellos que pretenden permanecer escondidos, pero que todos conocen. Sométete a dietas y terapias de larga duración, drásticas y dolorosas.

17.
Tránsitos de Neptuno

Son tránsitos muy importantes – extremadamente importantes de hecho – así que no los subestimes. Si eres un artista, un músico, un compositor, puedes determinar estados excepcionales en los cuales tu conciencia se abre a la influencia de las sugestiones, la poesía, y la fantasía.

De otro modo debes cuidarte de ellos, porque si tienes suerte podrían traerte solamente confusión y ansiedad a tu vida; pero si no tienes, podrían incluso ser responsables por serios estados de depresión y angustia. Si quieres antagonizar (por ejemplo, descargar, constelar, exorcizar) con ellos debes clavarte deliberadamente en algún tipo de credo. Por ejemplo, podrías volverte un fanático del futbol, tipo un Hooligan; o podrías perseguir un ideal muy humanitario demostrando un espíritu con potencial para la asistencia y la enfermería, vibrando así en armonía con la posición, vibración que puede darte la astrología.

También puedes usar la técnica de las prótesis: en este caso significa principalmente ingerir drogas psicotrópicas, píldoras antidepresivas. Podrían ser drogas químicas, como el Prozac; o naturales, como la melatonina.

Neptuno en mal aspecto con el Sol

Este es quizá el tránsito más traicionero de Neptuno en relación con el Sol. Cuando este tránsito llega, uno suele sentirse deprimido lo cual normalmente coincide con una depresión 'real': aunque podría deberse a razones internas (por ejemplo subjetivas), más que a razones externas (objetivas).

Con frecuencia dicha sensación puede ser ocasionada por una sensación de pérdida por un pariente fallecido o por la separación de tu ser amado, o por desempleo. Cualquiera que sea la causa, uno normalmente se siente triste, deprimido, noqueado, sin esperanzas... Así que lo primero que hay que hacer es pedirle al médico algunos antidepresivos sintéticos o naturales. Tal vez debas probar antes de encontrar el remedio más apto. Algunas personas prefieren la *Ignatia*, remedio homeopático obtenido de los frijoles de San Ignacio del cual se dice que cura el mal de amores; otros necesitarán *Prozac*, etcétera. De cualquier modo probablemente necesites tomar algunas pastillas, pues será difícil confiar solamente en tu propia fuerza.

Para algunas personas una taza de café cada día será suficiente para hacer frente a este tránsito. Como sea debes luchar contra este tránsito encontrando tu 'prótesis': ni siquiera intentes antagonizar con él cara a cara. El símbolo mostrado por este tránsito normalmente es claro – podría ser la traición, infidelidad, la pérdida de tu ser amado, o cualquier otra pérdida asociada con alguien o algo que no va a volver jamás. La única cosa que puede funcionar como prótesis durante este tránsito es que desates algún tipo de pasión o credo tal como volverte fanático o porrista de un equipo; un activista político, ambientalista, o religioso; unirte a lo que sea que pudiera elevar tu ánimo de un modo más o menos fanático, guiando así a tu libido durmiente hacia un mayor compromiso operacional. No hay nada más que puedas hacer.

Por ejemplo, si alguna vez consideraste proponerte como voluntario para cualquier cosa, este es momento adecuado para hacerlo activamente: los resultados serán importantes.

Neptuno mal aspectado con la Luna

También este tránsito implica angustias; pero esta vez podrían ser provocadas por situaciones de tensión o inquietud en relación con tus conocidas del sexo femenino. Tu madre o hermana o hija o esposa podría enfermarse o enfrentar algo de incomodidad durante este tránsito, lo cual alimenta tu estado de ansiedad, depresión, angustia, miedo. Si es así podría serte útil adoptar un credo; 'sacar la espada' y empezar una 'cruzada'; demostrar tu compromiso con los derechos civiles; unirte a movimientos de protección de animales o del medio ambiente – aunque en la mayoría de los casos podría bastar con empezar a tomar algún antidepresivo.

Pídeselo a tu doctor, pero recuerda que no es necesario ir al neurólogo o al neuropsiquiatra: incluso tu doctor homeópata podría ser capaz de ayudarte con algún remedio natural. Este tránsito te hace sentir como si estuvieras en una trampa mortal que te está apretando el cuello; también sientes como si este momento fuera a durar para siempre.

Claro que eso no es verdad: pero es verdad que este tipo de tránsito podría durar hasta cuatro o cinco años. Así que sería bueno para ti que te clavaras en la religión, pero cuídate de los falsos magos y falsos profetas, de otro modo corres el riesgo de ser estafado por algún 'curandero de fe' que podría convencerte de comprar algún amuleto extremadamente caro... Al contrario, durante este tránsito debes enfrentar la realidad y entender que nada, ni nadie podría de verdad salvarte de este tránsito de larga duración. La única solución realista podría consistir en drogas psicotrópicas, pero debes preguntarle a tu médico al respecto.

Neptuno en aspecto disonante con Mercurio

Suele ser un periodo de algunas semanas o meses en el cual podrías sentir ansiedad o depresión debido a alguno de tus hijos, o un niño, o hermano, o primo, o cuñado, o cualquier otro pariente o conocido. Para poder descargar este tránsito debería ser suficiente que tú desplegaras artificialmente dicha ansiedad, manteniéndote consciente de que no está basado seriamente en eventos reales, tal vez porque es simplemente un chisme.

Para ser más claro, asume, por ejemplo, que la gente empiece a esparcir rumores sobre tu hijo que está presuntamente consumiendo drogas. Digamos que estás totalmente al tanto y puedes confiar en tu hijo y que la gente está equivocada. Si estás seguro de que sólo son chismes y rumores, en lugar de afirmar públicamente que tu hijo es un santo y que tu vecino el Sr. Pérez es simplemente un murmurador, deberías fingir ansiedad.

Lo que quiero decir es que deberías aparentar creer en esos rumores y dejar que los que están esparciéndolos crean que están en lo correcto, haciendo tu mejor esfuerzo mientras tanto para demostrar eventualmente que sólo son gente de mala fe. La justicia triunfará eventualmente y todos verán que tu hijo nunca ha hecho nada malo, y durante todo este pleito te habrás tomado tu tiempo para exorcizar este tránsito. De modo similar, pero en otro plano, también podrías actuar como si apoyaras alguna aventura extraña, poco clara, borrosa de tu cuñado o cuñada, mientras que simplemente estás colectando evidencia de que se están esparciendo chismes en contra de ellos también.

Espero que con los ejemplos arriba mencionados hayas deducido que el exorcismo de los símbolos no implica una verdad transparente que te guíe: también puede consistir de una estrategia hecha de postizos y fintas como si estuvieras jugando una partida de futbol.

Neptuno en aspecto disonante con Venus

Este es uno de los peores tránsitos de todos. Podría anunciar que estás enamorado de alguien que no te corresponde; o que sufres de celos y estás convencido que tu pareja te es infiel; o que tu ser amado está sufriendo de alguna enfermedad muy grave. No importa que tus miedos estén justificados por sospechas reales o si solo es tu imaginación: el resultado es el mismo – una angustia muy profunda que no puedes evitar. Algunos afirman que los dolores del amor son los más intensos – probablemente sea cierto. Algunos doctores homeópatas en estos casos, sugieren que tomes *Ignatia* porque parece ser el tratamiento ideal contra las heridas del amor – aunque no existe ningún remedio contra algunos dolores.

Así que en verdad es un tránsito muy malo. Según mi opinión sólo existe un modo de enfrentarlo: y es que debes pegarle a la pelota en el rebote temprano, de otro modo es inútil intentar librarte de los tentáculos de este terrible Neptuno.

Así que lo que tienes que hacer es: cuando veas que se acerca este tránsito, por ejemplo cuando Neptuno está acercándose al orbe del ángulo inarmónico con tu Venus natal, debes de crear una historia de fantasía, una especie de guión gráfico de cine o una novela gráfica. Por ejemplo, puedes fingir tener una aventura con algún o alguna colega del trabajo, el cual no sabe absolutamente nada de la historia.

Así cuando tu esposa o esposo te vean en compañía de ese/a colega tuyo/a, ella o él estará seguro de oír alguna referencia en las palabras de tu colega, alguna mirada subrepticia en su mirada, cuando en realidad no hay nada – absolutamente nada – entre ustedes dos. Si crees que puedes ir más lejos, podrías incluso pedirle a tu colega que sea tu compañero/a en este juego de celos. Por ejemplo podrías tener citas con él/ella en lugares públicos donde todo el mundo pueda verlos juntos, y esparcir rumores.

Mientras más escándalo haya, mejor puedes descargar este tránsito. Y no temas las consecuencias, porque puesto que no estás siendo infiel de verdad, simplemente *no puede* haber consecuencias. De modo similar, puedes provocar una atmósfera parecida de sospecha y desconfianza en casa. Por supuesto, debes ser cuidadoso y usar toda tu habilidad; de otro modo corres el riesgo de dañar a tu familia y a ti mismo.

Neptuno en aspecto disonante con Júpiter

En la mayoría de los casos anuncia problemas con el dinero; pequeños escándalos; o tal vez intoxicaciones de tu sangre. En todos los eventos recién mencionados, la causa suele ser la misma: el exceso. Júpiter te hacer ir demasiado lejos, a superar la marca, a pasar todos los límites.

He conocido a mucha gente que se ha arruinado simplemente por haber recibido un préstamo durante el tránsito de Júpiter. De hecho fue un préstamo que no podían permitirse en realidad, y que difícilmente iban a poder pagar.

Las palabras claves en relación con Júpiter son inflación, exageración, e hipertrofia. Todas esas significan que pierdes control sobre tu capacidad de moderarte – y eso es exactamente lo que un mal tránsito de Neptuno en conexión con tu Júpiter natal podría traerte. Así que durante este tránsito será mejor que te cuides de no meterte en problemas. Corres el riesgo de morder más de lo que puedes masticar; así pues la estrategia adecuada podría consistir en 'hablar en grande', tal vez contar cuentos, decir mentiras. Por ejemplo podrías pedirle a algún empresario apoyo financiero proponiéndole verdaderos despilfarros: por ejemplo, proyectos increíbles o imposibles.

Lo peor que puede pasarte en este caso es que el empresario te tome por un fanático y todo termine sin consecuencias. El verdadero problema es si tienes cualidades como las de esos mercachifles de la TV, que son capaces de vender refrigeradores en Alaska. Si eres de esos, durante este tránsito corres el riesgo de convencer a gente de darte de verdad mucho dinero por virtualmente nada – y probablemente no podrás pagar nunca ese dinero. Es por eso que sugerí que 'hablaras en grande': mientras más en grande hables, menos riesgo correrás.

Neptuno en aspecto disonante con Saturno

Este tránsito provoca angustia o confusión en relación con lo viejo: quiero decir las cosas obsoletas o personas mayores. Pero también, con lo que sea que se esté haciendo viejo en tu organismo. Así que lo mejor durante este tránsito – y durante otros tránsitos descritos en este volumen – es ir al dentista, mejor aún si diluyes las visitas en dosis homeopáticas: es decir, ir cada semana por un periodo largo, y que en cada visita el dentista haga pocas cosas. Otro modo puede ser hacer que arreglen las tuberías viejas de tu casa, en tu sistema de calefacción o hidráulico.

Incluso en este caso, sería mejor si hicieras las cosas en una estrategia a largo plazo, en una larga secuencia de muchos pasos pequeños. Día a día, poco a poco, serás capaz de descargar este tránsito, gracias a la ansiedad asociada, por ejemplo, con los costos de reparación. En relación con las personas mayores, será mejor que pongas atención en tus parientes ancianos. Demuéstrales que te importan; cuídalos, recuerda que Neptuno es el regente del signo de Piscis y que comunica símbolos de auto-sacrificio, abnegación, caridad Cristiana en el más amplio sentido de la palabra, y espíritu de asistencia y enfermería. Sé tan cuidadoso y amoroso con ellos como deseas que tus hijos y sobrinos lo sean contigo cuando te hagas tan anciano como tus padres y abuelos son hoy en día. Mortifica tu cuerpo por medio de plegarias, y rechaza bienes materiales no esenciales. Tal vez puedas ayunar o tener una experiencia de retiro espiritual o plegaria colectiva. Hay un tiempo para los bienes materiales y un tiempo para los bienes espirituales – este es momento para estos últimos.

Neptuno en mal aspecto con Urano

En este periodo tienes tendencia principalmente a ser víctima de 'veredictos' imprevistos de magos, falsos astrólogos, sacerdotes, curanderos, y demás, los cuales podrían provocarte serios daños. Por esa razón te sugiero que durante esas semanas o meses te mantengas alejado de las categorías profesionales arriba mencionadas que realmente podrían ser perjudiciales para ti. Durante este tránsito también deberías evitar la anestesia, así que dentro de lo posible – pospón cualquier intervención quirúrgica hasta después de este tránsito.

Este es el momento adecuado para deshacerte de calentadores de gas o eléctricos que ya ni siquiera son legales... Al mismo tiempo, será mejor que evites consumir drogas nuevas porque este tránsito te expone más que nunca a los efectos secundarios. No seas amistoso con malos astrólogos, magos, y adictos a las drogas durante este tránsito. Un modo 'activo' de exorcizar este tránsito podría consistir en decidir computarizar eventualmente tu interés en la astrología: puedes comprar una mejor computadora, o puedes instalar un paquete de software más profesional para trazar mapas astrológicos, tránsitos, y retornos solares y lunares.

Esto probablemente provoque ansiedad y algunas semanas sin sueño: pero eventualmente se demostrará haber sido extremadamente útil. Probablemente durante este tránsito sientas una tensión interna provocada por el miedo a volar. Tal vez debas tomar un vuelo internacional y te gustaría evitarlo. Pero no temas: las estadísticas nos aseguran que en la gran mayoría de los casos, este tránsito provoca miedos y ansiedad que son totalmente infundados.

Neptuno en aspectos disonantes con Neptuno

Marca un periodo duro para ti en un plano subjetivo. Por un lado, Carl Gustav Jung afirmaba que la realidad subjetiva puede ser tan dura como la realidad objetiva, especialmente si tu actitud psicológica no es la correcta. Así que cuales quiera que sean los fantasmas y monstruos que sientas arrastrándose en tu interior, probablemente juzgues que son reales. Por ejemplo, podrías sentir que tu padre está por morir y daría lo mismo si de verdad se va a morir o si es una mera obsesión de tu mente. Así que durante estas semanas o meses será mejor que evites frecuentar a magos o malos astrólogos o malos sacerdotes, que podrían provocar dichos miedos que tú no podrás superar por los siguientes meses.

También sé cuidados con las pastillas y las sustancias tóxicas que pudieras consumir durante este periodo de tiempo. Quizá en este periodo sea mejor si pides ayuda profesional a un psicólogo, un buen astrólogo, un neurólogo; un buen doctor homeópata; alguien que sepa bien de hierbas medicinales, etcétera. Mantente lejos del gas, del agua, y de los viajes por mar y ríos. También evita cualquier tipo de estrés psicológico como lecturas estresantes. Si tienes pleitos con tu esposa o esposo, pídele que los posponga por el momento. La verdad es que para superar este tránsito necesitarás todo el afecto y la comprensión que tus seres amados puedan darte.

Neptuno es mal aspecto con Plutón

Las nociones expresadas en la sección anterior pueden aplicar también para este tránsito, aunque en este caso los efectos podrían ser amplificados. En este periodo tiendes a sufrir de neurosis, angustias, fobias, miedos de cualquier tipo. Así que debes mantenerte alejado de todas las fuentes de ansiedad y depresión. En cambio será mejor que frecuentes a gente feliz, que disfruten la vida y que vivan relajadamente. También evita las historias de crímenes, el cine negro, e historias de sesiones espiritistas, zombis, y otros temas emocionantes similares.

Deberías hacer tu mejor esfuerzo para evitar ser directa o indirectamente involucrado en la muerte de un miembro de tu familia. Por ejemplo, si un pariente tuyo está sufriendo de cáncer terminal. A pesar de toda tu caridad cristiana, durante este tránsito podrías ser incapaz de ayudarlo porque de hecho en este periodo serás tu quien necesite ayuda, y mucha. Si es así, será mejor que pidas la ayuda de un doctor homeopático o un neurólogo, que te sugerirá las mejores píldoras que puedes tomar para sobreponerte a este mal periodo de tu vida.

Durante este tránsito es muy recomendable reubicar todos tus cumpleaños (por ejemplo, cambiar el lugar en que pasarás tus retornos solares; así como usar todas las estrategias de la Astrología Activa.

Tránsito de Neptuno en la primera Casa

Neptuno puede pasar por cada casa natal una sola vez en la vida. Su paso por la 1ra casa natal es virtualmente igual al tránsito sobre tu Sol natal: así que por favor revisa lo que se dijo en esa sección. Si este tránsito específico tiene su peculiaridad, es el recurrir en exceso a bebidas alcohólicas o drogas – y por droga me refiero por lo general a Valium, Prozac, pero también podría ser café o tabaco..

Además podrías sufrir de desidia excesiva, pereza, auto-abandono, y engorda general de tu cuerpo. En otras palabras, debes tener cuidado de todas las manifestaciones de Neptuno: desde las más banales hasta las más traicioneras – siendo estas últimas una fuerte angustia, profunda depresión, fobias y demás..

El mejor modo de exorcizar dicho tránsito es clavarte en una religión en el más amplio sentido del término: en astrología, en psicología analítica, parapsicología, esoterismo, culturas orientales, o cualquier otra disciplina a la que solemos referirnos como de 'New Age'. Mientras más duro luches por tu credo, menos ese Neptuno en la 1ra casa te dañará. Aún así pon atención: el tuyo debe ser un 'fanatismo sano'. Lo que quiero decir es que puedes intentar esparcir tu propio 'evangelio' sobre cualquier tema de interés público, pero no debes de intentar imponer tus propias ideas sobre otros.

Tránsito de Neptuno en la segunda Casa

Algunas personas empiezan a ganar dinero vendiendo drogas o de modo parecido. Pero ignorémoslos y lidiemos con la abrumadora mayoría de la gente, lque durante este tránsito empieza a sentir ansiedad o fobias por su profunda preocupación, o por ser incapaces de hacer frente a una situación financiera – por ejemplo están asustados por no poder pagar un préstamo. El mejor modo de exorcizar este tránsito es: hacer tu mejor esfuerzo por no endeudarte, evita solicitar un crédito hipotecario.

Si estás en una situación desesperada, será mejor que pidas un préstamo menor a una compañía confiable; o que le pidas dinero a un pariente cercano (hermano, cuñado, etc). Evita por completo a la gente que no conozcas muy bien. Los periódicos están llenos de artículos sobre falsos amigos que eventualmente revelan ser tiburones que te estrangulan si no les pagas su dinero a tiempo y con los intereses más altos.

Y si no puedes evitar pedir un préstamo, hazlo para una meta positiva, tal como reparar tu baño; renovar las tuberías; arreglar el sistema de calefacción de tu casa de campo; comprar un bote, etcétera. También podrías considerar empezar con análisis profundos. Este último es tal vez el mejor modo de todos para actuar de acuerdo con los símbolos llevados por el tránsito de Neptuno en la 2da casa.

Tránsito de Neptuno en la tercera Casa

Si hay símbolos similares en tu carta natal, debes de poner particular atención durante este tránsito porque tienes altas probabilidades de convertirte en víctima de accidentes carreteros. Así que sé extremadamente cuidadoso en el camino; si es posible evita ir en moto o bici-motos.

También sé cuidadoso mientras conduces. Especialmente durante el invierno si vives en un lugar frío donde hay niebla, hielo, o nieve con frecuencia. También se extremadamente precavido si te mueves en la superficie del agua (tal como navegar en mar, lagos, o ríos) así como si practicas el buceo.

Durante este tránsito deberías cuidar a más de uno de tus hermanos o hermanas o cuñados o cuñadas. Ellos (o uno de ellos) podría necesitar ayuda porque ellos (o uno de ellos) corre el riesgo de ser víctima de las drogas o de píldoras psicotrópicas. Tal vez durante este tránsito tu relación con tus hermanos, hermanas, cuñados o cuñadas, primos, etc., podría volverse confusa. Ten cuidado, podrías incluso verte involucrado en una aventura amorosa durante este tránsito, la cual podría provocar una serie de serios problemas. También evita estudiar o tener tratos con malos astrólogos, magia, esoterismo, etc, durante este tránsito.

Tránsito de Neptuno en la cuarta Casa

Durante esos años tu casa podría arruinarse por inundaciones o fugas de gas – siempre que también en tu carta natal haya elementos que lo confirmen. Tal vez decidas mudarte e irte a vivir a la costa, o cerca de un lago o río. También podría suceder que uno de tus parientes o abuelos empiece a mostrar problemas psicológicos como depresión, angustia, fobia, ideas fijas, etcétera. Como puedes ver, este tránsito podría implicar ya sea eventos positivos como negativos.

Sólo una lectura general de tu carta natal, de tus tránsitos durante este periodo, y de cada Retorno Solar de esos años puede decirte qué puedes esperar realmente de este tránsito. Para poder frenar esas energías, creo que el mejor modo es intentar comprar una casa al lado del mar, o de cualquier forma mudarte y vivir en una casa cerca del agua (un lago o río). Al hacer eso serás capaz de descargar muchas de las energías desencadenadas por Neptuno en la 4ta casa, y al mismo tiempo serás capaz de evitar que se esparzan los peores símbolos. Es más, puedes cuidar mejor de tus padres, sin demostrarles una preocupación excesiva de tu parte.

Tránsito de Neptuno en la Quinta Casa

Si eres músico, director de cine, o escritor este tránsito podría traerte años de producción artística floreciente.

Por otro lado, este tránsito también podría marcar años difíciles para tus hijos. Podrían enfrentar verdaderos problemas o simplemente podrías estar preocupado debido a ellos, sin ninguna causa real. Por ejemplo, tu hijo podría empezar a juntarse con malas influencias como adictos a las drogas. O podría volverse adicto él mismo. O simplemente podría enfrentar un periodo de depresión, angustia, miedos, humor negativo en relación con tomar medicinas psicotrópicas, o por fumar demasiado o por tomar demasiado café, o por beber y demás. Si eres maestro 'tus hijos' podría no referirse a tu hijo o hija: podría ser con respecto a tus pupilos también. Durante esos años 'tus hijos' podrían tener algunos problemas relacionados con el agua – así que evita organizar vacaciones en el mar durante esos años, si sabes que la carta natal confirma esa potencialidad en alguno de ellos.

Este tránsito también podría anunciar problemas en relación con una insana pasión por juegos de azar. Puede predecir pérdida de dinero, si encuentras otros elementos que lo confirmen en la 2da u 8ctava casas. Y finalmente, podrías encontrar problemas relacionados con el amor. Tal vez tu pareja estable te traicione, o él/ella quiera dejarte – o con suerte sólo sea tu imaginación: pero estarás seguro de que algo está pasando y eso te hará sufrir, durante este tránsito.

Tal vez el paso adecuado en este caso sea inventar una aventura ficticia con un individuo real, mejor aún si ella (o él) tiene características evidentes de tipo Neptuniano. Si te sientes capaz de pasar un par de años jugando al gato y al ratón con él/ella, con roces, guiños, insinuaciones y demás... crearás así una atmósfera Neptuniana sin realmente dañar tu vida social o marital.

Tránsito de Neptuno en la sexta Casa

Los fantasmas que viven en tu corazón se mudan con frecuencia a tu mente o a los más imprevistos órganos de tu cuerpo: así pues puedes convencerte de que tienes cáncer o enfermedades hepáticas o cualquier otra patología, mientras que de hecho tu salud está en buen estado físico y todo esto es solo una creación del tránsito de Neptuno en la sexta Casa.

Si tu carta natal muestra que eres ligeramente hipocondríaco, este tránsito seguramente aumentará tu preocupación y estarás lidiando con tu propia salud física y psíquica. Puesto que es un tránsito de larga duración, podrías pasar años angustiado. Durante esos años tendrás el deseo de ir a ver a muchos doctores (y probablemente lo hagas), especialmente a los especialistas en cualquier rama de la medicina. Llenarás tus cajones de píldoras y te someterás a una larga serie de análisis clínicos.

Aplicando el dicho "una preocupación saca a otra", puedes incluso tener la esperanza de que se te detecte una patología menor en el cuerpo, para que puedas concentrarte en ella por el resto del tránsito. Al menos, de ese modo te enfocarás en un único, y real problema y evitarás estar preocupado por muchas otras patologías imaginarias. Sin embargo, como suele suceder en relación con los tránsitos de Neptuno, podrías considerar consumir drogas psicotrópicas o remedios homeopáticos que pudieran ayudarte a sobreponerte a esos años más fácilmente. Si lo necesitas deberías de pedir ayuda neurológica.

Tus preocupaciones en esos años también podrían tener algo que ver con un empleado o colaborador. Por ejemplo, uno de tus trabajadores podría demandarte o simplemente podrías temer que eso pueda pasar. Yo sé que algunos empleadores le piden a sus trabajadores firmar un acuerdo en el cual renuncian a cualquier salario o compensación pasados; pero en caso de juicios legales, por supuesto, esos papeles son inútiles.

Tránsito de Neptuno en la Séptima Casa

Es probable que durante esos años tu pareja estable sufra de fobias, complejo de persecución, comportamiento neurótico y demás. Así que debes cuidarlo/a de manera particular porque (al menos en teoría) él/ella haría lo mismo por ti. Así que demuéstrale apoyo y llévala/o al doctor (mejor si es homeópata) con frecuencia. Puedes pagar su psicoterapia si lo deseas. En los últimos años me he percatado de que eso es preferible al clásico análisis profundo: puedes tener una sesión cada quincena y, lo que es más importante, el analista habla, da sugerencias, consejo práctico, apoyo al paciente.

Probablemente el doctor te sugiera que tomes medicinas u otras pastillas ligeras, tal vez melatonina. De cualquier modo deberías estar preparado para ser un buen enfermero con tu ser amado.

En otro plano, lo que también podría suceder es que tu propia neurosis o ideas fijas te lleven a creer que tu esposa o esposo está maniobrando porque él/ella quiere dejarte eventualmente, ¡tal vez para poder vivir con su amante! Si es así, y suponiendo que no tengas ninguna razón para creer eso, en este caso eres tú el que necesita psicoterapia.

Este tránsito también podría anunciar problemas reales o imaginarios con la ley y la justicia. Esto podría ser neutralizado contratando a un buen abogado y yendo a un buen Retorno Solar Dirigido. De otro modo, de acuerdo con el principio de "una preocupación saca a la otra", podrías crear una pequeña guerra propia – porque si atacas a alguien durante este tránsito, evitas que otros te ataquen y generen peores consecuencias.

Tránsito de Neptuno en la Octava Casa

Podrías quedar perturbado por la muerte de algún pariente, o simplemente porque *estás convencido* de que eso va a pasar, incluso si no tienes ninguna razón para pensarlo.

O tal vez esa angustia tenga un verdadero detonante, como por ejemplo que tu ser amado tuviera un infarto. Pero en la mayoría de los casos este tránsito de hecho se refiere a algo totalmente diferente. Se refiere a miedos por tu situación financiera: podrías estar amenazado porque pediste un préstamo y temes ser incapaz de pagarlo. O tal vez prevés un gasto importante (por ejemplo podrías tener que comprar un auto, o un piso) y temes ser incapaz de costearlo. El mejor consejo que siento que puedo darte en este caso es que empieces a maniobrar con anticipación.

Algunos meses (o ¿por qué no algunos años?) antes de que llegue este tránsito, podrías pedir un préstamo a tu banco, de modo que puedas pagarlo lentamente, sin prisas, y sin pánico, durante los siguientes años. Podrías temer con respecto a tu propia muerte – si es así, y si tu ansiedad es particularmente fuerte entonces será mejor que pidas la ayuda de un especialista: un psicólogo o neurólogo.

Tránsito de Neptuno en la Novena Casa

Uno de tus parientes en el extranjero podría sufrir de serios problemas de salud durante este tránsito. Ese es el escenario más probable que pudieras enfrentar durante esos años. Tal vez no sea un pariente que vive en el extranjero – podría ser un amigo, un ex-novio o ex-novia, o simplemente alguien que ves como un guía para ti.

Algunas veces este tránsito expresa que te sientes ansioso porque tienes que llevar a un pariente tuyo al extranjero, frecuentemente, con regularidad, a un doctor o a un hospital, para que lo sometan a cirugía o a cualquier otra terapia especial. Así que si deseas descargar este tránsito, esto es exactamente lo que debes hacer. Si por ejemplo otros se ofrecen para llevar a tu pariente al extranjero, o a otra región de la ciudad para terapias o análisis clínicos – haz tu mayor esfuerzo para asegurarte de que tu seas quien lo lleve. Como enfatiza la frase latina: *similia similibus curantur*, será mejor que sigas tú también esa regla dorada. En otras palabras, debes exorcizar este miedo por medio de un remedio que es idéntico al 'dolor'. También, durante este tránsito mantente atento a los peligros derivados de accidentes, especialmente en agua. Podrías correr serios riesgos de naufragar.

Tránsito de Neptuno en la Décima Casa

Con frecuencia este tránsito nos habla de tu madre que está enfrentando un periodo de depresión profunda, desmoralización, desánimo, fobias, temores de todos los tipos. Así que debes enseñarle cuanto te importa, y hacerle saber que nunca olvidarás todo lo que ha dedicado a lo largo de su vida por ti. Demuéstrale que de verdad te importa y que quieres ayudarla con hechos así como con palabras.

Por ejemplo, podrías decidir pagarle el psicólogo o psicoanalista, o un neurólogo para que le recete algunas píldoras. Quédate con ella de cualquier modo y apóyala. Neptuno no conlleva problemas reales pero anuncia que podrías simplemente estar temiendo algo que nunca va a suceder. Recuerda que es Urano el que suele anunciar el cambio real, mientras que Neptuno solamente 'amenaza' con el cambio. Durante este tránsito podrías demostrar este tipo de preocupación incluso en relación con tu profesión. Así que se realista y si tienes razones reales para temer cambios en la práctica, podrías considerar pedirle a algún doctor alguna píldora que te ayude a sobreponerte a este periodo tormentoso de tu vida, quincenalmente.

Pero si tan solo pudieras, deberías cambiar tu trabajo, por ejemplo podrías empezar a tratar con la psicología, o los líquidos, o hierbas, aceites esenciales, drogas naturales como el café.

Tránsito de Neptuno en la Onceava Casa

En la mayoría de los casos este tránsito sucede en coincidencia con un duelo. Normalmente es en conexión con la muerte de algún pariente cercano o de algún ser amado, y suele tener consecuencias serias en tu alma. En esos casos no hay nada que podamos hacer: sólo el tiempo curará tus heridas.

Otras veces, este tránsito significa que sientes angustia pero solamente porque temes perder a alguien querido, incluso si de hecho no tienes razones para sentir eso. El tránsito también podría anunciar que un amigo/a – muy querido – empiece a mostrar síntomas de alguna enfermedad psicológica seria como neurosis, angustia... Si es así, debes cuidar de él/ella tal y como lo harías si se tratara de tu propia madre o ser amado. Dale a tu amigo/a todo tu amoroso apoyo y ayúdale a salir del periodo crítico. Tal vez podrías pagar su psicoterapia o las medicinas prescritas por el neurólogo o un doctor homeópata.

Siguiendo la noción del exorcismo de los símbolos, durante este periodo podría ser bueno mostrarse amistoso con artistas, personas neuróticas, o incluso adictos a las drogas – pero cuidado con involucrarte con sus problemas.

Tránsito de Neptuno en la doceava Casa

Este es sin duda uno de los tránsitos más pesados. De hecho podría ser que tus fantasmas ficticios se traslapen con tus problemas reales, con consecuencias absolutamente reales y serias.

Podrías sentir miedos virtualmente en cada campo de tu existencia, pero especialmente en relación con malos astrólogos o magos o sacerdotes. Mantente alejado de todo tipo de drogas: alcohol y humo; el café también podría ser dañino para ti si te excedes.

También evita a toda costa probar píldoras nuevas, especialmente drogas psicotrópicas que podrían lastimarte mucho en este periodo. Estoy consciente de que podría ser difícil seguir el consejo anterior, puesto que este tránsito puede durar muchos años – pero al menos debes intentarlo.

Durante este tránsito es casi seguro que necesites ayuda de un psicólogo – no lo evites. La fuente principal de tus ansiedades puede ser enemigos ocultos – en cuyo caso no hay virtualmente nada que hacer.

18.
Tránsitos de Plutón

De manera similar a los personajes de la notable novela "Crimen y castigo" de Fëdor Michajloviè Dostoevskij, aquellos de uno de los filmes más conocidos de Woody Allen se enredan en una trama cuyo fondo parece ser la misma vieja pregunta de todos los tiempos: "¿Acaso el crimen paga?. De hecho, va mucho más allá del duelo desgarrador del peculiar personaje de Dostoevskij, el joven estudiante y asesino Raskolnikov, que se cuestiona sobre dudas de amplio rango acerca de la existencia humana, los misterios de la vida, la existencia de Dios, las 'voces en tu cabeza' entre otras...

Esas palabras son la breve introducción a mi reseña de la película "Crímenes y pecados", pero también podrían ser la introducción a este capítulo del planeta Plutón. Dicho astro destaca como un símbolo del crimen, la muerte, luto interno, desorden mental; similar aunque mucho más serio que lo que a Neptuno se refiere.

Además afirmamos que Plutón toca en una octava más alta, por medio de los mecanismos mentales de las obsesiones, fobias, angustias y lo que sea que ponga a la gente en un estado de auto-tortura. Con frecuencia las situaciones de bloqueo o de 'quedar congelado' se derivan de las 'torturas' de Plutón. Tales situaciones te encadenan de manera muy fea, de modo que te sientes proyectado hacia un mundo hecho principalmente de fantasmas.

Y como Carl Gustav Jung afirmó, la realidad subjetiva con frecuencia corresponde con la realidad objetiva. Eso significa que en realidad no importa si sólo *ves* un abismo irreal, o si realmente hay un abismo frente a ti. Los tránsitos del último planeta conocido del sistema solar, debería ser exorcizado intentando traer todos tus monstruos internos a la superficie, tal vez por medio de esas terapias que hacen uso de representaciones teatrales de tus propios dramas internos en el marco de una terapia psicoanalítica.

También cualquier tipo de intervención cuyo objeto sea fundir tu psique y tu cuerpo serán de ayuda. Estoy consciente, al afirmarlo, que no necesariamente tienes que ser un creyente del Reiki para entender, por ejemplo, la importancia del orgasmo como una experiencia liberadora tanto para hombres como mujeres.

Por otra parte, es mi opinión que no hay tan sólo un camino – no puede haber sólo un camino para llevar alivio a todos aquellos que sufren y están en apuros. Algunas veces la terapia adecuada no es realmente una actividad sexual saludable y liberadora. A veces es la sublimación por medio de una actividad altruista, en el espíritu cristiano de la hermandad, en el campo de la asistencia y cuidado a otros. En otras palabras, no creo que siempre el mismo método de curación pueda ser bueno para todos: aquellos afectados por los tránsitos de Neptuno y aquellos afectados por los de Plutón deben ser tratados de modos distintos.

Por supuesto que el Shiatsu puede ser considerado como una actividad para exorcizar los tránsitos de Plutón, porque hace que tu cuerpo se exprese, al igual que el sexo, la dramatización de tus fantasmas interiores, un tipo más clásico de psicoterapia de apoyo, las drogas psicotrópicas, la medicina homeopática, y por encima de todo la reubicación dirigida de tus Retornos Solares.

Plutón en mal aspecto con el Sol

Podemos afirmar con certeza que la aflicción es el aspecto en común de todos los tránsitos de Plutón en ángulos disonantes con el Sol de uno. Esos serán meses o años de comportamiento auto-destructivo, o incluso de masoquismo. Algunas veces durante este tránsito la gente se obsesiona en un punto maniaco y preciso de auto-destrucción, sin estar consciente de que sus miedos están siendo magnificados de hecho por este tránsito. De verdad debes descargar este tránsito, mejor aún: debes de 'ventilarlo'. La actividad física puede ser buena, especialmente en un gimnasio; pero es mejor si haces artes marciales.

También una actividad sexual intensa puede contribuir a descargar cierto tipo de tensión, si tienes las características adecuadas en tu carta natal. De cualquier forma es buena la psicoterapia de apoyo o el análisis Gestalt o de tipo Gestalt, que te ayudará a sacar a tus fantasmas a la superficie; por ejemplo a través de la representación teatral de tus pesadillas interiores, como ya dije.Del mismo modo las hierbas correctas o la medicina homeopática o las flores de Bach pueden ayudar mucho. Seguro que existen las 'drogas' adecuadas para estos casos, pero por supuesto sólo personas competentes las pueden recomendar. Pero estoy convencido que durante los años de este tránsito verdaderamente traicionero, puedes hacer tu mejor esfuerzo para exorcizar estos peligros y sobreponerte a estas duras situaciones, solamente si reubicas todos y cada uno de tus Retornos Solares según las reglas que he detallado en mi libro *Tránsitos y Retornos Solares*. En otras palabras, sólo si no puedes viajar durante tu cumpleaños podrías enfrentar situaciones verdaderamente peligrosa.

Plutón en aspecto disonante con la Luna

Para poder explicar este tránsito de manera adecuada, aquí está un fragmento de mi retrato de Luigi Pirandello, publicado en 1979 en mi libro *L'oroscopo di 25 VIP*: "En la biografía de Pirandello, ella [su madre] parece ser exactamente como todas las otras figuras femeninas que forjaron desastrosamente el modelo de su alma, esto es, en su parte negativa.

De hecho Caterina Ricci Gramitto vivió constantemente en el trasfondo con respecto a su esposo Stefano; a este último bien podría definírsele como un macho chauvinista, en nuestros días. Lo que atraviesa su triste vida bien podría resumirse por la posición de la Luna en la carta natal de su hijo – en conjunción con Plutón, en la 12va casa, y en oposición con Saturno en la 6ta casa. Este es un punto fundamental de la carta natal que estamos examinando: feminidad, sentimiento, alma – y todas orientadas hacia lo negativo, en el extremadamente sensible Cáncer. Como les mostraré en breve, su hermana es aquejada por la locura por un periodo; igualmente loca era su esposa Antonetta.

Tuvo solamente dos asuntos amorosos importantes en su vida: uno platónico y nunca en realidad satisfactorio, con la actriz Marta Abba; y otro con su hija Lietta – y sufrió mucho cuando esta última se casó y siguió a su esposo a Argentina. En cuanto a la feminidad como un sentimiento respecta, hubo un solo evento en la niñez de Pirandello [por lo tanto aún en el periodo de influencia de su Plutón-Luna nativos] que puede ayudar a echar luz en sus visiones definitivas respecto a las mujeres y al amor subsecuentes. Un día la curiosidad llevó al pequeño Luigi a entrar a escondidas a la sala mortuoria donde había un cuerpo en la losa, listo para ser enterrado. Ya de por sí asustado por la escena macabra, el niño se asustó aún más cuando se percató de que no estaba solo en el cuarto.

Al irse acostumbrando sus ojos a la oscuridad, vio a un hombre y una mujer enredados juntos; ella tenía la falda arriba; estaban haciendo movimientos rítmicos que su joven alma simplemente no pudo aceptar. Más adelante Leonardo Siascia comentó sobre ese acontecimiento en los siguientes términos: "En Pirandello, el amor estaría siempre de algún modo ligado a la muerte. No a la noción de muerte, sino a la muerte misma, a la presencia física de la muerte. De otro modo, el amor será turbado por la locura. O envenenado por la falta de entendimiento y la infidelidad. En sus personajes, nunca se encuentra un momento de abandono al corazón, a los sentimientos. Y no hay nunca una mujer – ni siquiera entre las más hermosas – a la cual el autor no dibuje, más o menos evidentemente, con una sombra de repulsión." Más adelante – aunque no mucho más – Luigi enfrentaría otro drama de tipo similar. Me refiero a la relación adúltera que tuvo su padre cuando Luigi tenía catorce años de edad, con una pariente viuda [por ese entonces Plutón estaba transitando sobre el ascendente de Luigi].

Ciego de repugnancia hacia su padre y de dolor por su adorada madre, Luigi hizo algo de extrema gravedad – escupió en la cara de la amante de su padre. Ese fue el principio de un enfriamiento progresivo de las relaciones entre él y su padre. "Nunca se reconciliarían".

Encuentro una conexión de esta doble evocación de un tránsito de Plutón con la esfera de los sentimientos que recuerda también la conjunción entre Plutón y la Luna en la carta natal de Pirandello. En la práctica diaria, cuando este tránsito sucede, debes esperar principalmente una deformación de tu visión de la esfera de los sentimientos, o un estado negativo de la psique de una de tus parientes cercanas: tu madre, tu hermana, tu hija, tu esposa... Así que debes demostrarles cuanto te importan, y hacer tu mayor esfuerzo para minimizar sus problemas en relación con este tránsito. Seguramente sentirán una amplificación de sus problemas mentales, de sus angustias, fobias, tal vez neurosis serias y – en los peores casos – podrían incluso caer en la psicosis – pero solo si las cartas natales de sus parientes cercanos justifican ese pronóstico.

Será mejor que pidas la ayuda de un psicólogo; consulta también a un neurólogo o a un homeópata, un experto en hierbas, en curación por energía. Pero también en este caso, la mejor opción es un cumpleaños dirigido.

Plutón en mal aspecto con Mercurio

Podría marcar largos meses o años en los cuales tengas fobias relacionadas con desplazamientos tales como el miedo a viajar en avión o la fijación mental de morir en un accidente automovilístico.

Si tu vida práctica te lo permite, podrías incluso ser indulgente con esta fobia y evitar tomar un avión o conducir un coche hasta que este tránsito pase. Otras veces la angustia estará relacionada con el teléfono: por ejemplo, durante este tránsito podrías verte acosado por una voz anónima que te llama a la mitad de la noche. De cualquier modo, también en ese caso podrías decidir seguir el juego amplificando la atmósfera excitante: en lugar de cambiar de número o hacerlo privado, podrías seguir escuchando y/o intentar mantener una conversación con tu llamador enfermo y anónimo. En otro plano este tránsito podría representar algún tipo de traslado obligatorio, doloroso y tal vez macabro: por ejemplo – podrías tener que ir a visitar a algún pariente en la cárcel o al hospital.

Podría ser buena idea aceptar cargar con esa cruz. En los peores casos tal vez durante este tránsito tu hijo podría mostrar síntomas de neurosis seria, si no de tendencias psicóticas o mórbidas hacia el sexo, la muerte, el crimen, las historias de detectives, la magia, etcétera. No finjas que no lo ves; al contrario, será mejor que enfrentes el problema.

Así que háblale frecuentemente, cuídalo, llévalo al psicólogo, ayúdalo también con dinero, préstale tu propia energía para resolver problemas. El peligro podría exorcizarse por medio de una especie de 'inmersión total' en literatura oscura de todos los tiempos y países, antes de que el problema surja en realidad.

Y si te sucediera sentir deseos mórbidos o perversiones hacia adolescentes de uno o los dos sexos, será mejor que desinfles tus insanas pasiones de otros modos: por ejemplo, uniéndote a algún chat o hotline erótico.

Plutón en aspecto disonante con Venus

Enfermar de amor es quizá insoportable, y un aspecto disonante entre Plutón y Venus puede traer muchos problemas en ese campo.

Con frecuencia son tan solo problemas de origen endopsíquico, por ejemplo: subjetivos, debidos solamente a tu imaginación; pero algunas veces pueden ser verdaderos problemas, como que tus peores pesadillas se vuelvan realidad.

Tal vez en este periodo tu pareja estable tenga una aventura extramarital; tu ser amado podría expresar sus intenciones de dejarte e irse a vivir con otro. Por desgracia, si ese es el caso, hay poco que podamos hacer excepto evitar hacer lo que muchos otros, que terminan en las manos de magos o gente parecida que afirma ser capaz de expulsar tu 'negatividad'. Según mi opinión este tránsito requiere mucho más que un talismán o un hechizo para evitar la crisis que este tránsito pronostica en tu vida sentimental.

Como siempre repito *ad nauseam*, el único y más importante talismán es el desplazamiento de tu cumpleaños dirigido, también conocido como reubicación activa de tu Retorno Solar – pero debes hacerlo antes de que el fuego prenda, no después. Algunas veces algo puede hacerse incluso después de que ha empezado el fuego, reubicando el siguiente retorno solar. Debo confesar que de ese modo he conseguido resultados interesantes.

 Al menos, aquel que fue traicionado puso su mente en paz y entendió que nada podía hacerse para salvar su relación quebrada. Aun cuando no excluyo la posibilidad que a través del exorcismo de los símbolos algo incluso positivo podría hacerse. Después de todo, este tránsito conlleva una especie de fijación mórbida, que puede ser descargada fácilmente – siempre que tu pareja esté de acuerdo – experimentando ciertos comportamientos sexuales que pudieran canalizar tus impulsos eróticos, transgresores y sadomasoquistas más fuertes, los cuales de otro modo podrían constelar – en ciertos casos – el par 'sexo & violencia' o 'sexo & depravación' señalados por este tránsito. Según esta lógica, también tener una aventura sexual con un 'mal partido' podría ser útil para descargar este tránsito.

Por ejemplo, si tuvieras una aventura con una prostituta o con un gangster, podrías atenuar el veneno de este tránsito, que de otro modo podría ser detrimental para cualquier otra relación 'sana' que tuvieras. Este tránsito puede durar mucho tiempo; y en algunos casos, hasta el autoerotismo podría ayudar a sobreponerse a este tránsito. Muchos otros aspectos de este tránsito deberían exponerse, por ejemplo en relación con el dinero o con tu salud o con una hija.

I Puedo hacer tan sólo una rápida referencia. Pero en mi volumen *Tránsitos y Retornos Solares* puedes encontrar muchos otros aspectos en los cuales este tránsito se expresa. Confío en que serás capaz de encontrar soluciones lógicas para tus problemas prácticos específicos, simplemente siguiendo las ideas explicadas en ese libro.

Plutón en mal aspecto con Marte

Enorme es la fuerza destructora que este tránsito puede desencadenar. Si eres alguien violento de nacimiento, podrías presentar un verdadero pico de agresión durante este tránsito. Siendo los dos planetas involucrados con el signo Escorpio, su mezcla brutal podría producir verdaderos instintos criminales.

A cualquier costo deberías intentar trabajar en tu propia psique para que este río de sentimientos insanos fluya en una dirección segura evitando sus peores consecuencias. La cosa más inteligente que hacer, sin importar qué tan viejo seas, es unirte a un gimnasio y entrenar artes marciales. De hecho durante este tránsito podrías desear destruir a tus enemigos, 'hacerlos pedazos' – así que será mejor que lo hagas de manera ficticia, en un gimnasio. Debes estar consciente, sin embargo, que en este caso podría no ser suficiente golpear un costal de arena.

Este tránsito conlleva un estado de ánimo sadomasoquista que no debería ser ignorado. Así que lo que debes hacer es escoger a tu oponente, y despojarlo/a de todas sus energías, siguiendo de cualquier modo las reglas de 'caballerosidad atlética' de Pierre Coubertin. También podrías jugar en partidos de futbol, pero toma en cuenta que al hacerlo el riesgo de heridas físicas y accidentes aumenta significativamente.

Los hombres también podrían dejarse llevar por una mayor actividad sexual. Aun cuando la mejor forma de exorcizar este símbolo (al igual que muchos otros poderosos símbolos tratados en este libro) sigue siendo la intervención quirúrgica.

Plutón en aspecto disonante con Júpiter

Con seguridad este tránsito podría favorecer el crecimiento irregular o anormal de células, favoreciendo o contribuyendo así a posibles tumores. Gracias a Dios ese no es el resultado en todos los casos, así que si este tránsito te ocurre a ti o a uno de tus seres queridos, no entres en pánico. Normalmente este tránsito simplemente magnifica todo tipo de exageraciones, por ejemplo podrías engordar.

Por otra parte parece ilógico empezar una dieta hasta que este tránsito no haya pasado. En un escenario más realista, simplemente podrías desencadenar tus deseos, especialmente si por lo común los mantienes bajo estricto control. Así que podrías ir más seguido al restaurante; divertirte más; gastar más; permitirte juegos y deportes; tener mucho más sexo.

También podrías gastar en cosas superfluas; ese no es el momento de ahorrar dinero. Podrías decidir exagerar en algo, queriendo hacerlo. Por ejemplo podrías adquirir algo cuyo precio está ligeramente por encima de tus posibilidades; y pagarlo en costosos plazos mensuales. De modo que, si en el peor de los casos no eres capaz de pagar el bien, podrías regresarlo, perdiendo así el bien y el dinero – pero al menos habrás hecho tu mayor esfuerzo para descargar este tránsito.

Plutón en mal aspecto con Saturno

Este tránsito puede anunciar serios problemas financieros, por ejemplo un impuesto muy alto que pagar, o gastos conectados con un duelo, separación, divorcio... No es tan importante 'por qué' perderás el dinero, sino 'como' – este es el tema esencial de este tránsito, que podría golpearte con verdadera maldad.

Mientras que Plutón suele simbolizar algo 'grande' e 'importante' de modo negativo, Saturno suele implicar algo crónico. Así pues, un buen modo de exorcizar este tránsito podría ser aceptar un problema atorado y de larga duración. Por ejemplo – no estoy bromeando – podrías aceptar que tu suegra viniera a vivir contigo, a tu casa, por el resto de su vida. O podrías ofrecerte voluntario para una actividad a largo plazo en el campo social.

O podrías someterte a largas y cansadas terapias médicas, digamos por ejemplo que tu doctor te sugiere que corras 10 kilómetros cada día en terrenos irregulares. Podrías adoptar a un niño necesitado; digamos a un adolescente, y hacerte cargo de él o ella las siguientes décadas.

Plutón en aspecto disonante con Urano

En cualquier momento puede golpearte un problema importante que sale de la nada durante este tránsito. Podría tener que ver con tu esfera sexual: en cuyo caso podría apuntar al principio de problemas con la próstata, impotencia, frigidez, bloqueo psicológico hacia el sexo, enfermedades venéreas... Pero también podría tener que ver con algún duelo o con dinero – los típicos símbolos de la 8va casa.

Pero podría ser virtualmente cualquier otra cosa, así que lo que sigo sugiriendo desde hace treinta años con resultados satisfactorios es exorcizar los símbolos, y en este caso específico, sugiero que lleves a cabo una especie de *hara-kiri* repentino y sensacional.

Digamos por ejemplo que eres el gerente general de alguna sociedad importante y que ya no te gusta la atmósfera en la que las juntas de más alto nivel se hacen. Así que te esperas a este tránsito y renuncias, incluso si esto te cuesta dinero y poder. O digamos que por toda tu vida has estado soportando a un esposo (o esposa, o pareja estable) grosero e ingrato. Ahora, durante este tránsito, puedes terminar la historia con un elegante corte y partir – definitivamente.

O tal vez siempre soñaste con ser tu propio jefe pero nunca tuviste el valor para dejar tu empleo de oficina. Ahora puedes patearlo, dejar el 'trabajo seguro' y descubrir repentinamente que podrías tener que sudar sangre para logara pagar todas tus cuentas.

Plutón en aspecto disonante con Neptuno

Este podría ser uno de los tránsitos más devastadores desde el punto de vista moral, pues podría traerte depresión, angustia, fobias y postración... Quizá seas uno de los que suele sufrir de pastillofobia; lo siento, pero me temo que al menos durante este tránsito simplemente no podrás evitar tomar píldoras. Si se necesita y tu doctor está de acuerdo, podrías incluso considerar consumir drogas psicotrópicas: después de todo, pueden ayudar realmente. Las drogas psicotrópicas han salvado la vida de muchas, muchas personas, y estoy seguro de que salvarán todavía más vidas en el futuro.

Para buena porción de la población, simplemente son inevitables, en ciertos periodos de su vida. En los primeros capítulos de este libro mencioné la actitud pseudo-heroica de aquellos que fingen ser superiores, para poder enfrentar problemas por medio de un psicodrama y así superarlos.

Tal vez eso sea posible, pero ¿porqué hacer el cuento largo, si la ciencia – esta vez: una buena ciencia – puede ayudar de verdad? Tal vez solo necesites la ayuda de un psicólogo. Te sugiero personalmente someterte – durante la duración total de este tránsito – psicoterapia de apoyo y no análisis de profundidad.

Plutón en mal aspecto con Plutón

Las consecuencias de este tránsito son bastante similares a las del tránsito anterior, pero en este caso los 'fantasmas' podrían volverse más específicos y directos, tales como sexo, muerte, crimen, el mundo del más allá, etc. En este caso también, te sugiero los dos tipos de defensa delineados en el parágrafo anterior. Aunque lo mejor – nunca dejaré de decirlo – para exorcizar cualquier tránsito negativo es el Retorno Solar Dirigido.

Tránsito de Plutón en la primera Casa

Este es algo similar al tránsito de Plutón haciendo ángulo con el Sol. Tiendes a magnificar tus pesadillas internas y a comportarte de manera atormentada y angustiada.

Este tránsito conlleva tormentos y podría expresarse por medio de impulsos sexuales muy poderosos, tensos y tal vez insanos así como por comportamientos neuróticos conectados con la muerte, el crimen, lo oculto... Será mejor que pidas ayuda a un doctor; sométete a terapias farmacéuticas, ve al psicólogo. La actividad física en un gimnasio puede ayudar también, especialmente si se trata de artes marciales. También puede ayudar una actividad sexual aumentada, tal vez experimentando fantasías eróticas que habías estado reprimiendo hasta ahora.

Tránsito de Plutón en la segunda Casa

En la mayoría de los casos, durante este tránsito tu situación financiera es profundamente sacudida – ¡pero no siempre de manera negativa! Muchas veces bien podrías volverte rico, por razones sobre las cuales solamente el análisis de tu carta natal puede permitirte echar luz. Aún así, este libro es sobre tránsitos disonantes, y como luchar contra ellos – así que ignoremos los posibles significados positivos de este tránsito en específico.

Podrías caer en algunas deudas, y serias, tal vez relacionadas con bienes raíces – si es así deberías de ser capaz de detectar sentidos similares en otros tránsitos: por ejemplo el tránsito de Saturno o Urano en tu 4ta casa natal. Otras veces, las deudas están conectadas con el inicio de alguna actividad profesional nueva en la cual deseas involucrarte; o con la compra de herramientas profesionales para tu trabajo normal. En este caso exorcizar significa simplemente nadar con la corriente: pide un préstamo, tal vez un préstamo hipotecario –

te mantendrá preocupado pero eventualmente resultará en algo bueno para ti.

Al contrario, estas líneas pretenden mantenerte preocupado e incluso 'asustado' para que no gastes todo tu dinero en apuestas. Escucha lo que le sucedió a una dama una vez. Ella estaba acostumbrada a jugar a la lotería. Se metió en deudas y vendió su casa por 700 millones de Liras. Pensaba pagar sus deudas con esa cantidad. Así lo hizo y le quedaron todavía 500 millones de Liras. Desgraciadamente decidió seguir jugando con la esperanza de poder comprar otra vez su casa. En un año lo perdió todo.

Tránsito de Plutón en la Tercera Casa

Podría corresponder a un serio estado de depresión de algún/a hermano/a. Tal vez alguno de tus hermanos o hermanas se vea involucrado en algún crimen durante este tránsito. Así que deberías de hacer tu mejor esfuerzo para demostrarles cuanto te importan; aún así ten en mente que durante esos años podrías no ser capaz de evitar esas heridas incurables que surjan entre tú y ellos – o algunos de ellos.

Con frecuencia la gente dice: "¡No esas cosas no pasan en nuestra familia!" Sin embargo, frente al dinero mucha gente – virtualmente cualquier persona – puede convertirse en un Caín ¿y no olvides el eslogan latino? *Homo homini lupus*. Si tu carta natal muestra un serio riesgo de un accidente de coche, deberías también tomar en cuenta seriamente evitar manejar durante este tránsito. Eso es lo que Yo he hecho, y créanme, no me arrepiento.

Tránsito de Plutón en la Cuarta Casa

Me encuentro muy seguido con este tránsito cuando la gente sufre mucho para adquirir una casa o un piso; o cuando sudan sangre porque heredaron bienes raíces pero por alguna razón no pueden tomar posesión de ellos. Algunas otras veces este tránsito implica trabajos de remodelación en casa o en el lugar en que trabajas – y eso es exactamente lo que debes hacer para descargar este tránsito.

Podrías planear trabajos en casa, y puedes hacer que duren décadas, dándole a cualquier detallito de tu espacio una restaurada, o renovada, o reemplazo: las manijas de las puertas, el sistema eléctrico, el piso... Enfrenta cada detalle particular como si fueras de aquellos que gastan años enteros haciendo modelos a escala de barcos, aviones, coches, etc. Y si puedes, también trata más con tus padres durante este tránsito.

Tránsito de Plutón en la quinta Casa

Aquellas parejas que sufren de infertilidad parcial o total podrían decidir hacer lo que sea que puedan para lograr tener un bebé, durante este tránsito. De hecho si los dos se comprometen, durante este tránsito es posible alcanzar esa meta invirtiendo enormes recursos, una buena cantidad de energía, y sobre todo, exorcizando los símbolos envueltos en este tránsito. En otros casos, este tránsito podría pedirte que asistas a uno de tus hijos o hijas que lo necesitan, incluso si eso te costará mucho.

He visto a gente que visitó el infierno, durante este tránsito, para ayudar a un hijo a recuperarse de la tragedia de la adicción a las drogas. Perdieron lo que tuvieron que perder, pero al mismo tiempo no sólo su hijo: también ellos renacieron a una vida nueva; se volvieron espiritualmente comprometidos, se volvieron mejores desde muchos puntos de vista.

En otro plano, si te gusta el juego debes hacerte consciente que durante este tránsito corres el riesgo de caer en el vicio de los juegos de azar con sus consecuencias negativas obvias. También, estate atento a no enamorarte de personas peligrosas: promueve o efectúa una investigación privada antes de empezar una relación nueva con quién sea.

Tránsito de Plutón en la Sexta casa

Cuidado con quién aceptas en tu casa; también se prudente al contratar a alguien durante este tránsito. Corres el riesgo de hacer una elección incauta y pagar las consecuencias. Lo que puedes hacer para descargar este riesgo es provocar un gran problema en tu trabajo – siempre y cuando puedas salir de el sin dañarte..

Por ejemplo podrías aceptar más trabajo del que puedes efectuar; y luego hacer hasta lo imposible, tal vez contratando a más personal para poder cumplir. También, podrías hacer algo extraordinario por tu propio cuerpo.

Ponle atención a tu propia salud de manera exagerada: ejercicio, masajes, saunas, terapias de lodo y demás. Durante este periodo deberías hacerlo de modo compulsivo, y volverte un verdadero higienista.

Tránsito de Plutón en la Séptima Casa

Considera seriamente casarte, incluso si normalmente crees en permanecer soltero. Sí, durante esos años incluso el más convencido solterón puede volverse un miembro potencial de una relación fija, estable y a largo plazo. Por otro lado, este tránsito podría significar también el riesgo de divorcio; así que pondéralo bien, porque cuando Plutón ataca siempre son 'noticias de último minuto', y no meras amenazas.

Así que si te importa tu vida marital actual, intenta re-conquistar a tu ser amado, manteniendo en mente que no hay nada garantizado de por vida – debes de re-establecerla día a día. Durante esos años también es posible que te veas envuelto en un largo juicio en una corte.

Si no, podrías considerar involucrarte en un juicio, por ejemplo provocarlo de algún modo – es mejor si va a durar décadas. Si me preguntas: '¿cuánto puede costarme pagar a un abogado por años?' te responderé: '¿Cuanto te costaría verte envuelto en un juicio penal?'

Tránsito de Plutón en la Octava Casa

Tal vez una muerte importante – o simplemente tu miedo de la muerte – podría mantenerte bien durante este tránsito. Te sugiero los remedios clásicos: drogas psicotrópicas y/o remedios homeopáticos contra la angustia, y/o la ayuda del psicoterapeuta.

Será mejor que evites frecuentar a gente con enfermedades terminales durante este tránsito; y mantente alejado de hospitales y cualquier otro lugar que esté directa o indirectamente relacionado con la muerte: morgues, cementerios, y demás. Júntate con gente feliz, y evita enfrentar temas serios con ellos. Puesto que este tránsito también se refiere a las finanzas, parecido al tránsito de Plutón en la 2da casa, en este caso también podrías perder dinero. Así que por favor revisa la sección relevante *Tránsito de Plutón en la segunda casa*. Para evitar posibles problemas sexuales, consulta a un especialista: un andrólogo, un sexólogo, un psicólogo. También podrías enfrentar problemas relacionados con herencias y posibles implicaciones legales. Ese podría no ser un problema real: puedes considerarlo una especie de impuesto – y uno no muy caro – que debes pagarle a Plutón.

Tránsito de Plutón en la novena Casa

Si alguna vez haz soñado con emigrar solo con tu familia, al extranjero y de manera definitiva, deberías considerar esta oportunidad seriamente durante este tránsito. Pero si no haz soñado con ello, bueno en este caso corres el riesgo de ser obligado a partir muy lejos de casa, y a estar allá varios años, y de modo poco placentero.

Una buena forma de exorcizar – con ciertos límites – dicho riesgo puede ser empezar una larga jornada metafísica y trascendental. Lo que quiero decir es podrías empezar a estudiar Yoga a un nivel más alto, Budismo, Culturas occidentales, astrología, filosofía, etc. Haciendo eso tienes buenas oportunidades de que los símbolos envueltos en este tránsito sigan el sendero psíquico y no el físico, limitando así o evitando todos los riesgos arriba mencionados.

Podrías intentar otro tipo de exorcismo frecuentando lugares distantes, por largos periodos y de manera más o menos regular. Eso se puede hacer por trabajo, por amor, por salud, por cualquier razón. En conclusión hay que llevar a cabo algún tipo de traslado en largas distancias. Eso estaría perfectamente alineado con este tránsito.

Tránsito de Plutón en la Décima Casa

En este caso la dirección correcta que seguir dentro del marco del 'comportamiento dirigido' explicado en este libro, es hacer cualquier intento posible para potenciar tu actividad laboral, incluso si eso te cuesta enormes sacrificios. Sé ambicioso y haz tu mayor esfuerzo para conseguir un mejor lugar bajo el cielo. Este tránsito requiere que exageres y hagas esfuerzos implacables para alcanzar tus metas – por otra parte, es ese hacer de más lo que consumirá los símbolos involucrados con este tránsito.

Un ejemplo práctico de lo que estoy diciendo puede ser el empleado que se pone a estudiar para graduarse a los 40.

Regresando a casa cada noche para abrir tus libros en lugar de relajarte o divertirte con tus hijos; no dedicarle prácticamente nada de tiempo al juego; reviviendo nuevamente las viejas emociones de los tiempos de la escuela; esas son cosas que podrían descargar este tránsito muy bien. En otro plano, podrías comprometerte a cuidar de tu madre, a quien tal vez has abandonado un poco hasta ahora.

Tránsito de Plutón en la onceava Casa

Como ya subrayé en varios libros míos, solo alguien ciego podría no ver las estrictas conexiones entre la 11va casa y la muerte. También puedes ver la sección de *Tránsito de Plutón en la Octava casa*, así como la sección de *Tránsito de Plutón en la décima casa*.

Además de las sugerencias hechas en esos lugares, podrías intentar también lograr algo importante de un amigo, de un conocido, de una persona de alto rango. Día a día, virtualmente diariamente, deberías de intentar exorcizar este Plutón en tu 11va casa. A propósito, este no parece ser un tránsito particularmente detrimental, excepto en que puede anunciar un duelo – pero por supuesto, no se pueden evitar los duelos

Tránsito de Plutón en la doceava Casa

Plutón en esta casa puede atacarte con un rango muy amplio de eventos. Es en verdad un tránsito potencialmente riesgoso y les sugiero reubicar tantos Retornos Solares como les sea posible durante este tránsito.

Teniendo en cuenta que este tránsito puede durar entre 20-30 años, tal vez no sea necesario reubicarte todos los 20 o 30 retornos solares – pero al menos, los más amenazadores.

Puesto que este tránsito suele tener consecuencias a nivel psíquico, otra sugerencia es tener pastillas antidepresivas y ansiolíticas a la mano para ayudarte. Si, es posible, métete también a psicoterapia de apoyo.

Apéndice

Algunos retratos astrológicos de celebridades que pueden ayudarte
a entender la teoría que se explica en este volumen

19.
Retrato astrológico de Giacomo Casanova

La vida de Casanova, que fue muy singular y extraordinaria, se puede comparar - analógicamente - al ritmo de la película - El Imperio de los Sentidos (1976), por Oshima Nagisa, que a su vez, corresponde con un acto sexual: creciendo poco a poco en el principio, más fuerte en la etapa intermedia, condenada a una catabasis irreversible hacia el final. La película del director japonés, considerada aquí como una metáfora para la expresión de la libido del sujeto, explica que la vida de este Aries ha sido muy intensa entre los veinte y los treinta años de edad y ha cambiado más adelante en una parábola descendiente, lentamente en la madurez / vejez, donde la energía se transformó en agresividad y el poder fálico se escapa a través de las innumerables diatribas diarias expresadas hacia los sirvientes (el Sol, como se observará más adelante se encuentra en la sexta casa de su horóscopo.)

Este hombre, caracterizado por una hipertrofia genital y de su libido, era sobre todo un "violador". Por lo que podemos decir, Utilizando los dos análisis de Freud y de Jung, que su energía mental era del tipo libidinoso y psicosexual: cuando veía a una mujer, sentía un deseo incontrolable de poseerla y de "violarla". Inmediatamente después su mayor interés era compensarla de alguna manera y de ese modo deshacerse de ella.

La historia de su vida está fuera de lo común porque él estaba fuera de lo normal e incluso si él era un mentiroso, un tramposo, un libertino, un engañador, un jugador, un aventurero y muchas otras cosas, no podemos restringir su personaje a ninguna de estas etiquetas por si sola; hay que considerarlas proyectadas sobre un universo de características heterogéneas que lo muestran también como un caballero, un hombre generoso, un hombre muy culto y con gusto, uno de los más grandes hombres de letras de su tiempo.

De acuerdo con algunas personas, como Carl Gassaner, que compuso el texto teatral Casanova en el castillo del Dux, publicado hace unos años por el Grupo "de La Rocca" en Bolonia - Casanova habría inventado toda su increíble historia, mientras que, según Ugo Foscolo, el hombre ni siquiera existió. Sin embargo, el más famoso de los venecianos de todos los tiempos, junto con Marco Polo, vivió y dejó huellas profundas de su paso. Incluso si sus biógrafos han demostrado que existen algunos hechos falsos en las leyendas sobre él; que hay algunos fragmentos de recuerdos oscurecidos por la severidad de la senectud que no perdona a nadie, su vida es representativa del estilo de vida del siglo en que vivió, es la historia del mundo visto a través de los ojos de un hombre que podemos definir de muchas maneras diferentes.

Casanova fue retratado de muchas maneras - como una "gran mierda" del dramaturgo cinematográfico Armando Papa, como un gran macho cabrío cuya repetitividad mecánica era comparable a la de un pistón - solamente capaz de hacer movimientos hacia arriba y hacia abajo - en la película de Fellini, como el "monstruo Carnal total" de Alberto Moravia.

En nuestra opinión, sin embargo, Casanova personifica muchas cosas juntas, como se verá a través de su Carta natal. Pero sobre todo, como hemos dicho antes, representó un coito sostenido, rítmico y acelerado al principio, que se hizo muy fuerte y explosivo en la mitad de su vida, y una contracción moribunda al final.

A juzgar por su propia declaración, Giacomo Casanova nació en Venecia el 2 de abril 1725. Su hora natal no se sabe, pero a partir de una reconstrucción especulativa propuesta en el compendio "El Libro Americano de las cartas", por Luis M. Rodden, entendemos que él vino al mundo a las 8:00 PM (LMT).

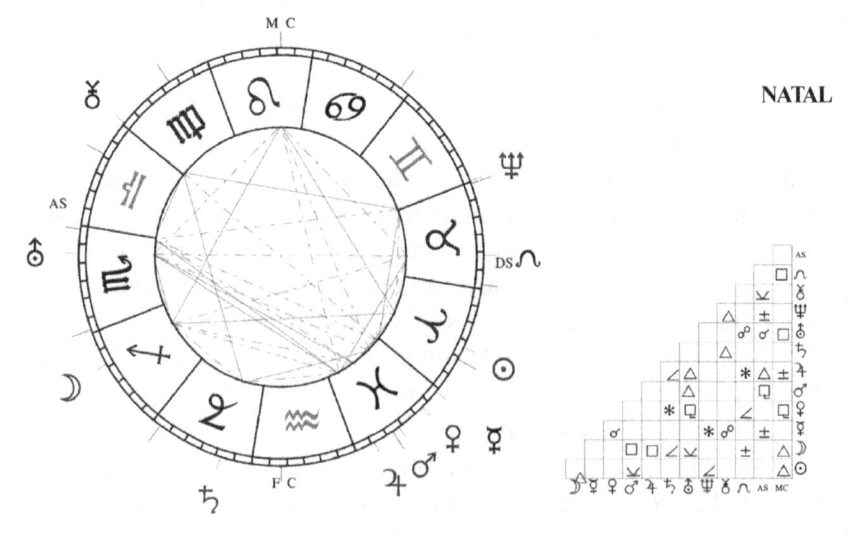

NATAL

Esta hora de nacimiento es muy convincente para nosotros, mucho en verdad. Su carta natal, de esta manera, llega a tener un Sol en la Casa VI, el Ascendente alrededor de 1° en Escorpio, un stellium extraordinario en Piscis, en la quinta casa, y Urano dominante que explica la enorme inestabilidad de su destino, los altos y bajos de su vida, los giros dramáticos, los giros en ángulo recto, su originalidad-excentricidad, la enorme necesidad de libertad que siempre marcó sus elecciones, lo impredecible de cualquiera de sus decisiones.

Debemos notar el Sol en la sexta casa que lo llevó a afeitarse tres veces al día, a vestirse como un dandy y a pagarle un sueldo a un peluquero personal, inclusive cuando tenía escasez de fondos, para aparecer siempre bien arreglado en público. El mismo Sol en la sexta casa dio como resultado una relación muy particular con sus sirvientes que lo abandonaron y le robaron o que lo acosaron con miles de malicias y perfidias diarias durante su vejez.

La primera luminaria en la Casa correspondiente al signo de Virgo, se expresó en la forma de su gran interés por la medicina, que habría estudiado en su juventud y que practicaba muy a menudo en la edad adulta y la vejez, con las dietas que a menudo se imponía a sí mismo y con el irritante sentido crítico que lo hizo convertirse, en el ocaso de su vida, en un viejo gruñón y buscapleitos.

Su Ascendente Escorpio junto con los valores atribuibles a su stellium Piscis / Quinta Casa y Aries sexta Casa, proporcionan amplias evidencias de que su energía se inclinaba sobre todo en un sentido sexual y justifica las numerosas gonorreas y hemorroides que padeció. El Ascendente Escorpio también justifica su afirmación: "mi pasión ha sido siempre la venganza" (edición Dall'Oglio de la Historia de mi vida, 1946, página 558/II).

Los fuertes valores asociados con Piscis y Júpiter-Marte-Venus-Mercurio entre la cuarta y la quinta casa, eran indicadores claros de sus desenfrenos, disfrutando de su vida: comía como un rey, docenas de ostras y aves de caza preciosas y las acompañaba con un flujo abundante de muy buenos vinos.

Gran parte de su vida la pasó en excelentes comedores, en brazos de mujeres y en mesas de juego. Dormía muy poco como un buen Escorpión y sus aventuras amorosas eran legendarias.

Él era insaciable, hasta el punto de que cuando se sobre-entregaba - y sucedia muy a menudo - eyaculaba sangre, algo que horrorizaba a sus mujeres, pero esto lo dejaba satisfecho y muy orgulloso.

Él amaba con una intensidad increíble y por períodos muy largos, propuso a una de sus amantes - que deseaba abortar – la cura del aroph, una forma muy extraña coito que se repite 5 o 6 veces al día, durante varios días. Pero, si su virilidad era como una página del libro de Guinness World Records, no fue menor el fuego sexual de sus mujeres, como fue el caso de la joven Elena: "... en el tiempo que yo pasé una sola vez, ella pasó 14 veces de la vida a la muerte "(obra citada, vol. II, página 300).

El balance de su vida sexual-amorosa nos habla de casi doscientas mujeres seducidas y media docena de hijos engendrados y esparcidos por toda Europa. Esto, a pesar de que, como él mismo narró, copuló sin preservativo que era "... un invento reciente Inglés".

Pero si viéramos a Casanova solamente como un maníaco sexual, obsesionado e impulsado por un propósito solitario, este punto de vista parecería ser demasiado simplista e injusto, vean a continuación. Como algunos de los grandes eruditos de Venecia han declarado - eruditos como Maynial, Zottoli, Kesten, Rives Childs, Baccolo, y más recientemente Piero Chiara y Roberto Gervaso - este gran seductor, era también un hombre de letras refinado e intelectual que nos dejó uno de los frescos más preciados del siglo XVIII. Sus memorias, traducidas a varios idiomas, fueron apreciadas por grandes eruditos literarios que las elogiaron, por su simplicidad de expresión, estilo fluido y las crecientes efusiones espontáneas (el Sol en Aries).

Es cierto que Casanova tuvo tantos admiradores como detractores, pero, en general, pasó a la historia como un grande. He aquí una pequeña antología de los críticas rencorosas del ensayo de Gervaso (Rizzoli editor).

"Hombres como Casanova - dice Molmenti - llevaron a dar un paseo por el mundo, el espectáculo de la vergüenza italiana, afirmando que la vieja Italia ridiculizaba, vendía y lo prostituía todo, desde los antiguos héroes hasta los nuevos santos". Y D'Ancona, dice: "Como hombre, el veneciano era producto indirecto y genuino de la putrefacción social de la ciudad en el último período de vida de Serenissima". Más cerca de nosotros, Jonard lo condenó como un "falso moralista marchito, un reaccionario - lleno de bilis, un seductor presumido - que prostituyó su pluma, vendiéndosela a los inquisidores". Bozzola lo definió como: "un nómada con una mente abierta y alerta, cuya única libertad era la de vivir de acuerdo a su talento y sin preocupaciones". Y, por el contrario, Piero Chiara quien editó una edición hermosa, pero no auténtica de Memorias para Mondadori, junto con Federico Roncoroni, tiene esto que decir:

"Todo lo que Casanova obtuvo de la vida fue por mérito propio, por su ambición, inteligencia, estudios , valor indomable y sentido del honor, para decir la verdad, un poco subjetiva, él se enseñó a sí mismo a practicar la nobleza y se constituyó como un modelo de conducta de los personajes más libres de prejuicios e intrépidos de la época, que abarca los atributos de un amplio espectro de personas desde el Cardenal de Bernis al General Branicki. Su nombre, como los de Don Juan o del Doctor Fausto o del Marqués de Sade, salió de la historia para entrar en las mitologías modernas".

En la lectura de las más de 2.600 páginas de memorias, lo vemos vivir una existencia paroxística constante - cada centímetro de su estructura de casi siete pies de altura - para inventar su vida a cada día, para especular, jugar, hacer trampas, comerciar, trabajar, - con éxito - en los altos intereses financieros, al perder voluntariamente en la estupidez de pseudo magias, para practicar mil empleos, para viajar más que sus homólogos contemporáneos, para ser, en una palabra, lo que hoy llamaríamos un "turbio hombre de negocios ".

Cada empresa extraña o actividad audaz lo estimularon - desde charlatanes a la Marquesa de Urfé hasta la desfloración acrobática de una mujer jorobada, desde el duelo dialéctico con Voltaire a la representación práctica de las 35 posiciones de amor sugeridas por Aretino.

Sus valores Piscieños son los excesivos hábitos malos que lo atormentaron toda su vida y que le trajeron muchas y grandes aflicciones: estuvo muchas veces en la miseria y tantas veces en prisión. Él había morado en las prisiones de la mitad de Europa y su sensacional fuga de la prisión "i Piombi" de Venecia le trajo mucha fama como una leyenda en vida.

Tuvo altibajos increíbles con el dinero toda su vida, como lo predice su Luna en Sagitario en la segunda Casa con aspectos disonantes hacia Neptuno, Marte y Júpiter. En esa posición, la dueña de cáncer esparció un velo de imprudencia en sus tratos financieros: era un derrochador y, durante su vida, gastó varios millones de francos. Dejó propinas impactantes, invitó a compañías enteras de teatro a cenar, indemnizó generosamente a todas sus "víctimas", a la mayoría de las cuales las hizo ricas y felices, "acomodándolas" astutamente.

¿Pero las amaba? Evidentemente no. Amaba sobre todo y singularmente su propio placer (valores de la quinta Casa). Su exuberancia física lo constriño a buscar continuamente para sí algunos "sangrados" sexuales. Pero es evidente que su deseo, antes que físico, era mental. ¿Y qué puede hacer aflorar la combinación de un Sol en Aries (el hipermacho) con un Ascendente en Escorpio y valores de Piscis en la quinta Casa? El placer, principalmente el placer, el placer sexual absoluto. Era un clavo lo que tenía en su cabeza.

Cuando veía a una mujer sólo pensaba en desnudarla. Era como una enfermedad.

Algunas mujeres intentaron resistirse a él, entre ellas estaba la perdida Charpillon que Casanova llegó hasta el punto de amenazar con un cuchillo para obtener sus favores, pero tuvo que pasar por un montón de problemas más adelante, para expulsarla de su vida. Desahogó su frustración en ella con la compra de un loro al que le enseñó a decir, todas las mañanas: "Miss Charpillon es una puta, mas grande que su madre". Teresa (supuestamente un tal Bellino castrado), Paolina y Enriqueta fueron sus grandes amantes, pero es probable que fueran clasificadas así sólo porque el destino se las llevó, antes de que él se cansara de ellas.

Se enamoraba todos los días, pero nunca se casó, exactamente de acuerdo con sus valores Virgo (el Sol en la sexta Casa natal).

Tenía un gusto placentero en la boca y tomó de todo tipo: bonitas, hermosas, feas, viejas, la que tuviera enfrente; aunque él siempre tuvo una predilección por las Lolitas que coleccionó en gran medida (comenzó amar misteriosamente incluso de doce u once años de edad).

En su relación con la "Locura sublime" vivió una larga tarde enamorado de esta mujer que era la marquesa de Urfé, más de setenta años de edad, a quien le dejó creer, entre otras cosas, que podía dejarla embarazada. De acuerdo con algunas personas, descendió a la inmoralidad del incesto e hizo un hijo con su hija Leonilda.

Fue viril hasta edad muy avanzada, a pesar de que a partir de los cuarenta años se enfrentó a un largo y doloroso declive físico que se manifestó en muchas enfermedades, entre ellas trastornos visuales graves, durante la última parte de su vida (el Sol en la sexta Casa natal).

Estaba convencido de que la fortuna ayudaba únicamente a las personas jóvenes y estaba tan obsesionado con esa idea que vivió en paranoia los últimos años de su existencia, en exilio voluntario en el castillo del Dux, en Boemia. Ahí, aparte del odio del terrible mayordomo Feltkirchner y de su amante (el cochero), Casanova fue tratado muy bien por el conde Giuseppe Carlo de Waldstein, quien lo puso a cargo de una biblioteca de 40.000 volúmenes y le dio un asentamiento en un buen hotel que el Veneciano apreció mucho: "Yo como y bebo como un caballo", le escribió a un amigo suyo en ese período.

Su Saturno en la tercera casa natal se expresó de muchas maneras. Por ejemplo, tenía una muy mala relación de desbordante odio recíproco con su hermano menor, que era un sacerdote. Saturno también dejó su característica mancha en sus obras literarias. Si se excluyen dos libros menores que publicó a las edades de 27 y 32 años, respectivamente (Zoroastro, una tragedia traducida del francés, y Camilla Veronese en el Mercure de Francia), las más importantes de sus obras fueron escritas durante la última parte de su vida. Escribió "La Histoire de ma vie 'a partir de 1789 hasta su muerte el 4 de junio de 1798 a la edad de 73 años. Pero Saturno conspiró para interrumpir esta actividad en la víspera de su regreso a Venecia (14 de septiembre 1774), después de diez y nueve años de exilio (después de haber escapado de la cárcel "i Piombi" el 1 de noviembre 1756).

Algunos investigadores creen que él decidió voluntariamente suprimir otros detalles de su vida cuando se encontraba en el umbral de los cincuenta años, mientras que otros creen que fueron escritos y tenían algo de contenido misterioso por lo que fueron eliminados intencionadamente por intereses creados. Nunca podremos saber la verdad, lo cierto es que hubo una interrupción, que corroboró la presencia de Saturno en la tercera Casa natal.

Este mismo Saturno siguió persiguiéndolo, incluso después de su muerte e hizo que sus Memorias fueran censuradas.

Aquí están las dos versiones de una misma situación de su vida, la primera en la edición de mayor circulación hoy en Italia (Mondadori) y la otra en la edición más completa de Dall'Oglio de la cual se imprimieron sólo 3195 copias en 1946.

1. "La última noche que pasé con mi ángel en su totalidad, estaba muy triste. Si el amor no vino a nuestro rescate una vez en un tiempo, habríamos sin duda muerto de dolor. Cuando aparecimos en la familia...".

2. "La última noche que pasé en su totalidad con mi encantadora condesa, se puso muy triste, nos habríamos muerto de dolor, sin la voluptuosidad del amor que nos consoló. Ninguna noche fue nunca gastada tan maravillosamente que ésta. Las lágrimas de dolor y de amor al mismo tiempo se alternaron sin solución, y renovó nueve veces el sacrificio en el altar del dios que revivió mis fuerzas cada vez que el placer se consumó. La sangre y las lágrimas mojaban el santuario, el sacrificador se agotó tanto como la víctima, pero el deseo dijo: "Más".

Tuvimos que separarnos, al mando de nosotros mismos con un esfuerzo tan doloroso como había sido la dulzura de nuestra unión en ocho horas ... Cuando nos presentamos juntos en el comedor ... "(obra citada, tomo II, folio 438).

Mucho se ha dicho y erroneamente también, de su presunta relación con la astrología. No era más que una mezcla de astrología esotérica mezclada con magia y fraudulentas jactancias, con las que Casanova engañó a la marquesa de Urfé y a muchas otras personas. Pero leía mucho y tenía un gran refinamiento, gusto y discernimiento que le permitió identificar, en el camino sinuoso de su vida aventurera, incluso la más diminuta partícula de oro en un montón de chatarra y, no teniendo en cuenta la fecha de su huida de la prisión de "i Piombi", que eligió utilizando la Cábala, es muy interesante observar lo que escribe acerca de su cumpleaños. "... Yo observé que era 02 de abril 1744, aniversario de mi nacimiento, fecha que por diez veces en mi vida coincidió con un hecho digno de notarse" (Casanova, memorias escritas por él mismo - Garzanti Editorial, página 244).

Desde todos los puntos de vista, hay mucho por comprender acerca de su carácter. Las polémicas crecen y se desarrollan a su alrededor. Una de ellas es la forma en que Casanova ha sido caracterizado en un programa de televisión por Comencini, donde aparece como un joven tímido y chaparro y se propone que haya sido un sacerdote que se volvió un libertino por circunstancias de la vida y que sus cualidades no son atribuibles a la impronta astrológica y genética recibido en su nacimiento.

Pero su horóscopo y su ADN están ahí para dar testimonio de su verdadera personalidad. Y se reporta que él mismo exclamó: "Yo sólo me sonrojo por no ser capaz de sonrojarme".

Giacomo Casanova

20.
Retrato astrológico de Luigi Pirandello

¿Cómo puedes explicar que el hijo de un vendedor de azufre, grosero e inculto, un nacido y crecido en un suburbio del Sur-Oeste pobre de Sicilia en 1867, no tardaría en demostrar un gran amor por las letras que lo llevó a ganar el premio Nobel de literatura? Lo puedes explicar sólo a través de la conjunción de su Venus regente con el Ascendente en el signo de Géminis.

Por aquellos tiempos, la gente a menudo heredaba artes y oficios del padre, o solía adoptar la profesión del ambiente en que vivía. Algunas personas se veían obligadas a elegir su campo de actividad teniendo en cuenta las posibilidades estrechas del mercado local - por ejemplo, los pescadores de una isla. En algunos casos, la gente elegía una profesión como reacción en contra de un problema interno, como Gavino Ledda, el autor de la obra autobiográfica Padre Padrone. Ledda se convirtió en un profesor de glottología - la ciencia de la comunicación verbal - para compensar largos años pasados en un silencio obligatorio como pastor en las colinas de Cerdeña. Y ¿qué hay con Pirandello? En su caso evidentemente había una razón guía, mucho más fuerte que cualquier otra influencia ambiental que - al parecer – prevaleció. La fuerza guía de Luigi Pirandello fue su Venus natal: una especie de ánodo, capaz de magnetizar los 'electrones libidícos´ de Luigi, hacia una dirección muy específica - hacia las artes.

Venus en Géminis, cerca del Ascendentente no es el único elemento astrológico que marca el caso de Luigi. Debes tomar en consideración también a su Mercurio, regente de su Ascendente, que en su carta natal se encuentra en la tercera Casa, y a su Sol natal, que está en trígono con Júpiter, regente de la 6ta casa, que estaba en la Casa 10, en el trono, en Piscis. Esta última combinación indica claramente el enorme éxito de Luigi en la literatura.

El análisis astrológico de Luigi Pirandello es sin duda una tarea estimulante para el astrólogo que puede detectar un par de factores decisivos en la carta natal. En primer lugar, sabemos la hora de su nacimiento con un buen grado de precisión. Él produce una gran cantidad de obras literarias que son el reflejo de su propia alma, de modo que podemos compararlas con la información procedente de su carta natal. Él tiene una vida llena de acontecimientos importantes, que también pueden ser útiles para la comparación con los tránsitos y Revoluciones Solares.

Yo sugeriría al lector que revise a la biografía de Pirandello escrita por Gaspare Giudice (la edición italiana ha sido publicada por el editor UTET), en la que se pueden encontrar los principales acontecimientos de su vida, una crítica de sus obras, la biografía de gente que lo conoció personalmente y estaba en estrecha relación con él, las alegrías y los dolores que le movían, y la lista de los pros y los contras de la imagen que proyectaba al mundo exterior ... En las siguientes líneas voy a comentar sobre la carta astral de Pirandello siguiendo la cronología de los hechos, como se indica por el Sr. Giudice.

En el volumen del señor Giudice se puede leer que Luigi nació en un pueblo con el curioso nombre de Caos, en tierras que rodean Girgenti (Agrigento de hoy, una ciudad en el sur de Sicilia) el 28 de junio 1867 a las 3:15 am. Su madre tenía que dar a luz en una zona aislada fuera de la ciudad para evitar cualquier riesgo de contagio de cólera, pues había una seria epidemia en esa época en Sicilia.

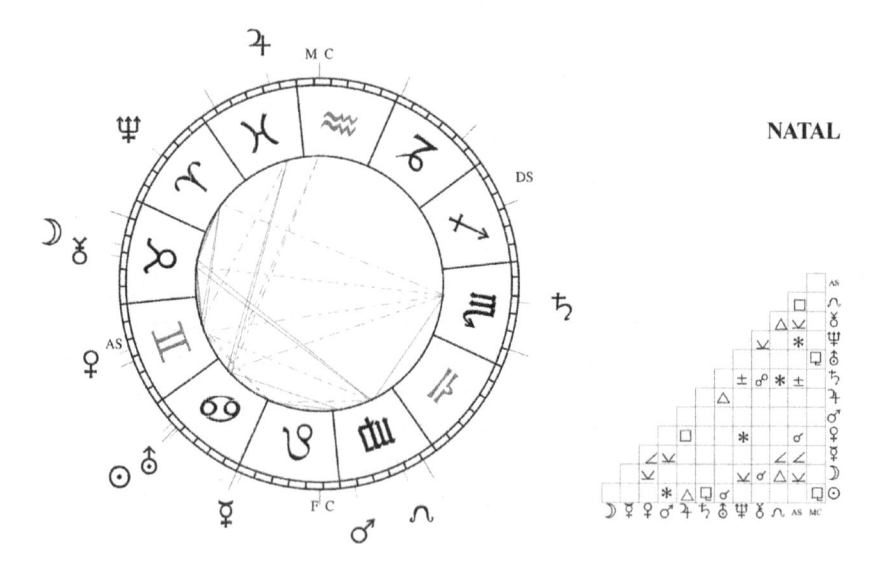

El segundo hijo de Stefano Pirandello, Luigi tuvo que nacer sin la ayuda de una partera, y se enfrentaría a otro problema importante poco después de su nacimiento. Me refiero al hecho de que su madre se asustó por alguna razón y perdió la capacidad de producir leche, lo que obligó a Luigi a un destete prematuro.

En la biografía de Pirandello, su madre parece ser igual que el resto de las figuras femeninas que forjaron el carácter de su alma de una manera negativa. De hecho Caterina Ricci Gramitto vivió constantemente en segundo plano con respecto a su marido Stefano, hoy en día este último bien podría ser definido como un 'machista'. La sección transversal de su triste vida puede resumirse en la posición de la Luna en la carta natal de su hijo - en conjunción con Plutón en la 12va Casa, y en oposición con Saturno en la Casa 6.

Este es un punto fundamental de la carta natal que estamos examinando: feminidad, sentimiento, alma - y todos ellos mal aspectados, en un cáncer extremadamente sensible. Como mostraré en breve, su hermana sufrió de locura por un período, su esposa Antonietta estaba loca también. Tuvo sólo dos importantes asuntos amorosos en su vida: uno platónico y realmente insatisfactorio, con la actriz Marta Abba; y otro con su hija Lietta – él sufrió mucho cuando ésta se casó y siguió a su marido a Argentina.

En cuanto a la feminidad como sentimiento, no hubo un solo caso en la infancia de Pirandello que pueda ayudar a arrojar luz sobre sus futuros sentimientos, definitivos sobre las mujeres y el amor. Un día su curiosidad llevó al niñito Luigi a introducirse en una sala mortuoria donde había un cadáver en la losa, listo para enterrar. Ya en medio de este escenario macabro, al niño le da más miedo cuando se da cuenta que no estaba solo en la habitación. Cuando sus ojos se acostumbraron a la oscuridad de la sala, vio a un hombre y una mujer fundidos; ella tenía la falda hacia arriba, hacían movimientos rítmicos que su joven alma simplemente no pudo aceptar. Más tarde Leonardo Sciascia comentaba este evento en los siguientes términos: "En Pirandello, el amor estaba vinculado siempre, de alguna manera con la muerte. No es la noción de la muerte, pero con la muerte misma, con la presencia física de la muerte. De lo contrario, el amor sería perturbado por la locura. O envenenado por la falta de comprensión y de fidelidad. En sus personajes, uno nunca encuentra un momento de abandono al corazón, o a los sentimientos.

Y nunca hay una mujer - ni siquiera entre las más bellas - que el autor no representa, más o menos evidentemente, con una sombra de repulsión".

Más tarde - no mucho más tarde, sin embargo - Luigi se enfrentaría a otro drama de tipo similar. Me refiero a una relación adúltera que su padre tuvo cuando Luigi tenía catorce años de edad, con una pariente viuda. Ciego de repugnancia hacia su padre y con el dolor por su madre adorada, Luigi hizo algo sumamente grave - le escupió en la cara a la amante de su padre. Ese fue el comienzo de un enfriamiento progresivo de las relaciones entre él y su padre. Ellos nunca se reconciliaron.

Por lo arriba explicado se puede entender la actitud de Luigi sobre todo hacia la imagen de la mujer. Puedes notar una polaridad singular entre la tosquedad de prácticamente todas sus tramas literarias y el puritanismo que emerge en cada manifestación de su vida. En lo que se refiere a puritanismo de Luigi, no olvidemos su hostilidad hacia Gabriele d'Annunzio, a quien consideraba un mujeriego - aún cuando también tenía razones personales de fricción con él debido a su prestigio. Pirandello también quedó asqueado por el comportamiento de Benito Mussolini - a quien anteriormente había admirado - cuando el Duce italiano le propuso satisfacer su amor platónico por Marta Abba simplemente 'acostando a la actriz en un sofá'.

Este contraste refleja los elementos astrológicos ya mencionados, así como la posición de su Marte natal en la Casa 4, en oposición con Júpiter. Lo cual se refiere claramente a su padre, Stefano: un hombre físicamente fuerte, grosero y severo, un ex soldado de Giuseppe Garibaldi, que también había luchado en contra de la mafia local, negándose a pagar "dinero de protección" en relación con su negocio de azufre. El padre de Luigi era un hombre duro, que nunca aceptó someterse. Por esta razón, él sufrió de varias emboscadas y ataques en los que fue herido y en los que a menudo arriesgó su vida.

Estos fueron los padres de Luigi, el entorno en el que nuestro escritor sensible y delicado creció, recogiendo las piezas de un rompecabezas hecho de un enorme pesimismo, con las que más tarde armaría al hombre y usaría para la vida en general. Niño pequeño Pirandello tuvo que enfrentarse también a dos problemas más graves: la enfermedad mental de su hermana que ya se ha mencionado, y el desplome financiero de su padre. El abuelo materno de Luigi entregó todos sus bienes al padre de Luigi, Stefano, quien más tarde tuvo otra crisis financiera - incluso peor que la anterior. Este evento marcó también el comienzo de la enfermedad mental de su esposa Antonietta. Pirandello tuvo que enfrentar problemas financieros muy a menudo en su vida, aunque no de forma constante: esto es atestiguado por su Luna natal, regente de la Casa 2, colocada en la Casa 12.

Por otra parte, los problemas financieros a los que tuvo que hacer frente no siempre eran de un tipo negativo. De hecho, aprovechó ciertos períodos en situación desesperada: tuvo que abandonar la poesía para escribir géneros más lucrativos, y esto le llevó a escribir su obra maestra, la novela Il fu Mattia Pascal (El difunto Matías Pascal).

Durante los primeros veinte años de Luigi también podemos ver una muy grave enfermedad y su profundo amor por su prima Lina. Su afecto por Lina se volvió más y más débil en el transcurso de los años, y terminó en la nada.

En noviembre de 1887, Luigi dejó Sicilia y se trasladó a Roma, luego a Corno, luego a Bonn. Esto fue sólo el comienzo de sus interminables migraciones en todo el mundo, en medio de felices períodos cortos de estancia en Roma durante su matrimonio, también coronados por el afecto de sus hijos, su hija Loretta por sobre todo. Así pues, podemos percibir el lado infantil típico de la vida de un Cáncer - que se escapa cuando no se siente amado. También su Marte natal en la Casa 4 destaca las desventuras de Luigi en relación con su domicilio. Además Marte es el regente de la sexta casa: al estar en la cuarta, se refiere a los viajes frecuentes de Luigi por motivos profesionales. Seguramente se mudó con más frecuencia por trabajo que por estudios.

Su primera estancia en Alemania fue muy positiva para sus estudios, pero se vio obligado a volver a Italia con bastante frecuencia debido a sus malas condiciones de salud. Su carta natal habla también sobre este tema: Saturno está mal aspectado en la Casa 6. De hecho, él sufrió mucho de mala salud durante su vida. Por otra parte, durante el período mencionado anteriormente tenía principalmente problemas de tipo psicosomático (en el estómago), como consecuencia de su traumática mudanza desde la Sicilia del siglo XVIII a la Europa del Norte del siglo XIX. Por supuesto que la zona seguía siendo conservadora, sin embargo, ya se percibían las novedades del siguiente siglo, y estaba sin duda a años luz de adelanto con respecto a la tierra natal de Luigi.

Entonces se graduó en literatura el 21 de marzo de 1891 y luego regresó a Italia, expresó su profundo amor por el arte y en particular la pintura - ¿cómo podía hacer caso omiso de ellas, con tan magnífico Venus dominando en Géminis, cerca de su Ascendente y regente de su quinta casa? Luego se casó con Antonietta Portulano - y otro terrible acontecimiento golpeó su vida.

En el tránsito de 1903 Neptuno pasó sobre su Sol natal en la cúspide de la segunda casa, mientras que Urano transitó su octava casa natal. Su padre, que solía respaldarlo con dinero, tuvo una crisis financiera y su esposa primero quedó paralizada, y luego se volvió loca.

En los años siguientes Luigi estaba profundamente comprometido en su producción literaria, que le dio para vivir a él y a su familia. En este espacio de tiempo se ocupa también en distintas actividades. Fue profesor en la universidad. Escribió críticas y ensayos para diversos periódicos. Escribió novelas y cuentos cortos, y por supuesto, escribió obras de teatro. Al escribir obras de teatro, que era su principal actividad, podemos detectar una vez más su fuerte, Venus regente, regente también de su quinta casa - la casa de entretenimiento, espectáculo, y la actuación. El Sr. Giudice describe la eterna contradicción de Pirandello - lleno de pasiones por dentro, pero con la cabeza fría - que se refleja en su forma de vestir: "vestía principalmente de gris", dice Giudice.

También durante esos años su mujer demostró unos celos absurdos, en realidad rozando la paranoia. Luigi sufrió mucho debido a esa tortura continua, lo que lo llevó a considerar seriamente el suicidio en 1903. Profundo sufrimiento, cargas pesadas marcaron toda la existencia de Luigi. Solía ser abnegado y siempre aceptaba los problemas con resignación, como lo muestra claramente su conjunción natal Luna-Plutón. En su biografía, Gaspare Giudice escribe: "En realidad, Pirandello siempre sufrió en su orgullo.

Cuando era niño, fue su padre quien hirió su orgullo. Ya de adulto, era su esperanza frustrada por conseguir logros sublimes, más allá de sus capacidades reales. Aceptó problemas de la vida con tenaz, y empedernida paciencia". Sin lugar a dudas su paciencia le fue dada por sus componentes natales de Tauro -- Tuvo la Luna en Tauro y el Sol en la Casa 2, que está ligada al segundo signo del Zodiaco - es decir, Tauro. Al mismo tiempo, estos componentes taurinos le dieron su obstinación en la lucha siempre sostenida por una ola de optimismo básico (marcado por su fuerte trígono entre el Sol y Júpiter) y la firme voluntad (subrayada por su conjunción natal entre el Sol y Urano) . Ahora requerimos hacer ciertas consideraciones. Muchas personas describen el 'nihilismo' de Pirandello; su eterna visión del hombre que es aplastado por el destino, del hombre cuya suerte lo orilla a ser un personaje - no una persona. Si bien es cierto que ese sentido de la aniquilación marcó su pensamiento - el cual no podía ser de otra manera, teniendo en cuenta la vida que vivió - también es cierto que demostró ser sumamente optimista, pues encontró la fuerza para rebelarse contra el "destino", volviendo a empezar una y otra vez después de cada revés.

Creo que ese punto se puede leer claramente en su carta natal, sin embargo, nunca ha sido evidenciado por ningún biógrafo. De hecho, a pesar de tener una visión del mundo generalmente pesimista (Luna en oposición con Saturno) su fuerte trígono natal entre el Sol y Júpiter lo hizo optimista en sus acciones.

Con el inicio de la Primera Guerra Mundial, sus problemas se extendieron a sus hijos. Su primogénito Stefano se enrroló como militar en julio de 1915. En noviembre del mismo año, fue herido en el pecho en una acción heroica y fue hecho prisionero. Luego fue deportado a Austria, donde permaneció encarcelado hasta el final de la guerra, en medio de problemas profundos. Su hermano Fausto ya estaba sirviendo en el ejército, él también tenía problemas y ambos fueron víctimas de tuberculosis. Es bastante sorprendente darse cuenta de que el ya mencionado Venus regente también se expresó claramente en los acontecimientos descritos: además Venus, como regente de la 5ª casa de Luigi, también nos muestra el profundo amor que sentía por sus hijos.

Durante esos años también perdió a su madre, su hija intentó suicidarse porque la esposa de Luigi - en un exceso de celo - la acusó de tener una relación incestuosa con su padre; Fausto volvió de la cárcel; mientras que Antonietta Pirandello fue internada en una institución siquiátrica, donde permaneció por el resto de sus días. El 16 de julio 1921 su hija Lietta se casó. Después de siete meses emigró a Argentina. Ese fue el " golpe de gracia " para Luigi Pirandello, quien no podía seguir haciendo frente a tal secuela de acontecimientos dramáticos . Por otra parte, dichos acontecimientos lo forjaron como un nuevo creador, y lo llevaron a escribir obras muy originales (al menos , originales para aquellos tiempos) como Seis personajes en busca de autor (Sei personaggi en Cerca d' autore) , tal vez su obra más famosa y célebre .

1923 fue el año de su mayor éxito, diez años más tarde fue galardonado con el Premio Nobel de Literatura aún montado en ese éxito.

Llegaron los años del fascismo en Italia. Pirandello se adhirió a el, pero más tarde lo rechazó; en los años anteriores también se había unido y había rechazado otros movimientos políticos. Probablemente, fue atraido hacia la radicalidad del fascismo temprano, pues él era un radical de algún modo, en armonía con su Urano natal que está en conjunción con el sol. Por otra parte, al igual que muchos otros nativos de Cáncer, era obviamente inestable en sus convicciones políticas. También cambiantes eran sus relaciones con los otros personajes famosos de su tiempo, sobre todo en el mundo de la literatura: tenía constantes fricciones, alejamientos, y las manifestaciones de hostilidad hacia ellos (Saturno mal aspectado en su sexta Casa).

Pirandello pasó el último período de su vida en el exilio voluntario, después de haber sufrido varias manifestaciones de hostilidad en su país natal (conjunción en la Casa 12), vivió sobre todo en Alemania y en Francia, en un estado bastante nómada, desmoralizado y moralmente agobiado . En 1931 escribió a su hija, " ... , tu padre, Lietta, tiene que pasar los pocos días que aún le quedan en soledad , sin domicilio fijo y sin casa en ningún lado. Además de ser un requisito de su espíritu, el cual en este momento no puede reconciliarse con ningún hábito de vida, es una necesidad porque el destino ya ha alborotado a los enemigos de su talento y de su valor; y con tanta fuerza que ya no hay lugar en su país para él. Él tiene que ganarse la vida - y ya no para sí mismo - afuera, aquí y allá. Espero morir de pie, y no en un hospital en Francia o en América. Pero no me importa. Por el momento estoy pensando en trabajar y voy a estar trabajando hasta que pueda. La muerte no me asusta, pues estoy preparado para ella desde hace mucho tiempo, para ella al igual que para cualquier otra cosa de la vida. Esta amarga serenidad la he adquirido a costa de haberlo aceptado todo. Y ya no veo ninguna liberación, ni siquiera en la muerte ... "

Murió el 10 de diciembre de 1936. Según su última voluntad, fue dispuesto desnudo, sólo envuelto en una sábana blanca. Luego fue incinerado sin funeral. También pidió que sus cenizas fueran esparcidas al viento. Sin embargo nadie se atrevió a seguir sus indicaciones hasta ese punto, por lo que sus cenizas fueron puestas en un monumento de piedra que se erigió años más tarde en Agrigento, cerca de su casa ancestral.

La austeridad de su muerte se expresa astrológicamente por su octava Casa natal en Capricornio, su regente Saturno - en oposición a la Luna - nos habla sobre la "impopularidad" de su muerte, ya que nadie pudo seguir su ataúd. Entre las cartas de retornos solares de Pirandello, las más interesantes son las de los siguientes años: 1915, 1918, y 1922. Se refieren a las penas de prisión de sus hijos, la admisión de su esposa en el hospital psiquiátrico, y sus éxitos a nivel internacional. Son tres períodos de su vida que se pueden leer astrológicamente bastante bien no sólo con los tránsitos, sino también con los Retornos Solares. En lo que se refiere a los tránsitos, en 1915 hay tres importantes: Plutón se acerca al orbe de la conjunción con el Sol, Neptuno al orbe de la conjunción con su Mercurio, y Urano en cuadratura perfecta con su Luna.

En su Retorno Solar podemos ver un stellium en la Casa 7, la Casa de la guerra y de los enemigos declarados; y a Marte en la Casa 6. El Ascendente de ese RS se inscribe en su sexta casa natal, cerca del descendiente. Por un lado eso le da fuerza a la lectura de la séptima casa del RS; y por el otro lado, puede estar haciendo referencia a las malas condiciones de salud de Luigi Pirandello, que se hizo aún más débil debido a que su hijo fué herido seguido de su encarcelamiento - y, en todo caso, el Ascendente del RS que cae en la sexta Casa natal indica un año perjudicial.

La separación de su esposa está marcada por el tránsito de Saturno en el Fondo Cielo, mientras que Urano transitaba el Medio Cielo. También el retorno solar de ese año es significativo, con un stellium en la Casa 10, y el ascendente en su quinta Casa natal; este último se refiere al regreso de su hijo de Austria. Además, Marte está en la Casa 1.

Y, por último, el éxito está marcado por Júpiter en la Casa 6, en trino con el sol. El Retorno Solar tiene al Sol, Mercurio y Plutón en la Casa 10.

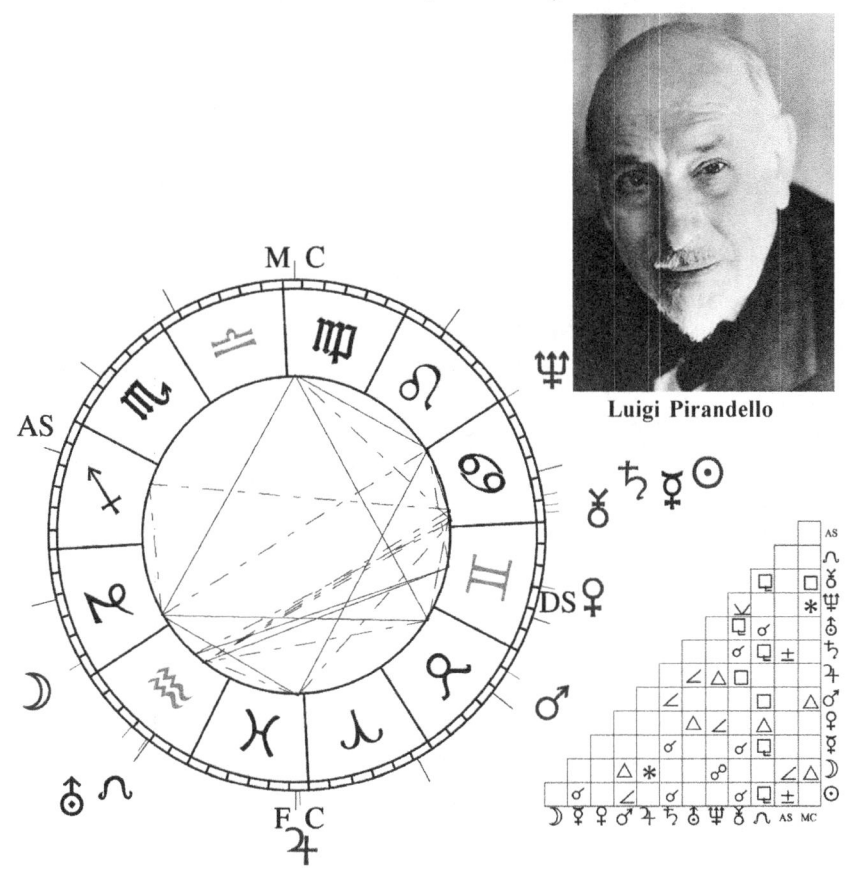

Luigi Pirandello

Returno Solar 1915, Roma

Returno Solar 1918, Roma

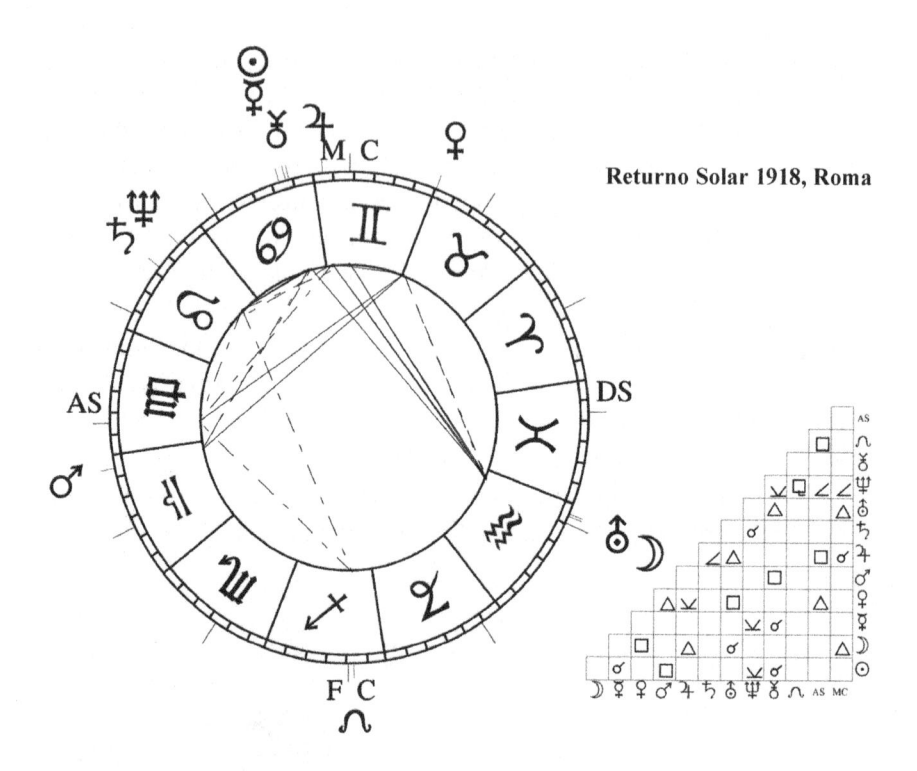

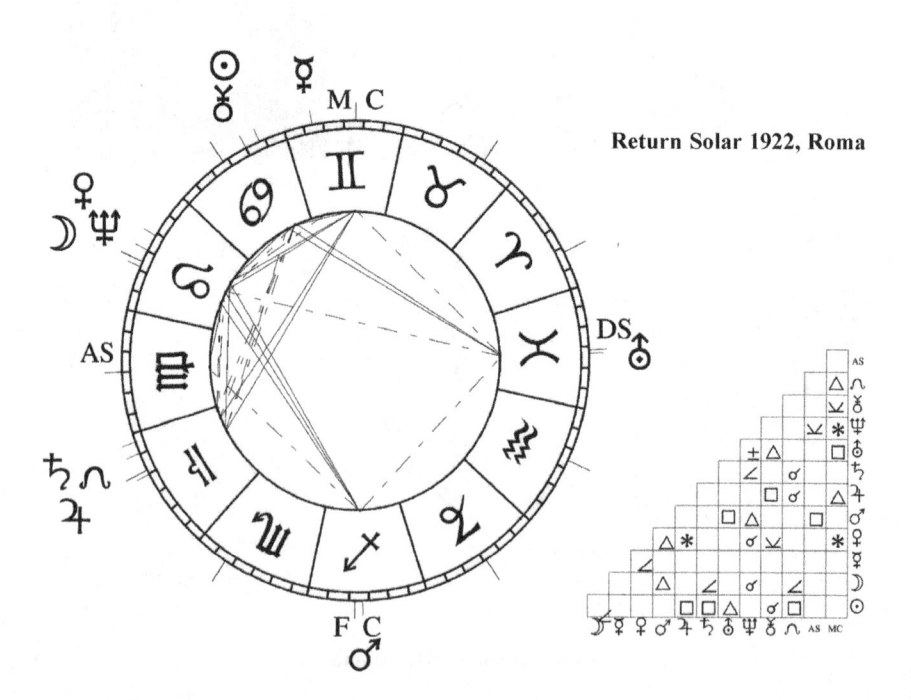

Return Solar 1922, Roma

21.
Retrato astrológica de Ernst Hemingway

"El hombre no ha sido creado para la derrota. El hombre puede morir, pero nunca será derrotado". Estas son las palabras del viejo Santiago, el protagonista de 'El viejo y la mar', palabras, que mejor que muchas otras, expresan el mundo de las luchas, de la competencia, de los fallos desafortunados y providencial salvación, de la ley de la selva en cuyo ámbito operó - escribió el gran Hemingway. Y fue por 'El viejo y la mar' que el escritor norteamericano ganó el premio Nobel de literatura en 1954.

La novela, aunque simple y breve es muy intensa, con fuertes tonos dramáticos, rica en los ingredientes principales de la literatura Hemingwayana: fuerza, competencia, lucha, sangre, violencia y muerte. El viejo pescador que zarpa y tras ochenta y cuatro días sin lograr pescar ni un vertebrado de mar, se encuentra con un pez muy grande, más grande que su propio velero que, enganchado en su anzuelo, lucha por tres días antes de ser asesinado por el hombre.

Nunca envilece la dignidad del animal y considera al pez como una criatura noble, diciéndose a sí mismo durante toda la pelea: " Me gustaría alimentar al pez. Él es mi hermano. Pero tengo que matarlo y necesito ser fuerte para hacerlo". Y cuando, a punto de agotarse, no sabe si será capaz de salvar su propia vida en esta aventura: "Nunca vi algo tan grande y maravilloso, tranquilo y noble como tú, hermano. Ven a asesinarme.

No me importa quién de nosotros elimine al otro". Al final, será el anciano el que gana, pero el destino, como en la mayoría de sus cuentos y novelas, será su enemigo: los tiburones atacan y matan a su pez antes de devorar su cadáver y él volverá de esta extraordinaria aventura llevando consigo sólo un esqueleto. La vida, para Ernest Hemingway, era una plaza de toros, una arena de gladiadores, donde la sangre, el polvo y la muerte se combinaban, presentando un espectáculo arrogante y sangriento, y que era para que el hombre lo presenciara, pero no para que lo combatiera. La imagen de esta corrida de toros es totalmente atribuible a la presencia de Marte en la primera casa y en cuadratura con Saturno en el horóscopo del escritor.

Leyendo sus libros, no podemos evitar compararlos con las novelas de Víctor Hugo, por ejemplo, "El hombre que ríe", un escenario inmenso de las miserias humanas, de la lucha titánica de la gente contra un destino omnipotente. Ese destino llevaría al autor de 'Fiesta' al suicidio.

Durante toda su vida, Hemingway escribió sobre armas, heridas y muertes.

El 2 de julio 1961, se convirtió en protagonista de una de sus historias cuando se disparó una bala de fusil en la cabeza. El suyo fue un gran pesimismo Canceriano, el pesimismo de un alma caritativa que reconoce la ley que rige el mundo entero: "Homo homini lupus (el hombre es lobo para el hombre)", el hombre devora a su propia especie, la competencia no es un deporte sino una batalla para sobrevivir. La hiena de la historia 'Las nieves del Kilimanjaro" que acecha la tienda de Harry, simboliza tanto la muerte sigilosa como las punzadas de remordimiento por haber desperdiciado sus dotes artísticas.

La Luna del novelista estadounidense estaba en Capricornio y la combinación Cáncer-Capricornio es una de las más grandes otorgadoras de infelicidad. El pesimismo de Hemingway, sin embargo, tiene algo más que eso, muy a menudo abarca la muerte o, al menos, la violencia y la sangre, lo cual, como he escrito antes, es sin duda atribuible a Marte en la primera Casa.

Recordemos que la misma configuración fue predominante en las cartas natales del Mahatma Gandhi, Indira Gandhi, Rajiv Gandhi, Aldo Moro, Pier Paolo Pasolini, Grace Kelly y muchos otros personajes que enfrentaron muertes violentas.

La carta natal de este sujeto fue calculada para 1899, el 21 de julio, a las 8:00 AM, en Oak Park (Chicago). Algunos escritos biográficos indican 1898 como año de nacimiento, pero la fecha que aquí se considera fue confirmada por muchos escritores Italo - americanos (especial agradecimiento a la SIEU en el Consulado Americano de Nápoles).

Incluso la Encyclopaedia Britannica reporta como año de nacimiento el de 1899. También, a partir del examen de los dos distintos horóscopos desde una perspectiva histórica, parece que la Luna tiene que encontrarse a 10 grados en Capricornio. Dicha Luna se encuentra en la quinta casa, frente a Venus en Cáncer y nos señala el enamoramiento y su frustrante resultado, como en el argumento de la semi-autobiográfica ' Adiós a las armas "; el amor entre Enrique y Catalina el cual conoció las emociones clandestinas de las salas oscuras del hospital Militar estadounidense en Milán, el vivir juntos después de eso, una vida tranquila en las hermosas montañas de Suiza y finalmente el parto de un hijo muerto al nacer y la muerte de Catalina, que dejan a Enrique devastado.

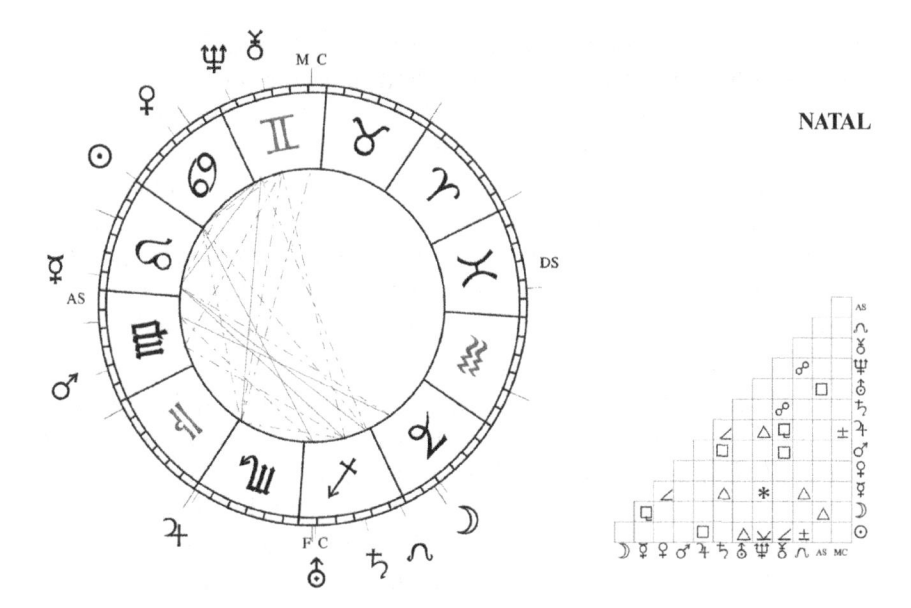

Hemingway se casó cuatro veces y en al menos tres de ellas, no estaba contento. Una Luna en la quinta casa, en Capricornio y en oposición a Venus, corresponde a la Luna "saturnizada", castigada por el destino. ¿Y qué puede ser más triste para un Cáncer que su vida sentimental vaya mal?

El Sol y Venus juntos en cáncer es la marca de fábrica de una sensibilidad extraordinaria, de un alma inquieta enormemente necesitada de afecto.

Al autor de "Por quién doblan las campanas" le habría gustado vivir en un mundo de pacifistas vegetarianos, con una gran tapa ciega en sus ojos, para no ver el mundo horrible. Pero en cambio, en su vida, estuvo muchas veces en África en contacto con animales y con hombres más sanguinarios que las bestias; asistía a las corridas de toros en España e iba a todas partes donde había guerra y muerte, batalla y sangre, dolor y horror. Incluso su cuento "La corta vida feliz de Francis Macomber' tiene un escenario africano - con leones heridos y feroces, cazadores injustos y temerosos, con adulterios incurridos según las leyes de la selva, y un homicidio aparentemente accidental que está subordinado a una meta miserable. Este mismo mundo de la injusticia y de maldad, de batallas y derrotas, que tiene un "destino cruel" como denominador común, es lo que impregna todas sus obras literarias, de "Las primeras cuarenta y nueve historias" a la "Muerte en la tarde", publicada en el año 1932 . Es el mismo tema que se desarrolla en el cuento "La Capital del Mundo" en el que el niño Paco es asesinado a puñaladas mientras simula una corrida de toros. Para Hemingway, la vida fue sin duda una corrida de toros y bastante opuesta a las nociones de Eduardo De Filippo (el dramaturgo italiano) el sujeto creía que la "larga noche oscura" nunca habría de pasar y que sólo el velo triste de la muerte habría cubierto la gran plaza del dolor que era la vida.

Un psiquiatra de hoy en día, habría sido capaz de combatir la depresión del novelista con unos pocos gramos de Benzedrine o algo similar, habría sido capaz de mostrarle el mundo con una luz más brillante, pero si eso nos hubiera privado de sus obras maestras, mejor digamos: "Viva la depresión". Esa misma depresión, sin embargo, mató a Hemingway y los tránsitos de ese evento dan testimonio de ello. Plutón en conjunción con el Ascendente y también con Marte (2° en Virgo); Júpiter en oposición con el Sol y Saturno en sesquicuadratura con el Ascendente y en oposición al Sol; Urano, a 23 ° de Leo, junto con Mercurio, Natal en sesquicuadratura a la Luna.

Una vez más, el aspecto de 135 ° se presenta con arrogancia: este aspecto es ignorado erróneamente por muchos colegas, mientras que yo creo que es muy importante, en la misma medida que la de una semicuadratura. Tanto las escuelas alemanas como las americanas de la astrología utilizan mucho dichos aspectos, mientras que dan muy poca importancia al sextil y no dan importancia al semisextil. Mi práctica personal me guía en perfecto acuerdo con esta visión.

Volviendo a nuestro autor, es necesario recordar dos "circunstancias importantes" que acompañaron la redacción y publicación de "Adiós a las armas". Mientras Hemingway estaba escribiendo ese libro, su padre se suicidó (Saturno en la cuarta Casa en oposición a Plutón y en cuadratura con Marte) y en el día que se publicó la novela, hubo la gran caída de la bolsa de valores americana. También en este caso, me gustaría mencionar en el contexto de una comparación, las palabras de Eduardo De Filippo: "La guerra no ha terminado, no ha terminado". El tema de "Adiós a las armas" es particularmente sugerente en el pensamiento Hemingwayano: amor que se enfrenta a lo absurdo de la guerra, de la destrucción, de la muerte.

La fuga de los dos protagonistas a Suiza, un país considerado como una isla de paz, un oasis de la seguridad es un típico argumento indicativo de una mentalidad de Cáncer, como en el caso del director Ingmar Bergman y su isla al extremo norte o el lago de Piero Chiara (un novelista italiano) en su novela "La habitación del Obispo" (el lago es como una isla a la inversa, en cuyas aguas el protagonista de la novela se esconde para escapar de las trampas del mundo representadas por las costas de la tierra a su alrededor).

Pero, ahora, vamos a hablar sobre el escritor Hemingway. Ten en cuenta, en primer lugar, la presencia de Júpiter en la tercera casa que a pesar de estar en Escorpio y en cuadratura con el Sol ha influido tan fuertemente en su capacidad para escribir y su éxito literario. Muchas personas, que lo han leido, han tenido la impresión de que su estilo constituye una prosa áspera y sin cultura, sin duda inspirado por los valores de Virgo-Capricornio, los valores de la frugalidad y la esencialidad. Pero Agostino Lombardi (un crítico italiano) escribe que: "Es una prosa controlada y consciente, culta e incluso valiosa".

Pero a la gente le encanta Ernest Hemingway no por su estilo de escritura, sino por la sustancia de sus novelas, porque al ser un Cáncer, toca el fondo del corazón del lector, lo involucra, lo convierte en un participante emocional en el drama de sus personajes sin ningún tipo de abstracción. Él no fue el más grande escritor de todos los tiempos, sino un "protagonista fantástico de nuestro mundo", un mundo feroz y violento, sin fe y sin amor, donde el ser humano trata de agarrar y aferrarse a algún punto fijo con pasión, en su vana búsqueda del significado de la vida".

Ernst Hemingway

Una bibliografía astrológica escencial

- Varios Autores: *Artículos publicados en la revista trimestral* Ricerca '90 *de 1990 a 2008*, Ediciones Ricerca '90, 128 pp.
- Varios Autores: *Dodici monografie sui segni zodiacali* [doce monografías de los signos zodiacales] editado por Serena Foglia, Armenia, 124 pp.
- Varios Autores: *Tenas especiales Universitarios (#45-46) de* l'astrologue, Éditions Traditionnelles
- John M. Addey: *Ritmi armonici in astrologia [Ritmos armónicos en astrología]*, Elefante ed., Catania, 1979, 352 pp.
- André Barbault, H. Latou, B. Rossi, G. Simon: *Kepler*, Éditions Traditionnelles (l'astrologue *issue #52*), Paris
- André Barbault and Various Authors: *Soleil & Lune en Astrologie [Sol y Luna en Astrología]*, Publications du Centre International d'Astrologie, Paris, 1953, 280 pp.
- André Barbault and Various Authors: *La luna nei miti e nello zodiaco [la Luna en los mitos y en el Zodiaco]*, Nuovi Orizzonti, Milan, 1989, 190 pp.
- André Barbault: *Ariete [Aries]*, La Salamandra, Milan, 1985, 160 pp.
- André Barbault: *Astrologia e orientamento professionale [Astrología y orientación profesional]*, Edizioni Ciro Discepolo, Naples, 1984, 93 pp.
- André Barbault: *Astrologia mondiale [Astrología mundial]*, Armenia, Milan, 1980, 272 pp.
- André Barbault: *Dalla psicanalisi all'astrologia [Del Psicoanálisis a la astrología]*, Morin, Siena, 1971, 224 pp.
- André Barbault: *Giove & Saturno [Jupiter y Saturno]*, Edizioni Ciro Discepolo, Naples, 1983, 214 pp.
- André Barbault: *Il pronostico sperimentale in astrologia [Las predicciones experimentales en astrología]*, Mursia, Milan, 1979, 210 pp.

- André Barbault: *La Précession des Équinoxes et l'Astrologie [La precesión de los equinoccios y la Astrología]*, Centre International d'Astrologie, Paris, 1972, 32 pp.

- André Barbault, *La scienza dell'Astrologia [La ciencia de la Astrología]*, Nuovi Orizzonti, Milan, 1989, 186 pp.

- André Barbault: *L'astrologia e la previsione dell'avvenire [La Astrología y las previsiones del futuro]*, Armenia, Milan, 1993, 308 pp.

- André Barbault: *L'astrologia e l'avvenire del mondo [Astrología y el futuro del mundo]*, Xenia, Milan, 1996, 212 pp.

- André Barbault: *Toro [Tauro]*, La Salamandra, Milan, 1985, 153 pp.

- André Barbault: *Trattato pratico di astrologia [Tratado práctico de astrología]*, Morin, Siena, 1967, 317 pp.

- Armand Barbault: *Technique de l'interprétation [La tecnica de interpretación]*, Dervy Livres, Croissy-Beaubourg, 1991

- Angelo Brunini, *L'avvenire non è un mistero* [El futuro no es un misterio], publicado por el Author, 525 pp.

- Charles E.O. Carter, *An encyclopaedia of psychological astrology*, The Theosophical Publishing House Ltd, 200 pp.

- Charles E.O. Carter: *An Introduction to Political Astrology*, Fowler, London, 1951, 104 pp.

- Charles E.O. Carter: *The Astrological Aspects*, Fowler, London, 1930, 160 pp.

- Charles E.O. Carter: *The Astrology of Accidents*, The Theosophical Publishing House Ltd., London, Unknown date of publishing, 124 pp.

- Charles E.O. Carter: *The Principles of Astrology*, The Theosophical Publishing House Ltd., London, 1925, 190 pp.

- Marco Celada: *Artículos publicados en la revista cuatrimestral* Ricerca '90 *de 1990 to 2009*, Edizione Ricerca '90, 128 pp.

- Yves Christiaen: *La Domification [La Domificación]*, Dervy Livres, Paris, 1978, 40 pp.

- Thorwald Dethlefsen, *Il destino come scelta* [El destino como opción], *Edizioni Mediterranee*, 202 pp.

- Nicholas De Vore,: *Encyclopedia of Astrology*, Littlefield Adams and Co., New Jersey, U.S.A., 1977

- Arato Di Soli: *I fenomeni ed i pronostici [Los fenómenos y las previsiones]*, Arktos, Turin, 1984, 120 pp.

- Ciro Discepolo y Luigi Galli: *Supporto tecnico alla pratica delle Rivoluzioni solari mirate [Soporte técnico para la practica de los retornos solares dirigidos]*, Blue Diamond Publisher, Milan, 2000, 136 pp.*

- Ciro Discepolo y Andrea Rossetti: *Astro & Geografia [Astro & Geograpía]*, Blue Diamond Publisher, Milan, 1996, 102 pp.

- Ciro Discepolo y Pino Valente: *Ci siamo con la datazione informatica degli avvenimenti? [Como hacer para fechar en computadora los acontecimientos?]*, Edizioni Ricerca '90, 2007, 168 pp.*

- Ciro Discepolo y Varios Autores: *Osservazioni politematiche sulle ricerche Discepolo/Miele [Observaciones politemáticas sobre las investigaciones de Discepolo y Miele]*, Edizioni Ricerca '90, Naples, 1992, 196 pp.

- Ciro Discepolo y Varios Autores: *Per una rifondazione dell'astrologia o per il suo rifiuto [Por una refundación de la Astrología o por su rechazo],]*, Edizioni Ricerca '90, Naples, 1993, 200 pp.

- Ciro Discepolo: *365 nap alatt a Föld körül a szolárhoroszkóppal*, DFT-Húngaria, Budapest, May 2006, 190 pp. B5*

- Ciro Discepolo: *Astrologia applicata [Astrología aplicada]*, Armenia, Milan, 1988, 294 pp.

- Ciro Discepolo: *Astrologia Attiva [Astrología Activa]*, Edizioni Mediterranee, Rome, 1998, 144 pp.*

- Ciro Discepolo: *Come scoprire i segreti di un oroscopo [Como descubrir los secretos del horoscopo]*, Albero ed., Milan, 1988, 253 pp.

- Ciro Discepolo: Die Transite und das Solarhoroskop, German edition of "Transits and Solar Returns", 2008, 646 pp.

- Ciro Discepolo, *Effemeridi e Tavole delle Case* [Efemerides y Tablas de las Casas], varios volumenes, Armenia

- Ciro Discepolo: *Enquête sur l'hérédité astrale*, issue #67 of *l'astrologue*, Éditions Traditionnelles, Paris, 1984

- Ciro Discepolo: *Esercizi sulle Rivoluzioni solari mirate [Ejercisios de Retornos Solares Dirigidos]*, Blue Diamond Publisher, Milan, 1996, 96 pp.*

- Ciro Discepolo: *Guida ai transiti* (prima e seconda edizione) *[Guía hacia los transitos – 1ra y 2da edición]*, Armenia, Milan, 1984, 510 pp.*

- Ciro Discepolo: *I fondamenti dell'Astrologia Medica [Fundamentos de la Astrología Médica]*, Armenia, Milan, terminado en Enero 2006, 246 pp.*

- Ciro Discepolo: *Il sale dell'astrologia [la sal de la astrologíay]*, Edizioni Capone, Turin, 1991, 144 pp.

- Ciro Discepolo: *La ricerca dell'ora di nascita [La busqueda de la hora de nacimiento]*, Edizioni Ricerca '90, Naples, 1994, 64 pp.*

- Ciro Discepolo: *L'Hérédité astrale sur 50 000 naissances*, and *Astrologie activiste – Réflexions sur l'astrologie*, issue #125 of *l'astrologue*, Éditions Traditionnelles, Paris, 1999

- Ciro Discepolo: *L'interpretazione del tema natale [La interpretación del tema natal]*, Armenia, Milan, September 2007, 336 pp.*

- Ciro Discepolo: Lunar Returns and Earth Returns, Ricerca '90 Publisher, 2009, pp.304, edición en inglés, modificada y ampliada, de "Rivoluzioni Lunari e Rivoluzioni Terrestri"

- Ciro Discepolo: *Nouvelle recherche sur l'hérédité astrale*, issue #106 of *l'astrologue*, Éditions Traditionnelles, Paris, 1994

- Ciro Discepolo: *Nuova guida all'astrologia [Nueva guía de astrología]*, Armenia, Milan, 2000, 818 pp.*

- Ciro Discepolo: *Nuovo dizionario di astrologia [Nuevo Diccionario de Astrología]*, Armenia, Milan, 1996, 394 pp.*

- Ciro Discepolo: *Nuovo trattato delle Rivoluzioni solari [Nuevo tratado de Retornos Solares]*, Armenia, Milan, 2003, 216 pp.*

- Ciro Discepolo: *Nuovo Trattato di Astrologia*, Armenia, Milan, Febrero 2004, 784 pp. Nunca traducido al Inglés. La primera sección trata de la rectificación de la hora del nacimiento. La segunda sección se refiere a la datación de eventos entre una Revolución Solar dada y la siguiente. La tercera sección es una miscelánea de temas muy técnicos (por ejemplo, "La alabanza a Plácido") Finalmente, este gran tamaño del libro-que pertenece a la serie azul de Armenia (una serie en la que hay 8 textos del mismo autor) - ofrece un epílogo de la naturaleza epistemológica. NOTA: Este texto no es una nueva edición de GUIDA ALL'ASTROLOGIA. De hecho, no contiene una sola página de ese libro. *

- Ciro Discepolo: *Prontuario calcoli [Prontuario de cálculos]*, Edizioni Capone, Turin, 1979, 72 pp.

- Ciro Discepolo: *Piccola guida all'astrologia [Pequeña guía de astrología]*, Armenia, Milan, 1998, 200 pp.

- Ciro Discepolo: *Quattro cose sui compleanni mirati [Cuatro cosas sobre los cumpleaños dirigidos]*, Blue Diamond Publisher, Milan, 2001, 104 pp.*

- Ciro Discepolo: Russian edition of the 'Nuovo Trattato delle Rivoluzioni solari', May 2009 (http://www.astrolog.ru/)*

- Ciro Discepolo: *Statistique sur 834 nominations ministérielles*, issue #67 of *l'astrologue*, Éditions Traditionnelles, Paris, 1986

- Ciro Discepolo: *Suite of software modules ASTRAL*, developed by the Author and Luigi Miele, Naples, 1979-2003

- Ciro Discepolo: *Temelji medicinske astrologije: osnove za razumevanje èlovekove patologije s pomoèjo nebesnih teles*, Zalozba Astrološkega inštituta, Ljubljana, 2007, pp. 262*

- Ciro Discepolo: *Traité complet d'interprétation des transits et des Révolutions solaires en astrologie*, Éditions Traditionnelles, Paris, 2001, 502 pp.*

- Ciro Discepolo: *Transiti e Rivoluzioni solari [Transitos y Retornos Solares]*, Armenia, Milan, 1997, 502 pp.*

- Ciro Discepolo: *Tránsitos y Retornos Solares*, edición en español de "Transitos y Retornos Solares", Ediciones Ricerca '90, 2009, 664 pp.

- Ciro Discepolo: *Transits and Solar Returns*, Naples, Ricerca '90 Publisher, September 2007, 560 pp.*

- Ciro Discepolo: *Trattato pratico di Rivoluzioni solari [Tratado práctico de Retornos Solares]*, Edizioni Ricerca '90, Naples, 1993, 208 pp.*

- Ciro Discepolo: *Varios volúmenes de efemerides*, Varios editores.

- Ciro Discepolo: *Varios volúmenes de Tablas de las Casas*, Varios editores-

- Luciano Drusetta: *Artículos publicados en la revista trimestral* Ricerca '90 *de 1990 a 2009*, Edizione Ricerca '90, 128 pp.

- Reinhold Ebertin: *Cosmobiologia: la nuova astrologia [Cosmobiología: la nueva Astrología]*, Edizioni C.E.M., Naples, 1982, 208 pp.

- Henri F. Ellenberger, *La scoperta dell'inconscio* [El descubrimiento del inconsciente], Universale scientifica Boringhieri, two volumes

- Michael Erlewine: *Manual of Computer Programming for Astrologers*, American Federation of Astrologers, Tempe (Arizona), 1980, 215 pp.

- Hans J. Eysenck, S. Mayo, O. White: *Un metodo empirico sul rapporto tra fattori astrologici e personalità [Un método empírico sobre la relación entre factores astrológicos y personalidad]*, issue #42 of *Linguaggio astrale*, Turin, 1981

- Serena Foglia: *Prolusione al convegno di studi astrologici tenutosi a Napoli nel 1979 [Ponencia en el congreso de estudios de astrología. efectuados en Napoles en 1979]*, issue #37 of *Linguaggio Astrale*, Turin

- H. Freiherr Von Klöckler, *Corso di astrologia [Curso de Astrología]*, ed. Mediterranee, Rome, 1979

- Erich Fromm, *Psicanalisi della società contemporanea* [Psicoanalálisis de la sociedad contemporanea], Edizioni di comunità, 348 pp.

- Luigi Galli and Ciro Discepolo: *Atlante geografico per le Rivoluzioni solari [Atlas Geograpico para Retornos Solares]*, Blue Diamond Publisher, Milan, 2001, 136 pp.*

- Luigi Galli: *Artículos publicados en la revista trimestral* Ricerca '90 *de 1990 a 2008*, Edizioni Ricerca '90, Naples, 128 pp.

- Françoise Gauquelin: *Problèmes de l'heure risolus en astrologie*, Guy Trédaniel

- Michel & Françoise Gauquelin: *Actors & politicians*, Laboratoire d'étude des relations entre rythmes cosmiques et psychophysiologiques, Paris, 1970

- Michel & Françoise Gauquelin: *Méthodes pour étudier la répartition des astres dans le mouvement diurne*, Gauquelin ed., Paris, 1970

- Michel & Françoise Gauquelin: *Painters and musicians*, Laboratoire d'étude des relations entre rythmes cosmiques et psychophysiologiques, Paris, 1970

- Michel Gauquelin: *Il dossier delle influenze cosmiche [informe sobre las influencias cósmicas]*, Astrolabio, Rome, 1975, 232 pp.

- Michel Gauquelin: *La Cosmopsychologie*, Retz, Paris, 1974, 256 pp.

- Michel Gauquelin: *L'astrologia di fronte alla scienza [La Astrología frente a la ciencia]*, Armenia, Milan, 1981, 312 pp.

- Michel Gauquelin: *Ritmi biologici e ritmi cosmici [Ritmos Biológicos y ritmos cósmicos]*, Faenza spa, Faenza, 1976, 226 pp.

- Luigi Gedda and Gianni Brenci: *Cronogenetica [Cronogenética]*,

Est-Mondadori, Milan, 1974

- Henri J. Gouchon and Jean Reverchon: *Dictionnaire Astrologique – Supplément Technique*, H. Gouchon Éditeur, Paris, 1947, 40 pp.

- Henri J. Gouchon: *Dizionario di astrologia* [Diccionario de astrología], Siad ed., Milan, 1980

- Henri J. Gouchon: *Les Directions Primaires Simplifiées*, Éditions Traditionnelles, Paris, 1970, ca. 150 pp.

- Henri J. Gouchon: *L'Horoscope Annuel Simplifié*, Dervy Livres, Paris, 1973, 214 pp.

- Hadès: *Guide pratique de l'interprétation en Astrologie*, Éditions Niclaus, Paris, 1969, 228 pp.

- Robert Hand: *I transiti* [Los tránsitos], Armenia, Milan, 1982, 512 pp.

- R.F.C. Hull and William McGuire, *Jung parla* [Jung habla], Adelphi, 592 pp.

- Aniela Jaffé, *Ricordi sogni riflessioni di Carl Gustav Jung* [Memorias, sueños, reflecciones de Carl Gustav Jung], Il Saggiatore, 432 pp.

- Eugen Jonas: *Artículos publicados la revista trimestral* Ricerca '90 *de 1990 a 2008*, Edizioni Ricerca '90, Naples, 128 pp.

- Eugen Jonas: *Il controllo naturale del concepimento* [El control natural de la concepción], Blue Diamond Publisher, Milan, 1995, 76 pp.

- Carl Gustav Jung, *La dinamica dell'inconscio* [La dinámica del inconsciente], Boringhieri, 606 pp.

- Carl Gustav Jung, *La sincronicità* [Sincronicidad], Biblioteca Boringhieri, 124 pp.

- Carl Gustav Jung, *L'uomo e i suoi simboli* [El hombre y sus símbolos], Edizioni Casini, 320 pp.

- Carl Gustav Jung, *Mysterium coniunctionis*, Boringhieri, 288 pp.

- Carl Gustav Jung, *Opere - volume nono* [Obras- noveno volumen], Boringhieri, 314 pp.

- Carl Gustav Jung, *Psicogenesi delle malattie mentali* [Psicogénesis de las enfermedades mentales], Boringhieri, 322

- Carl Gustav Jung, *Psicologia della schizofrenia* [Psicología de la esquizofrenia], Newton Compton Italiana, 218 pp.

- Carl Gustav Jung, *Psicologia e alchimia* [Psicología y

alquimia], 548 pp.

- Carl Gustav Jung, *Simboli della trasformazione* [Simbolos de la transformación], Boringhieri, 596 pp.

- Carl Gustav Jung, *Tipi psicologici* [Tipos Psicológicos], Boringhieri, 612 pp.

- Luciana Marinangeli, *Astrologia indiana* [Astrología Indiana], Edizioni Mediterranee, 200 pp.

- George C. Noonan: *Spherical Astronomy for Astrologers*, American Federation of Astrologers, Washington DC, 1974, 62 pp.

- Pietro Orlandini, *L'acupuncture cutanea* [Acupuntura cutanea], Rizzoli, 218 pp.

- Tommaso Palamidessi: *Astrologia mondiale [Astrología mundial]*, Archeosofica P., Rome, 1941, 588 pp.

- Johanna Paungger and Thomas Poppe: *La Luna ci insegna a star bene [La Luna nos enseña a estar bien]*, Frasnelli - Keitsch, Bolzano/Bozen, 1995, 260 pp.

- Johanna Paungger and Thomas Poppe: *Servirsi della Luna [Utilización de la Luna]*, Frasnelli - Keitsch, Bolzano/Bozen, 1995, 166 pp.

- Claudius Ptolemy: *Descrizione della sfera celeste [Descripción de la esfera Celeste]*, Arnaldo Forni, Bologna, 1990, 96 pp.

- Claudius Ptolemy: *Tetrabiblos, Le previsioni astrologiche [Tetrabiblos – las previsiones astrológicas]*, Mondadori, Milan, 1985, 490 pp.

- Claudius Ptolemy: *Tetrabiblos*, Arktos, Carmagnola, 1980

- Claudius Ptolemy: *Tetrabiblos*, Arktos, Turin, 1979, 270 pp.

- Andrea Rossetti: *Breve trattato sui transiti [Breve tratado sobre los tránsitos]*, Blue Diamond Publisher, Milan, 1994, 125 pp.

- Andrea Rossetti: *Transiti, rivoluzioni solari e dasa indù [Tránsitos, Retornos Solares, y dasa indú]*, Blue Diamond Publisher, Milan, 1997, 188 pp.

- Alexander Ruperti: *I cicli del divenire [Los ciclos del futuro]*, Astrolabio, Rome, 1990, 301 pp.

- Frances Sakoian and Louis Acker: *Transits of Jupiter*, CSA Printing and Bindery Inc., USA, 1974, 72 pp.

- Frances Sakoian and Louis Acker: *Transits of Saturn*, CSA Printing and Bindery Inc., USA, 1973, 76 pp.

- Frances Sakoian and Louis Acker: *Transits of Uranus*, CSA Printing and Bindery Inc., USA, 1973, 78 pp.

- Vanda Sawtell: *Astrology & Biochemistry*, Rustington, Sussex, England, 86 pp.

- Françoise Secret: *Astrologie et alchimie au XVII siecle*, Studi francesi, new serie, vol. 60, issue #3

- Nicola Sementovsky-Kurilo, *Astrologia* [Astrology], Hoepli, 887 pp

- Nicola Sementovsky-Kurilo: *Trattato completo di astrologia teorico e pratico [Tratado completo de Astrología teórica-práctica]*, Hoepli ed., Milan, 1989

- Heber J. Smith: *Transits*, American Federation of Astrology, Tempe (Arizona), Unknown date of publishing, 42 pp.

- Kichinosuke Tatai: *I bioritmi [Bioritmos]*, ed. Mediterranee, Rome

- George S. Thommen: *Bioritmi [Bioritmos]*, Cesco Ciapanna ed.

- Alexander Volguine: *Tecnica delle rivoluzioni solari [Técnicas de los Retornos Solares]*, Armenia, Milan, 1980, 226 pp.

- Herbert Von Klöckler, *Astrologia, scienza sperimentale [Astrología – una ciencia experimental]*, Mediterranee, Rome, 1993, 183 pp.

- Ritchie R. Ward: *Gli orologi viventi [Los relojes vivientes]*, Bompiani, Milan, 1973

- Lyall Watson: *Supernatura [Supernatura]*, Rizzoli ed, Milan, 1974

- David Williams: *Simplified Astronomy for Astrologers*, American Federation of Astrologers, Washington DC 1969, 90 pp.

Índice

Prefacio de la edición en Español .... pag. 7
Prefacio .... pag. 9
  1. Elogio de la fuga .... pag. 14
  2. Las razones para tener una vocación .... pag. 19
  3. Antagonizar y potenciar .... pag. 21
  4. El problema de las expectativas .... pag. 26
  5. El teorema de Jeoffrey .... pag. 34
  6. El valor agregado .... pag. 37
  7. Un fracaso Total .... pag. 39
  8. Sobre la precisión de la hora de nacimiento .... pag. 43
  9. La brecha .... pag. 48
  10. Cuando el sol natal está en la 10ma o en la 9na Casa pag. 52
  11. El caso de la Sra. Pérez .... pag. 55
  12. Un caso fácil y un caso difícil .... pag. 58
  13. Polvo de estrellas .... pag. 65
  14. Tránsitos de Marte .... pag. 78
  15. Tránsitos de Saturno .... pag. 103
  16. Tránsitos de Urano .... pag. 127
  17. Tránsitos de Neptuno .... pag. 152
  18. Tránsitos de Plutón .... pag. 166
Apendice
19. Retrato astrológico de Giacomo Casanova .... pag. 183
20. Retrato astrológico de Luigi Pirandello .... pag. 191
21. Retrato astrológico de Ernst Hemingway .... pag. 201
Una Bibliografía astrológica escencial .... pag. 206

Made in the USA
Las Vegas, NV
04 September 2023